京剧谭门

谭门千秋 古郡风流

【卷四】

陈本豪——著

序

  四卷本《京剧谭门》，洋洋百万余字，历经十多年艰难采集与打磨，终于要完整出版了（第一卷已先于 2017 年"纪念一代宗师谭鑫培诞辰 170 周年"之际荣誉出版），在此深表祝贺！陈本豪先生系中作协会员，作为谭门故里江夏籍作家，由他执笔该著，自然厚出一分故域风情。

  谭鑫培祖父谭成奎，童年习武后入公门，因破案神速，屡破积案要案，在江城享有"快手神捕"美誉。其父亲谭志道系汉戏名票，擅长老生和老旦表演，年轻时即唱响武昌城和邻近多省市，曾与早期在汉的余三胜和多位汉剧名家同台献艺。他宽广洪亮的嗓音可声传数里，人送雅号"谭叫天"，为中国戏剧界老旦第一人。

谭鑫培出生于武昌八埠街，根系江夏流芳谭左湾，少年的足迹烙印了古老的江城土地。谭左湾，一块神奇的凤凰宝地；谭氏家族中人，世代经营一门独有的米业生意——打贩挑。写不完的民俗古风，道不尽的趣闻轶事……其据可考，其闻可信，其情可感。在《京剧谭门》这部鸿篇巨制中，字字有声处处动人，那些鲜活的往昔拾遗，填补了众多文本中北京谭家故土根系的空缺，实为难得。

1853 年，为避战火与灾祸，谭鑫培六岁随父离汉北上，一步步走上艰难而光辉的戏曲之路。他登台于天津，艺成于北平，成名于上海，唱响于皇宫，开创了中国京剧第一个门派——谭派，营造了"天下无派不谭"的千秋气象，为京剧成为国剧做出了不可磨灭的历史贡献！谭鑫培自幼酷爱戏曲，深受父亲影响，先后拜师程长庚和余三胜，这种得天独厚的条件，在中国戏曲史上实属罕见。

谭鑫培采百家之长，文武昆乱不挡，将中国戏曲引上一条由单一唱白到立体表演的宽阔之路，实现了由听众到观众的华丽转身。谭鑫培融智慧和胆略于一身，锐意创新，一改高声大嗓的传统老生唱法，独辟韵味派先河，使戏曲演唱艺术得到破茧蝶变。他不忘童稚记忆中的家乡情结，深受地域文化熏陶，成功地将家乡母语融入戏曲唱白之中，使湖广音中州韵成为京剧艺术的典范。《秦琼卖马》和《空城计》中的经典唱词，风靡北平的街头巷尾，使国运衰亡中的民众，一时骤发"国家兴亡谁管得，满城争说叫天儿"的感叹。

谭鑫培六下上海，使京派和海派戏曲艺术有机地融合，极大地推动了中国戏曲艺术的全面发展，获得了"伶界大王"的国民加冕。他勇于破冰，出演中国第一部无声电影的主角，创造了中国戏曲演员主演电影的崭新历史。谭鑫培打破世俗偏见，接受法国人乐邦生的请求，灌注了七张半唱片，成为京剧戏曲教育的稀世宝典。他能戏数百出，是继关汉卿、汤显祖之后的一代戏曲宗师，经他创作与改编的谭派代表剧目，至今被戏曲界宗法，视为经典。梅兰芳曾说过"我不是梅派，我是谭派""谭鑫培的名字代表了中国戏曲表演体系"。谭鑫培对中国戏曲贡献卓越，堪称东方莎士比亚。

谭鑫培自幼受母亲信佛的熏陶，他落地访庙，进寺烧香，每年都去戒台寺静修，常与方丈彻夜长谈，情到深处皆忘日月轮转。佛教与戏曲，一为苍生从善于修，一为万民寓教于乐，佛域伶界，禅意艺理，两归一统，既无上下之分，更无雅俗之别。他们深信伶人的卑贱地位不是历史的选择，终究会有光耀高台的一天。谭鑫培将深奥的佛学原理融入高雅的艺术表演之中，使谭派艺术至达出神入化之境，成为华夏文明的瑰宝。

谭鑫培善恶分明，艺德传家。他演出所得丰厚，却不忘节俭持家，留德不留财是谭家不变的古训。他爱戏爱才又爱家，是一位备受众生膜拜的戏曲艺术宗师。谭鑫培从不吝于救灾义演，大笔捐赠慈善事业，每遇寺庙修缮甘愿倾囊捐助。他虽风光于皇宫舞台之上，深得慈禧太后青睐，却不惧个人安危，暗助维新变革。他乐为黎元洪就任深情演出，却不愿上演袁世凯的《新安天会》。他率先登台为义贞女校试演新戏，却被军阀江朝宗持枪逼演《洪洋洞》，乃至血溅高台，铸就了千古绝唱！

谭小培为谭门中少见的奇才，他知识渊博智慧过人，擅长多国语言，人缘绝佳，在传承谭派艺术和培养后辈上进中功不可没。他年轻时在戏曲舞台上，早已博得"三小一白"的盛誉。后来逐渐从舞台隐退掌管一个偌大谭家的各项事务，为此倾注了大量心血。为谭派艺术的发扬光大，他不计名位地做出了巨大舍弃，着力培养儿子谭富英，使其成为中国京剧界一颗光辉灿烂之星。

谭富英享有京剧四大须生美誉，为北京京剧院创始人之一。他高举新谭派大旗，成功地将谭派艺术推向又一个顶峰。在戏曲艺术之外不喜言辞的他，处处与人为善，尤其在戏曲行业中从不与人争锋，甘为人梯地培养后进，深受戏曲人的崇敬与钟爱，是中国京剧界艺术与品德传承的表率。谭富英是中国京剧界第一个共产党员，他坚守戏曲艺术，不为政治高位而屈膝，用他不变的本色捍卫了戏曲与人品尊严。

谭元寿是在新旧京剧变革中成长与成熟的京剧表演大师，在光耀谭派经典剧目之外，将多派艺术兼收并蓄，一出《打金砖》，使他在京剧界名声大振，广受同行崇赏与赞许。在"文化大革命"的冲击中，他不为政治升迁所动，沉浸于戏曲艺术钻研与表演。一部样板戏，唱响一个时代，《沙家浜》中郭建光的精湛演绎，成为国人心中永不凋谢的艺术之神。步入古稀之年后的谭元寿，依然身怀国剧深情，对后生们不吝赐教，抑或亲自登台献艺，为中国京剧界罕见的常青树。

谭孝曾自幼沐浴谭门光辉，却从不以本门光彩自染，深信业精于勤的至理名言。少小即登台表演，同享谭门三代亲受毛泽东主席接见的荣光。在新时代的先进文化传播中，他多次携京剧艺术走出国门，捧回了由美国颁发的艺术成就奖杯，成为传播中华文明的文化大使。他不忘谭门与京剧之根，致力于京剧舞台表演与传承，乐于在全国政协平台上为艺术和人民发声，是一位广受民众喜爱的京剧表演艺术家。

谭正岩为谭门第七代传承人，在爷爷谭元寿、父亲谭孝曾、母亲阎桂祥的京剧艺术和家风美德的哺育中成长。他从小苦练童子功，专心于京剧舞台表演艺术，一举斩获中国青年京剧艺术大奖赛金奖，使京剧谭门传承光照华夏。谭正岩倾心于京剧改革，广邀各界艺术名人同台，尝试将京剧和歌舞甚至是说唱艺术在跨界中融会贯通，创作出民众喜闻乐见的多种表演形式，前程不可限量。

我特别想提一提第四卷《谭门千秋　古郡风流》，每每读来让人心潮涌动而热泪盈眶。江夏的历史，江夏的人文，江夏的风物，尤其是江夏的戏曲艺术之风，无不让人眼亮与惊叹。读了第四卷，厚积了我的人生书页，慰藉了我对家乡故园和京剧之根的感念。在谭家与故乡阻隔一个半世纪的寻根中，是这部《京剧谭门》，让读者在完整的叙述中驱散历史迷雾，一切都在谭家人重回故土的深情眷念中释怀。近年来，江夏致力于打造谭鑫培京剧文化品牌，无论是工程建设还是活动展演，均在古风今韵中大步前行，吸引了众多文艺爱好者和旅游观光者。

一位本土作家，深具家乡情结，满怀对国粹艺术的虔敬崇尚之心，走进历史，走进京剧，走进谭门，书写了《京剧谭门》这部让无声的汉字散发出生命芳香的力作，让人兀感意外又实在意料之中。作者以智慧和良知，在正本清源中写人写事，既尊重历史事实，又充分展开文学描写，使该作品耐读耐品且回味悠长。身为谭门中人，并非自说自话的溢美，完全是阅读该作品后的有感而发，特诚荐各位读者打开书页，濯足字里行间，沐浴谭门光泽，重温艺术经典，获取无边的惊叹与快感，是为序。

2020 年 7 月

目录

MuLu

目录

2 古郡风流

谭门千秋

Tanmen Qianqiu

世纪握手

SHIJI WOSHOU

2007 年 6 月 2 日，江夏区政协一行数人，早上七点半准时发车，一路北上京城，带着满腔的期盼和热情与北京谭家人见面，践行一场相隔 154 年之久的世纪之约。

说起这场世纪之约的由来还要回到一个多月前。4 月 26 日上午，江夏区政协文史委董光宇主任来电话，让我速去办公室。一进门就看到区人大委办主任谭先学在座，经过一番深入交流与探讨，《京剧谭门》便进入我的文学创作计划，更成了区政协的一道常设课题。经过几次走访谭左湾并与村民座谈，印证了武昌县志上有关谭鑫培祖籍地属江夏区（原武昌县）流芳街谭左湾的记述。于是，区政协决定组团进京，与谭家人见面详谈有关事宜。

6月2日清晨，启明星特别亮，朝霞洒落门前小院，绿草鲜花一片温润与柔和，心情像蓓蕾绽放。我早早出门，提前一个小时抵达区政协大院。区政协副主席熊才胜，文史委主任董光宇，区人大委办主任谭先学，还有司机小邱，大家都早到了。五个人一台小车，远程奔波显得有些拥挤，幸好我身材瘦小，少占空间而颇受欢迎。虽说有1000多公里的路程，我们却不知疲倦地几乎全程都在话语交流中。此去北京的结果如何，谭家人对江夏祖籍地是否认可？大家都有些忐忑。我认为，既有谭家宗谱考证，又有武昌县志记载，我们怀着文化寻根和振兴京剧的美好意愿而来，结果应该是乐观的。我的一句话，终于驱散大家心中的阴霾，不知不觉间于晚上七点半按时抵达北京，入住酒店。

为了方便见面，经谭家人建议，我们入住北京西客站邻近的一家酒店，办完入住手续司机小邱即开车去接昨日提前到达的江夏区政协常务副主席朱定呈过来共进晚餐。一见面朱主席便笑着说："大家辛苦了，因公务在身，没能陪你们同行，请见谅！"轻松话语间，大家一同走向酒店餐厅。席间经过一番商议，还是由朱主席拍板："明天先由谭先学主任相互引荐介绍，因为他两边都熟。再由陈本豪代表江夏发言，他是文化人，又熟悉情况。第一次与身为大艺术家的谭元寿先生见面，我们要避免打官腔，尽量采用民间形式，带着家乡情结交流为好。"朱主席的意见，大家一致赞同。朱主席拍了一下我的肩膀说："陈本豪，大家相信你，不要有压力，真情实感，语言是你的优势。不过，明天还要争取超常发挥啊！要充分展现江夏人的水平，要真情表达江夏人的问候。"

与谭家人约定见面时间为6月3日下午两点半，会面的地点定在酒店一楼茶室，我们预订了最大的包间，圆桌可围坐十五六人，足够宽敞。家乡的绿茶早泡香了，众人的心情也早早预热，时间却在滴滴答答中悠闲漫步。大家不时地看看表，时间已经四点，谭家老三谭立曾几次来电话说明，其一确因沿途堵车，其二因为心情急迫忙中出错下早了一个出口，不得已又绕了一大圈，估计四点半可以到达。谭主任一直在酒店门口来回溜达观望，终于传来谭主任高声迎接的喊话："谭老爷子好！"大家齐齐站起来往外走，谭主任急引领谭家父子四人进门，谭元寿老爷子忙挥手示意我们不必出迎。

经谭主任逐一引荐，这才分清谭家三兄弟排行，老大谭孝曾，老三谭立曾，老五谭鸣曾。谭元寿老爷子不用介绍大家也认识，一是年龄，二是郭建光的光辉形象影响。大家相互履行中国人惯有的礼节，热情在两手相握中传递问候。落座后，董主任即从提包里拿出几张谭左湾宗谱的影印件，还有一组祖居老屋的彩色照片，双手呈送给谭老爷子。他们父子忙起身凑在一起，争相传看那些影印件和照片。谭老爷子伸出右手，轻轻地抚摸祖居老屋的照片，从屋面的灰瓦到大门的石框，最后逐一抚摸屋内一件件陈设，无声的话语映在谭老脸上。谭孝曾却认真地在宗谱影印件中按图索骥，寻找谭家踪迹。董光宇指着宗谱中几代延续的名字，细心地讲解"谭致导"和"谭志道"的关联。不尽地探讨，不止地交流，一段尘封百余年的历史渊源，在谭家人亲眼见证和亲手触摸中，今天终于解封在桌面上。

双方平静下来之后，不用茶水冲泡，话题自然流淌。虽说在长久的盼望中相见难免有几分激动，我却不忘使命在肩。望着谭老爷子我适时地打开话题："首先请允许我代表68万江夏人民，向仰慕已久的敬爱的京剧表演艺术家谭老先生致敬！这次北京之行，我们是为寻找离家150余年的谭鑫培之后而来。"我的话语刚刚起头，谭老爷子即站起身来双手合十，向我们转圈作揖相谢。朱主席忙起身，双手安抚着老爷子坐下，我接着说："谭老爷子，你们谭家对京剧的贡献，是国家与民族的荣耀，故乡人民为此感到无比的骄傲与自豪！"谭老爷子虽说再没有站起来打断我的话，依然合手示谢！我继续往下说："于故乡而言，我们关注每一个外出未归的江夏儿女。这次江夏区特地组团北上，带着迫切的心情前来与谭家人相见，一解百年未遇之渴！"我的一席话，并非戏曲或影视中的台词，都是情不自禁地真情叙说。谭老爷子止不住热泪盈眶，他又一次站起来，紧紧握着朱定呈主席的双手微微颤抖地说："我们谭家感谢江夏区领导的关怀，感谢故乡人民的深情牵挂！从今往后，谭家儿女一定要尽力回报家乡！"朱主席再次将老爷子搀扶坐下，他说："我们这次来京，一是看望老人家，今天见到您老福寿康宁的样子，我们深感宽慰。二是诚请老人家带着谭门家眷与子弟，得闲回江夏走走，如能登台演上一出，那更是皆大欢喜。"谭老爷子擦拭着泪水说："一定，一定，我们一定尽快回去，看看江夏的父老乡亲，看看谭家的老屋！给家乡人民唱几段谭派京剧。"

谭孝曾不无激动地说："朱主席，我们谭家人苦啊，100多年的寻找，几代人的遗训，多少次的武汉之行，都未能如愿。我真诚地感谢你们，今天谭家人终于找到了根。"打开话匣子的谭孝曾止不住地说，根据高祖谭志道的临终遗嘱，从谭鑫培开始，谭小培和谭富英，还有后来的我们，每逢去武汉演出，都会抽空去大东门外寻找谭家湾。由于历史久远，战火摧残，许多地域和名称均已失去原貌甚至荡然无存，在偌大的乡村范围里，要找到一个仅有名字记忆的湾村，实在太难。据谭家人说，1899年，谭鑫培应聘来汉口满春茶园演出，曾经轰动一时。由于戏迷们纷纷涌往满春茶园观看伶界大王的演出，另外两家无缘上演剧目的茶园（天一和贤乐）只好暂时关门大吉。来汉演出的谭鑫培，牢记父亲遗训，借着歇幕间隙，专程前往武昌宾阳门（今大东门）外寻找谭家湾，却未能如愿，只好含泪而别。谭鑫培离汉时年仅六岁，年少的记忆早已被岁月磨平，寻找的目标和路线均为父亲口述，没有亲身感触的印象，终难如愿。

谭先学主任说："100多年的时光，跟我们谭家开了一个天大的玩笑。这回好了，有组织，有宗谱，有图片，你们也该回去看看了。

听说我们这次要来北京与你们相见，全湾村乡亲都争着给我托话，想一睹谭家后人风采。"话到此间，双方都放开了，交流再无局限。谭孝曾说，往后我们再不能中断交流，谭家特指派老三立曾负责通联，有什么事即可与他通话。谭主任说："好，就按你们的安排办。原来我一直跟老五联络，他和蔼可亲，没有一点大家的架子。"谭鸣曾一笑说："谢谢谭主任夸赞。其实，我三哥比我更会交流，他会让你感到更加满意。"谭立曾接过话头说："在场的各位家乡领导，我向你们保证，随时保持畅通交流，一定做到有问必答，有求必应，我会给谭家和父亲增光。"那天晚宴上，自是倒不完的酒与说不完的话，时光在快乐中流淌。

经过商议，接下来几天的行程基本拟定，全部活动由谭立曾安排并领队。6 月 6 日同去门头沟墓地，拜谒一代宗师谭鑫培（另文详述）。7 日上午去万佛园给谭富英上香，下午在"上海人家"由谭立曾接受采访。因万佛园与戒台寺同一路线，距离城区有一段路程，我们计划早晨六点半出发，先去戒台寺（另文详述）上香，回头再去万佛园，争取回城区进餐，以不影响下午的采访。万佛园里安歇着很多归国华侨，名人园则为园中之园，那里安葬的大多数是科学家和艺术家，惟有谭富英的塑像显得格外高大。花岗岩白玉雕像，庄严肃穆，我们在像前作揖叩首，完成家乡父老的拜谒之敬。谭富英为谭家舞台扮相最英俊的人，在万佛园中依然玉树临风地冠绝群英。曾经的历史与风流，都镌刻在石碑上永垂不朽。

离开万佛园，回程一路顺达"上海人家"。上海人家，一处兼营茶室与酒席的店家，古朴的设计与木制的雕刻，幽静、典雅，环境很好。有点不如人意的是，那天生意特别火爆，我们未能订到独立的包间，被安置在外厅的小隔间里。虽说身在外厅，氛围还较安静，我们婉谢了谭立曾重换地方的好意。坐下之后我对谭立曾说，因江夏区计划书写一部有关谭家的纪实文学作品，需要广泛地收集资料和采访。在你的讲述之外，还得帮我们指引相关路线，代为联络一些关键人物。谭立曾说你先别着急，容我慢慢梳理一下，将该找的人和单位一一给你列出清单。听了谭立曾的话，我感到特别踏实。那天，谭立曾从天津岁月开始，将谭鑫培的艺术之路和生活经历详尽道来，讲得神采飞扬，让我听得如痴如醉。《京剧谭门》的采访，即从与谭立曾的交谈中拉开了序幕。

拜谒宗师

2007 年 6 月 6 日上午九时，江夏一行人与北京谭家人相约同行，一路向门头沟进发。江夏区政协副主席朱定呈、熊才胜，区政协文史委主任董光宇、副主任陈本豪，区人大委办主任谭先学，首次去宗师墓地祭拜，崇敬中满怀期盼，全程默然无语。天气真不错，并不密集的云朵，时不时从太阳脚下飘过，众人心中却早已云絮飞渡。谭鑫培少小离乡，一个多世纪的隔阻，时光无情地流逝，今天终于有幸打开尘封断层，前去墓地祭拜一代宗师，一百多年的思念，一份迟来的问候！

谭鑫培陵墓位于北京市门头沟区永定镇栗园庄村，属文物保护单位。陵墓坐北朝南，墓地呈方形块状，占地 500 平方余米（当初为 12 亩，"文革"中不幸遭遇损毁和挤占），四周砌筑白色围墙，让人心怀碧水沉静之感。墓园正门上方书写"国剧宗师"四个大字，两边楹联为梁启超的著名诗句："四海一人谭鑫培，声名廿纪轰如雷。"右壁镶嵌的石板上刻"谭鑫培墓"，并注明门头沟区文物保护单位。左壁镶嵌的石板上刻《谭鑫培墓重修记》。墓园里树青草绿，庄严肃穆，一片宁静幽雅。这里，长眠国剧宗师平凡而伟大的灵魂；这里，凝固一段厚重而永不磨灭的历史；这里，无法冰冷宗师的故土之情。

墓地东南、西南、西北三方仍存清晰可见的界桩，惟有东北角一处尚无，据说，此处界桩已被深埋地下。界桩均为青石制作，高 1.4 米，为长方形柱体。每根桩首刻有同版的珠莲花纹，下刻"英秀堂"三字，桩面上竖刻"谭宅茔地"四字，另一面刻有三字（因岁月磨砺，字迹模糊，难以辨认）。建园之初栽植的 200 余株松柏，现已大部被毁，当下仅存 20 来棵。临近坟墓，仰见两棵高大的青松举头向天，似如宗师光明磊落的品质，一伞顶盖的绿叶承接天露，任你风霜雨雪，依然挺立苍天之下。《沙家浜》中郭建光的那段"要学那，泰山顶上一青松……"唱词，突然萦绕耳边，久久不散。

墓园门前修有一条六车道，两边分别建有非机动车道，路中间均设置白色锌钢隔离栏，每组隔离栏上，均镶有半圆形蓝色反光膜，人行道上一律铺有吸水路砖和盲道。穿过石门，迈上 5 级石阶，即可瞻仰高台上的墓碑和坟冢。墓前香灰逐日尘积，晚辈、亲朋、徒孙、崇拜者、领导们，来一次便增厚一分，无声地凝结着传承的祭奠与冷暖。墓前原有设置的石供桌，"文革"中已被红卫兵移走，至今下落不明。第一次走进谭鑫培墓地，莫名地涌来似曾相识之感。一近墓前，眼角不觉有几分润湿，无法息止的泪腺之门开启。我们同向宗师跪行三叩九拜大礼，传递故乡人民的深情与虔敬。

谭鑫培宗师墓地"文革"遭损毁后，诸多民众自发地向当地政府和有关部门反映，屡次提出修复建议。2005 年，北京市委市政府特拨专款，由市文物局和门头沟区联合牵头，对谭鑫培陵墓进行精心修葺。在新修的坟冢前，竖立一块崭新墓碑，由碑基石、碑心石、碑顶石三部组成，碑心石总高约 2 米，宽约 0.6 米。墓碑碑顶上刻"万古流芳"，碑心石面雕刻"曾祖谭鑫培墓""曾孙谭元寿重立"等字样。墓碑背面为一代宗师谭鑫培生平事迹，由戏曲界名人刘曾复与和宝堂联合撰文，由 93 岁的王琴生手书：

　　宣统间有陈君言，今海内才最高最盛，足以转移一世者，吾推二人焉，曰梁启超，曰谭鑫培。闻者题之，今鑫培乃介余乞任公题诗，遂跋如右。谭公讳金福，字鑫培，号英秀，艺名小叫天。生于公元 1847 年 4 月 23 日，卒于公元 1917 年 5 月 10 日。祖籍湖北武昌。少时随先翁谭志道学艺，自鄂辗转京津一带，经金奎班坐科后师事程长庚、余三胜、张二奎、王九龄诸皮黄名宿，工文武老生，隶三庆、四喜等班社及各乡班演出，兼升平署供奉。曾六赴沪申巡演，得同仁孙春恒等启迪，历四十年之艰辛求索，自组三庆、同春、同庆班社驰骋艺坛，并于氍毹精研技法，鼎新革故，海纳百川，遂使声腔于遒劲中得见柔美，如闻天籁；舞蹈通六合，含韵律，章法缜密；总讲求节奏之鲜明，重结构之凝练，雅俗兼顾；表演工其意，简其形，臻于天然；服饰更趋典雅庄重，创无生不谭，无腔不谭之大观，引领文武昆乱各行当之全新大变革，皮黄艺术从而为举世珍爱之国剧。更以亲手培植杨小楼、梅兰芳、余叔岩三大贤，为京剧承前启后，奠百年繁荣之根基。公历任精忠庙首、正乐育化会会长。廿世纪初，因率先摄制电影《定军山》并灌制唱片，启中华民族遗留艺术影像之先河。公编创、整合之百余出经典剧作，历经百年，至今脍炙人口，荫及后代子孙，造福艺业同仁，并为世界各国欢呼倾倒，故梅兰芳君尊公为京剧宗师，梨园汤武，中国戏曲表演艺术体系之总代表。亦如梁启超公谓之：四海一人谭鑫培，声名廿纪轰如雷。为铭记谭公千秋功德，今北京市人民政府特拨专款并由市文物局和门头沟区文物管理委员会精心修葺谭公墓地，以垂范后世，流芳千古。

据墓地周围目击群众回忆，"文革"期间，一群举着"造反有理"红色标语的红卫兵威风凛凛地前来墓地"破四旧"，他们砍树毁墙，推倒墓碑，刨地挖坟，在一通胡乱折腾下，墓地被糟蹋得面目全非，不忍目睹。当红卫兵刚刚刨开土层准备再深挖时，突然看见几条盘缠在一起的大蛇，它们高高昂着头，吐出长长信子作势欲扑。一向胆大妄为的红卫兵，哪见过这般阵势，一个个被惊吓得腿脚发软。那个领头小队长，战战兢兢地向着手下连连摆手说：这坟不能刨了，大家赶快跑！一伙人急忙扔下铁锹锄头，一阵风似的跑得不见踪影。虽说来墓地捣乱的红卫兵暂时被蛇吓跑，保不齐哪天还会再来。旁观的乡亲们，看在眼里忧在心中。于是，一对好心的父子，趁夜将谭鑫培墓碑挖起来，悄悄地运走秘密收藏。后经多方探访，幸得知情者暗通消息，谭孝曾和谭立曾兄弟俩悄悄上门打探，果然不负所望。当走进收藏墓碑的那个老乡家里，看到几乎家徒四壁的景象，兄弟俩默然间无限敬仰。听说来者为寻找墓碑的谭家后人，老乡即将谭家兄弟引进里屋，他将搭在床边的被单卷起，扶着床沿蹲下身子，并示意兄弟俩搭把手。三人用力地从床底下拉出一个沉甸甸的包裹，小心翼翼地揭开几层塑料布，墓碑赫然在目。老乡家三代人默默地给谭鑫培大师守墓，孙子告知谭家兄弟，他的祖父临终前喘着粗气交代说，历代谭家人对咱家不薄，你们一定要看管好宗师墓地。老乡担心红卫兵们把墓碑砸碎，这才冒险将其带回藏在家中。不知是谁走漏过风声，有几个红卫兵曾经上门探寻，勒令他们将墓碑交出。老乡谨记祖训，索性来个拍手不认。因找不到实物，无凭无据，红卫兵一时也拿老乡没有办法。谭家兄弟俩看着墓碑，聆听老乡讲述，止不住热泪在眼眶里打转。两兄弟一时感觉无以回报，将随身所带的现金都掏出来双手奉送，想替先祖弥补一点感恩之情，老乡却坚辞不收。

清光绪二十二年（1896年）春，由戒台寺盛老和尚主持，为谭鑫培受居士戒。自此，谭居士与戒台寺的佛缘更深了。他与住持妙老人交往二十余载，有一日不觉对其道出心声："我对大师有一不情之请，假如我百年之后，愿借寺中一席净地，永作佳城，得以遥对金容方遂夙愿。"面对谭居士一片诚情，妙老人慨然应允，遂将戒台古刹栗园庄12亩庙产茶棚地，辟让谭居士以遂善念。妙老人却天不假年，先于谭鑫培圆寂。他的弟子达文住持谨遵师嘱，1915年，遂将茶园佛地提前腾出，辟为谭鑫培万年安歇之寓，终于圆了师傅与谭居士心愿，这是一份超越世俗之情的佛缘。经过勘察与斟酌，墓园选向坐北朝南定位，头枕马鞍山，脚踏卧龙岗，眺望永定河，好一块风水宝地。墓地与戒台寺遥遥相对，不尽的晨钟暮鼓与宗师的梵唱交融，一曲天籁，九泉含笑啊！

在修复的谭鑫培墓前，竖有两块墓碑，前面所述一块为谭元寿新立。那块被好心老乡收藏的老碑，碑高95厘米，宽63厘米，为戒台寺所立，上面雕刻碑文如下：

伏以五伦之中曰君臣，曰父子，曰夫妇，曰昆弟，曰朋友。人生斯世，莫不以此为大纲，而朋友一道尤须以信义为重，儒释歧途，理无二致。兹因谭居士印金福字鑫培，籍隶本京，具有夙根，生而好佛，成立后遍参都城内外名刹长老，因美佛旨之慈悲，所积资财辄随地施与，行之既久，颇有所悟，于禅宗一门尤有心得。因业心于清光绪二十二年春季，在京西戒台万寿寺盛老和尚座下求受五支净戒，二十年来持戒维谨，恒念得戒常住之深恩，毫无极称，遂力以护庇，常住为己任。与戒台前代主持妙老人机锋相对，谊若弟昆焉，虽有僧俗之殊形，而其心心相印，若合符节。因念人生若寄沟影驹光，一旦无常向何处晤佛耶？援商之于妙老人，愿假寺中一席净地，永作佳城。俾他日百年得以递对金容，方遂夙愿。妙老人亦念廿载之道侣，不忍相违，遂将寺中茶棚地十二亩让之谭君，以遂善念，立有石桩为界，今兹戒台寺当代主持达文和尚踵先师之遗志，为之栽种树木，修造坟园，督工营造，次第告成。因念此事之端末，胥由两造之感情而发生，他年勿论何人不得擅伐树木及发生他种情弊。其看坟工人亦由寺中代为就近查看，俾可永久，现届竣工，用特两造，公同勒石，以志兹事之缘起，而作凭证云尔。

中华民国四年×月×日

谭君鑫培居士

戒台主人达文

此碑立于"中华民国四年"（1915 年），原碑文没有标点，此文中的标点为方便阅读而加。

修复竣工的谭鑫培墓园，占地约 1 亩，四周筑墙围院，墓园古朴素雅，显得格外幽静，白色花岗岩墓门让人肃然起敬。2005 年 11 月 6 日举行揭幕祭扫仪式，那天，来自全国各地的京剧名宿和各界名人王琴生、杜近芳、梅葆玖、叶少兰、刘曾复、欧阳中石……相关部门领导，还有诸多亲朋戚友与陌生的崇拜者，有 200 余人。在谭元寿、谭孝曾、谭正岩祖孙三代引领下，大家焚香秉烛叩头行礼，以表达对宗师的缅怀之情。那时的门头沟地区，远没有今天这般繁华与易于通达，为了给前来的人指引路线，谭立曾专门携带两块手机电池。结果却出乎预料，全程竟无一人与他通话相询，大家不仅来得早且来得齐。仅有身患重感冒而住院的李维康无法前来，特与谭家通话深表歉意！

据《门头沟文物志》记载，谭鑫培墓始建于清朝，墓地修建之初，原有 12 亩之阔，东南西北均由石柱圈定界限，原为戒台寺的一处茶棚之地。早年的谭鑫培墓地，满园苍松翠柏，一片郁郁葱葱。该处墓地，并非为北京谭门家族的惟一归宿之处，只有谭嘉乐一人与父亲葬在一处（谭氏的另一处墓地，"文革"中也遭破坏拆除，当时相关媒体曾为此登报莹地拆迁消息。自从谭小培去世后，谭家再无人订阅报纸，未能即时获知消息派人前往收捡，以致宋氏等人的遗骸均不幸丢失。后来，谭家人在修墓合葬时，谭小培前面的两位夫人，只得以相片替代下葬。2014 年 4 月下旬，谭鑫培陵墓的宝顶后侧，曾被盗墓贼挖开一个大洞，旁边堆放很多砖头碎块和新土，估计为盗墓贼所为。看园人于师傅发现后立即报警，警方及时立案侦查，媒体曾为此专门报道。后来，盗洞迅速得到修补复原，坟园损坏的门锁也被重新更换。

今天的谭鑫培墓园，四周已是高楼林立，墓园也早已被列为重点文物加以保护。

历史深处的呼唤

　　2007 年 4 月的一天，江夏区人大委办主任谭先学，为谭鑫培祖籍认定一事前往区政协文史委办公室找董光宇主任，满肚子的话想对他吐一吐。2006 年谭富英诞辰 100 周年，北京、武汉、江夏区流芳街三地分别举行隆重纪念活动。流芳街特向北京谭家发出邀请，谭元寿即时回复两封贺电，一封发往流芳街，一封发给江夏区委宣传部常务副部长蔡明贵（贺电原稿由蔡部长至今收藏）。谭先学说，谭鑫培为中国京剧一代宗师，流芳街的确是他的故乡，这种历史文化值得挖掘，我区早该派人前往北京与谭家联络。谭先学曾几次去京，住在他弟弟家里以便与谭家联络，手机里存有谭鸣曾（谭元寿五子）的通联信息。因为没有完整资料，又无组织委托，谭家人均以情义接待，其他话题无从谈起。有关谭家祖籍归属，历经几代人联络，一直也无确切定论。更有相关资料众说纷纭，让人难以甄别。因此，谭先学的个人之言，谭家不大信，也不敢信。谭先学曾多次向区政府有关领导反映，却一直没有得到回应。于是他想找董光宇主任交流一下。

　　听了谭先学主任的一番诉说，董光宇感到有些震惊。虽说武昌县（后改为"江夏区"）志上早有关于谭鑫培生平与家乡的叙述，但有多少人专门关注？即使长期从事文史工作的他，对县志也多为在针对性查找中取舍。出于对历史和文化名人的敏感性，董光宇心中骤然光芒闪烁，这不正是文化大发展大繁荣的重要源流吗？常年在历史文化中耕耘，今天却有了意外发现，多年的苦苦追寻与思索，竟然得来全不费功夫。他从内心里感谢谭主任，更感谢谭家出了这么一位显赫的历史人物！他按捺心头的激动静静地聆听谭主任述说，不忍漏掉一个字。一待谭主任讲完，他即从座椅上冲起来握着谭先学的手说："你怎么不早跟我说呢？"他兴奋地说："凭我搞文史的经验，像你所说谭鑫培这样的人物与题材，确为经典中的经典，哪里都是求之不得的。"

　　看董主任不像装出来的兴奋，谭先学也颇受感染："既然你那么重视，改天我再挑些更精彩的故事讲给你听，今天说的还只是些皮毛而已。"

董光宇："比如说吧，市政协的《武汉文史资料》和省政协的《世纪行》，长期刊登这些鲜为人知的历史名人轶事，你还愁不能引起领导重视。不信你等着，到时候还有人专程来找你。"

谭先学："有那样的好事？你越说越像真的了，不是看我失落而安慰我吧？"

董光宇连连摆手："不是，不是，绝对不只是安慰你。你不信，我马上把陈本豪叫来，请他写一篇文章，不几天就能让你在报刊上见到。"

"好。那我先在这里代表谭家感谢你。如果陈本豪来了，今天我请客。"

"好，我马上跟本豪通话。但客不要你请，今天你为文史委贡献了这么好的文化题材，陈本豪也肯定高兴。他也是文史委副主任嘛，我们两位主任一起请你。"

"不成，不成，这毕竟事关谭家，又是我多年的期待。无论结局怎样，起码我今天找到了知音，客我请定了，下次再轮到你们好吧。"谭主任认真地说。

"那好，那好！我今天真走运，一是收获了好题材，马上还能收获一餐酒！"

谭先学："你们搞文化的人就是不一样，简短的一通话，似乎给我灌了迷魂汤。想醒都醒不了。你快把陈本豪给我找来。如果找不来，那就没有酒喝啊！"

"好，好，好！"董光宇一连说了三个好字，连忙掏出手机。我一接听，董主任便说："陈本豪，你先什么都不要说，快告诉我你在哪里？"我连忙回复就在纸坊，他叫我速打车过去，说有一个重要人物和一个重要课题在等我。什么重要人物和重要课题，我一时无从捉摸，反正先过去再说。我知道董主任爱喝点酒，也许酒瘾发了想找酒友吧。

我一进政协院子，董主任即从二楼窗户里探出头来喊道："来了，来了，陈本豪来了。"我伴随着董主任越来越近的爽朗话语声，大步流星地走到走廊尽头。

一进门就看到从沙发上站起来的谭先学主任，虽说平时来往不多，也是多年的熟人。茶泡好了，平时并不太抽烟的我，却抵不住董主任硬塞给我一支，并将点燃的打火机伸到我面前。看得出，董主任今天高兴，说不定真有好事与我分享。泡好的茶温度正合适，我坐下来端起就喝。董主任是个急性子的人，还是他先开口。听了他对谭主任反映情况的复述，这意外的文化惊喜一时也将我点燃了。我不太清楚谭鑫培，只知道扮演郭建光的谭元寿，却做梦也没想到，谭鑫培是江夏人，这真像惊蛰春雷一样炸响。江夏有这样一位声名显赫的人物，怎么从来就没听人提起过呢？我一会看看谭主任，一会看看董主任，想从他们脸上找到确切的答案，该不是董主任无事拿我找乐吧？时间不会长久地将我锁在疑惑里，他们很快就将我带进了历史的真实。

那天的酒还是谭主任请的，董主任有意买单，却抵不住对方的真情。那天就我们三人，一直都将话题泡在酒里。我是个热爱文字的人，面对谭鑫培的题材，不用创作和演绎，只需把真实的故事和人物写出来，自然就会很精彩。题材选对了，作品就成功了一半。我禁不住内在的兴奋和愉悦，主动给提供信息的两位敬酒，感谢他们为我找到上好题材。也许，我真能与谭鑫培文化擦出火花来。为什么我十多岁就登台扮演郭建光？为什么让我在福建惠安的海边侨乡，看到了被民间供奉的谭大王神像？这一切似乎冥冥中都被一条长线所牵。

那天晚上，我靠在床头翻阅陈旧的《武昌县志》。虽说我并不怀疑谭主任所讲，由于长期跟文字打交道的习惯，又计划将此题材付诸创作，我必须找到文本之根。我半夜无眠，确为谭主任感到几分委屈，这么好的题材，这么知名的人物，世界性的传奇，为什么没有引起领导重视呢？也许问题还是出在他自己。不经意的反映，缺乏力度的讲述，并不连贯的故事，可能只有他自己心中才有完整的结构，却没能给对方全方位的展示。我相信，在大力提倡文化大发展大繁荣的今天，像谭鑫培这样的题材，决不会被精明的领导忽视。我要立即动笔向区主要领导反映，不仅因为我是一个在文字堆里打滚的人，我还是区政协文史委的副主任，我绝不能错过这难得的历史文化之缘。

根据《武昌县志》第三十二节"人物传"篇中记载：

谭鑫培（1847—1917）名金福，号英秀，江夏（今武昌）东郊人。父谭志道，为京剧老旦，嗓音洪亮，有"叫天子"之称，故谭鑫培艺名为"小叫天"。幼年随父到北京，入金奎科班习老生。出科后，搭永胜奎班。变声期倒嗓，改演武生。嗓音恢复后，又重演老生。

光绪六年（1880年），班主程长庚去世后，自组同春班。1890年任升平署（戏院）外学民籍教习。博采众长，对老生唱腔进行改革，创出悠扬婉转略带感伤的新腔，即"谭腔"。当时与孙菊仙、汪桂芬并称老生"三杰"。又得王瑶卿和梅雨田辅助，声誉在孙、汪之上，时称"伶界大王"，有"家国兴亡谁管得，满城争说叫天儿"和"无腔不谭"的说法。梁启超赠诗亦有"四海一人谭鑫培，声名廿纪轰如雷"之句。鑫培戏路极宽，文武兼能，能演三百多出戏，最拿手的戏有《空城计》《击鼓骂曹》《四郎探母》《卖马当锏》《定军山》《李陵碑》《汾河湾》《南天门》《文昭关》《捉放曹》《洪洋洞》等。1917年初，北京权贵为接待两广巡抚使陆荣廷举办堂会，谭以病辞。后被迫演《洪洋洞》，愤而病倒，于3月20日逝世，终年70岁。

读过《武昌县志》，心中再无一丝疑云。我决定第二天即去区政协文史委与董光宇主任合议，要理出一个头绪，尽快向领导汇报，决不能因为我们而贻误时机。经过一番商议，还是走循序渐进的路线，先向主管文史委的政协副主席朱定呈汇报。朱主席那天正好在班，由我主讲，董主任补充。朱主席听我们汇报，中途竟没插一句话，一待我俩说完，朱主席笑说："你们反映的情况很重要，我个人表示坚决支持。但这是一道很大的文化课题，还得按规程向领导汇报。不过你们相信，结局肯定是阳光的，你们静候佳音吧。"走出朱主席的办公室，我们直接回到文史委，根据朱主席安排，由我执笔先向政协书写一份报告。大约过了三天，朱主席将我和董主任召到他的办公室，不用开口，就让人猜到七八分。果然，朱主席说："情况很好，政协专程为谭鑫培的事召开了一次主席会，一致同意将课题定下来。只因为人物太大，我们掌握的情况很少，必须尽快着手调研。董主任跟流芳那边很熟，先找那边政协联络委，争取近期去谭左湾一趟。既要听反映，又要看实物。最好召开一次有规模的座谈会，将年纪较大而知情的一些人找来，情况摸得越透越好。"朱主席的话，让我们如沐清风。

一回到文史委，董主任即找来谭先学主任，听了我们的情况介绍，他十分兴奋地说："什么时候去谭左湾？那边的人由我负责召集，让我们湾里做好接待，决不亏待你们两位功臣。"董主任两眼放光地对谭主任说："你现在又不住在湾子里，不然，我们去你家里，将柜里的好酒都翻出来喝了。"谭主任说："你不管我住在不在湾子里，保证一切如你所愿就是。我还得先跟你打声招呼啊，就凭你这点酒量，平时只能压着我，但到了湾子里，你就没有了优势。"董主任说："啊，我还真不信邪，到时候你莫说了不认啊！"谭主任说："冇得说的，保你满载而归。"谭主任走了，欢快的脚步似乎带着一阵轻风。

现在万事俱备，只待朱主席去流芳调研的通知早日到来。

迟来的春天

CHILAI DE CHUNTIAN

2007 年春天，来得有点迟，乍暖还寒的天气，与人们期盼花开的心情纠缠着。人说迟来的春色更浓，但愿吧！

那天，谭鑫培祖居后屋里的小姑娘，清晨站在门口尖着嗓子喊："妈妈，妈妈，快来看，我家的老树又发芽了。"妈妈一边走，一边嘟哝着："还不快来过早上学，在那里瞎喊么事沙。"小姑娘用手指着大树枝头说，妈妈你看，那不是刚长出来的小叶吗？妈妈睁大眼睛一看，真还有些惊讶。"枯树发芽"只听过人说，今天却亲眼看到了。

稀奇啊！这棵老槐树已经枯了三年，原来的绿荫与花香不再，够让人怀念的。

　　枯树发芽的消息一经传开，谭左湾的人争相来看热闹，尤其是老人，活了几十年，真还没看过这等奇事，既惊奇又惊喜："神树，神树！大家一定要好好保护，这是我们谭家的福分啊！"于是，湾里的老人便说，今年谭家必有特大喜事降临。不久，江夏区人大谭先学电话通知湾里作好接待准备，区政协领导一行近日要来调研谭鑫培家事。消息传开，有人即将脑袋一拍："我说吧，这不应验了吗？谭志道父子外出一百多年，谭先学多年联络未果，今年接上了火，难怪三年的枯树发芽！"

　　那棵枯树名为国槐，属槐科中的珍贵品种，与普通刺槐一样开花结果却不长刺（在江夏农村，房前屋后都长满了刺槐，树干上长满了刺，白色的花朵开得茂盛，一串串的，又甜又香，既可观赏又可做菜吃）。相比刺槐，国槐的花朵细小且呈金黄色，花味更香，木质细而结实，是村民用来做扁担的上好材料。国槐树相对较少，每个湾村难见一两棵，不仅数量少，且生长速度缓慢，比不上出土便疯长的刺槐。这棵国槐为谭鑫培父亲谭志道盖新屋时栽种，树龄已近两百年，树干约两人合抱粗。三年前无声无息地枯萎了，但村民们却不愿将其砍伐。那天我们一走进谭左湾，村民们即将枯树发芽的消息相告，耐不住好奇，便一同前往观看。站在老槐树下，抚摸苍老的树干，多年从事园林绿化产业的我，对枯树发芽的珍惜，自比他人感触更深。

　　自从谭鑫培的话题揭开之后，区政协这边几乎热透了，密集的碰头磋商，急于走向深入，第一步计划便是尽快去谭左湾考察交流，弄出个究竟来。我每次去区政协，逢人即被问及谭鑫培的事。事情并非想象那么简单。尤其事关谭家根系之由，有沙湖、田家湾、谭左湾，还有黄陂、黄冈、天津之说，各种说法且都能列出一两条根据来，离得越远的，越说得有鼻子有眼，一时令人难以捉摸。我相信谭先学的介绍，更相信《武昌县志》的记述，还有谭左湾老幼妇孺的众口一词"谭鑫培是我们湾子的人"，这种说法绝非空穴来风。为了查清真相，得找出可靠的史料。不然，满天疑云不知何时能散。

　　经过一段时间酝酿与筹备，区政协组建了一个临时班组，由分管文史的朱定呈副主席牵头，由原分管文史（已退居二线）的熊才胜副主席具体指导，文史委这边董光宇主任和我为主力成员，决定近期去谭左湾座谈，摸清基本情况，掌握第一手资料，再拟定下一部计划。经过几轮磋商与交流，区政协主席会同意将谭鑫培文化纳入日常研究课题，具体方案待定。出于文化敏感与自觉，我确信一定能搞出点名堂来。2007年4月26日和5月5日，江夏区政协一行两次走进谭左湾。第一次经区人大谭先学主任约定，那天上午八点半，我们准时从区政协出发，由熊才胜副主席带队，谭先学、董光宇加上我，一行四人驱车同往。朱定呈现副主席随后赶来。也许天意昭然，那天风和日丽，心情畅快，一路的欢声笑语直扑窗外。首次谭左湾之约，我们为文化拓荒而行，一次跨越世纪的握手，一定会迎来惊喜。

　　因有谭先学主任事前联络，湾村里做好了充分准备，所有通知参加座谈的村民，早已聚集在堂前静候。那天前来参加座谈的有刘家利（九夫村支部书记）、谭显耀（86 岁，湾村最年长的一位）、谭先龙（83 岁）、谭贤桥（原村委会主任）和谭绍勤一干人等，座谈会在谭绍金的堂屋里召开。因天气温和，太阳晒得人暖洋洋的，大门敞开，我端着一把小靠椅坐在门外。消息早在湾里传开，大家关注度极高，自发前来参与的人群越聚越多，后来连门外的路边都站着人。

　　座谈会由熊副主席讲话拉开序幕，他首先问候乡亲们好！还没开口介绍，乡亲们都说知道区政协今天来访的主题。熊副主席说，我们今天来，主要是听听情况摸摸底，大家先给我们说说，千万不要保留，情况越多越细越好，这是一道重大文化课题，一个半世纪的时间阻隔，请大家费心理一理。如有可能，我们还想查看一下家谱，请你们提供方便。尤其是老同志，多多回顾往事。这是江夏的一件大事，不仅关系国粹京剧和江夏区文化品牌打造，更关系到你们谭家的历史和未来。话题一开，大家便议论纷纷，谭贤桥即从家里抱来一摞谭氏家谱。在一番交流之后，我们逐页查看谭氏家谱。根据胡汉宁先生的文章（胡汉宁先生文章另述）索引，不难翻到相关页码，一字不漏地阅读后，我们心中慢慢清晰，底气渐渐加厚。董光宇主任拿出事前备好的相机，将有关的页面一一拍摄（因家谱不便借阅，后来进京所带为家谱拍摄件，一一呈献给谭家父子观看，并赠予收藏。）

　　座谈刚刚热场，朱副主席即赶了过来。经过一番议论，乡亲们一致推举由谭先龙主讲。谭先龙说，我们谭氏家族，最早是由三兄弟从江西迁来，首先落脚武昌八埠街，就是谭鑫培的出生地。后来，老大谭孟荣的后人迁居江夏金口；老三谭孟华的后人迁居大冶；老二谭孟仁的后人，便居住在大东门外的东乡，即今天的流芳九夫村，就是我们这一支。现在的九夫村，谭姓湾村共有五个，分别为大谭、西边谭、谭左、张谭和庙山谭，谭鑫培系我们谭左湾人。我很小的时候，爷爷辈就对我说，那个唱戏的大王谭鑫培，是他父亲带着从我们湾子走出去的。于是，他慢慢地述说老人们传承的故事，因谭鑫培那时还小，主要还是讲述谭志道的生平。比如他爱唱戏、从小跟着大人们学打贩挑（贩大米）、趁隙溜进戏园看戏、从看戏到唱戏、从票友到与名角搭班登台、有关"叫天子"雅号的来历、家传的武术功底、不愿继承家业的背叛、人高马大声音洪亮的本钱等……谭志道脾气很大又爱打抱不平，常常在外闯祸后逃回湾村避风，还有一些他的风流韵事和爷爷做衙门捕快的历史，一股脑儿地悉数陈述（详情已于卷一中叙述）。坐在一旁的谭显耀老人，时不时地插话补充，他是那天到场年事最高的人，身体不错，口齿清晰，记事较全。

　　通过半天交流，我们自是收获满满，村民们表示会后再行收集资料，以便下次交流。正如谭先学主任事前所说，抵不过谭家人热情，我们饱尝了谭家的饭，还品尝了谭家的酒。按照计划下午还有湾村和老屋现场考察任务，耐不住渴望，饭后我们稍事休息即催着参观谭家祖居老宅。

谭鑫培祖居老宅为三面青砖一面土砖结构的灰瓦屋宇（因长期无人居住，后排土墙已坍塌一角），大门前嵌着一副磨石门闸，左右两边各有一扇雕花石窗，材质较好，颜色白中透着米黄，基本没有杂色和裂纹，看得出石材经过精心挑选。门闸和窗户做工精细，凿子纹路成形美观，师傅手艺不错（历经十多年石匠生涯，我一眼就能看出石质和做工）。老宅十分气派，对于一百多年前的乡村而言，这样的房屋并不多见，门高户大的尊荣依然不减当年。谭先龙介绍说，谭家祖居原为上下连体的五栋走马转楼，现在仅存其中一栋。该屋为谭志道所建，他常年带领戏班在外唱戏，收入颇丰，还有他父亲做捕快、开米行的家底，除此以外，谭左湾还没有第二家能盖得起这样的豪宅。当时这栋走马转楼，主要供湾村里的戏班排练和演出用，因屋多场子大，连台本戏都能唱。只要谭志道在家，屋里的锣鼓就没停歇过，湾里的戏班就设在这里。

老宅门外两边堆放着很多新割的青草和树藤，为谭家人近两天刚用柴刀砍伐。现在乡村留居的人少，年轻人成群结队地外出打工，空屋很多，谭左湾也一样。两扇老式木门上着锁，一位年轻人专程拿来钥匙开门。谭家老宅分为上下两进结构，左右两边各有耳巷和厢房，中间留有一口尺寸宽阔的天井，沿口均为青石铺砌。屋里还存有许多老式物件，虽然蛛丝网结，但器件保持完好。比如水桶、木盆、摇床、纺车、风斗、水缸，还有完好的锅灶。尤其是屋梁和门窗隔板以及楼檐横梁，均为精细的木雕。雕刻的内容戏曲故事较多，还有民间传说。刀工细腻，人物栩栩如生，基本读得出故事，大多源自古老文化传说抑或乡村特色典故。木雕保存完好，没有因为潮湿而腐烂。

走出老宅许久，虽然没落下与大家同行的脚步，我的思绪依然停留在谭家老宅的木板雕刻之中。脑中不禁浮现几分自家老屋的影子，惟有天井东西两墙的木雕狮子不见，其余基本相似，只是木刻中的内容不同而已。似曾相识的亲近，让我止不住童年的回忆。我们一行径自走向湾村东头，谭先龙指着前面不远处的几座坟包说："从那儿往前看，一直延伸到下面农田的尽头，你们应该看得出，这一长条地形就像一只凤凰的脖颈，谭家老宅正好建在凤凰脖子上，像仙人驾鹤之位。按风水之说，那是腾飞的极佳之地。所以，他家的后人发迹至高。"谭先龙似乎略有所思地说："我们湾村是一块大地脉，谓之凤凰地，是该出人才的地方啊！在谭家老宅前面的水塘边，旧时建有一座米屋。据说，该屋是经风水先生提议修建，专供凤凰啄食和饮水之用。活地脉也要养嘛。"他一指前面那条长长的农田说："湾前左面正对着龙泉山的天马峰，有龙有凤还有天马，你说哪里还能找到像我们谭左湾这样好的龙脉宝地啊！"他似有几分得意地接着说："据老人们讲，曾经有一位疯疯癫癫的游方和尚，他背着雨伞从我们湾子经过，热情的乡民让他化得一餐热乎乎的斋饭。他在一顿饱餐之后说，'你们湾子里的人不错，地脉也好，只可惜为凤凰地，与龙脉望而难近，出不了天子，也许能出一个台上皇帝'。话一说完，他又疯疯癫癫地哼着别人听不懂的曲子走远了。当时也没人在意疯和尚的话。现在回想起来，谭鑫培也许就是他所说的台上皇帝吧。"他说完话，似乎陷入短暂的沉思。

因为村民们热情，又受其故事与风水宝地之说的感染，谭先龙带着我们一行几乎围着湾村走了一大圈，让人感怀至深。一方水土养一方人，一方人创造一方文化，烟火延续世代相传，勤劳善良地活在美好的希望里，多么纯朴可爱的乡亲，多么富有诗意的田园生活啊！今天的人们，活在快节奏的当下，时代的发展是否将毁灭曾经的美好，让人沉醉于物质享受而失落精神洗礼？值得深思。早被圈入开发区域的谭左湾，这块凤凰宝地上的村落势必会在机械轰鸣中被夷为平地。乡亲们对故乡的依恋，能否在经济补偿中得到安慰和修复？富足的经济，能否创造出传承千秋的文化经典呢？

谭左湾的汉戏班

胡汉宁，湖北省艺术研究院主任，国家一级编剧，钟爱戏剧表演和艺术研究，特别关注伶界大王谭鑫培祖籍地的调研与考证。1997年，为纪念谭鑫培诞生150周年，带着众说纷纭的思考，胡汉宁深入江夏区流芳街九夫村谭左湾走村串户。经过查阅史料和家谱、研读碑文和实物、走访老人和村民，反复论证与思索，撰写了《江夏〈谭氏宗谱〉考》，给北京谭家的寻根和江夏打造谭鑫培京剧文化品牌提供了有力佐证。

　　1853年，6岁的谭鑫培随父母离开江夏北上谋生，此后再没回过故乡。江夏的谭氏乡亲，无人料到当年从家乡出走的这位貌不惊人的少年，后来竟然成了为中国京剧史写下辉煌篇章的一代宗师。

　　最近十几年，戏曲界一些专家、学者，就谭鑫培生平做过不少考证。北京学者宋学琦的《谭鑫培系年小录》（载《戏曲研究》1985年15辑）中说："谭氏是湖北武昌府江夏县（今武汉）宾阳门外（今大东门外）田家湾人氏。"湖北省戏剧家龚啸岚先生，根据辛亥革命老人刘成禺（禺生）所作《洪宪纪事诗本事簿注》认为："谭鑫培故里在武昌沙湖。"胡汉宁受湖北日报社《楚风》编辑部委托，专程去京采访过谭元寿。据谭先生回忆，他小时候曾听祖父（谭小培）讲过："我们祖上老家是江夏大东门外的谭家湾。"谭先生说，自他祖父（谭小培）起，谭家代代来汉演出期间，每次都得打听与寻找大东门外的谭家湾……

　　有关谭鑫培祖居故里，众说（田家湾、沙湖、谭家湾）不一，还有黄陂、黄冈，乃至天津等说法。为了找到谭鑫培的出生地，胡汉宁先生广泛查阅文献资料，多次深入乡村，历经数月考察调研，终于在武汉市江夏区龙泉乡何桥村张谭湾谭绍友家中，找到了一部《谭氏宗谱》。据谱中记载："元末明初，孟荣、孟仁、孟华弟兄三人，同为谭氏分支始祖……孟仁公后裔乃迁大东门外油坊岭丰禾山居焉……至今四邻称望族焉。"谱中提到的谭氏三兄弟，老大谭孟荣后裔，居住在今天江夏区金口镇一带；老三谭孟华后裔，居住在今天大冶市；老二谭孟仁后裔，即居今天的大东门外。大东门外这一支谭氏家族，分别聚居在大潭湾、张谭湾、西谭湾和谭左湾。

清代江夏大东门外，不仅包括今天武汉市的武昌区和洪山区的部分城区，还包括今属江夏区的部分乡村。为论证大东门外是否还有别的谭氏家族，胡汉宁曾在武昌和洪山两区的街道、村湾多次复查：除沙湖畔贾家湾有一谭姓家族外，大（小）东门外均无谭姓村落。而贾家湾的这支谭姓家族，系光绪末年从湖南迁来，一些老人至今仍讲湖南话。自明清以来，聚居在大东门外的只有流芳岭这一支谭氏家族，张谭湾发现的这套《谭氏宗谱》，为考察谭鑫培祖居故里提供了重要依据。

按一般情况而论，只要找到宗谱，便不难查到有关线索，而这套《谭氏宗谱》数千个名字中，有近半数旁注"生殁不详""外出未归""公失讳""妣失姓""失考"等字眼。因"谭氏者向有谱牒，一败于道光之水旱，再败于咸丰之粤匪。纵有刊订之老谱多有残缺……"又说："道光年水旱迭兴，虫疫间有。至咸丰初有水火刀兵之惨……逃亡者多不能楚结。"谭鑫培正值动乱年代随父母离家出走，年龄尚小，且一直未回过故乡，故谱上尚无谭鑫培的明确记载。谭志道在大东门外谭家湾生活了40余年，其父又在县衙当过"捕快"，谱上应有记载。为什么未见直书"谭志道"其人呢？

经过反复辨认，胡汉宁终于在该谱一支卷125页，查到了有关线索。现将原文抄录如下：

　　自茂公，字永盛，生殁未详，葬大山，有碑。姚左氏，生殁未详，葬大山，有碑。生子四：长致导，次致德，三致仁，四致义。

　　致导公，生殁未详，葬大山，有碑。姚陈氏，生殁未详，葬大山，有碑。生子三：长声启，次声阳，三声泰。

　　声启公，生殁未详无传。

　　声阳公，字春廷。生嘉庆丙子年（1816 年）十月二十三日戌时，殁光绪辛巳年（1881 年）五月十日戌时。

　　声泰公，字谐坪。生嘉庆庚辰年（1820 年）正月十八日午时，殁同治癸亥年（1863 年）五月二十四日戌时，葬大山，有碑。

　　此页有"致导公"，旁注"生殁未详"。"致导"与"志道"同音，按有关资料记载，谭志道生于嘉庆十三年（1808 年），虽然谱上的这位致导公并非胡汉宁寻觅的谭志道，但是其长子声启，却引起了他的注意。根据谱上有声阳、声泰生于嘉庆年间的记载，胡汉宁推算，声启的生年，应与谭志道生年极为相近，也为嘉庆年间。谱中的声启，因长期外出未归，杳无音讯，所以才有"生殁未详"之注。这和谭志道中年离乡、终老未归的经历相吻合。戏曲艺人子袭父名的并不少见，近人刘双楫先生，曾长期袭用其父刘艺舟名讳——刘木铎。声启又名志道，大概是志在追求精深道艺的意思。此意颇合谭志道一生爱戏，悉心培育其子谭鑫培的人生经历。谱上与谭志道生年相同者不在少数，但是像谭声启这样由年龄相近、经历相仿、子袭父名几个方面综合考察，可以推断"谭声启"即谭志道的可能性最大。除此以外，还有一个重要因素，胡汉宁在谭左湾发现了清代的一个汉戏班子。

谭左湾的谭先龙老人曾对胡汉宁说："我们湾子里，在清朝就有个汉戏班子，从一末到十杂，行行都有人演，有衣箱，也有场面（音乐）。戏班子一年到头都在外头演戏，他们经常跑河南，因河南人爱看汉戏。在我还是小伢的时候，湾里曾有五栋连体的走马转楼。听老人们说，这个房子就是靠在河南唱戏赚钱修盖的。"九夫村支部书记谭贤桥带领胡汉宁看了走马转楼旧址（该屋已于多年前倒塌），从断壁残墙和地面密铺的青石板来看，这几幢房子在当时应当相当气派。据说，房内有十分精美的木雕装饰，内容均取材于戏曲故事或神话传说。

谭左湾的汉戏班子，何时兴办，何时散班？对此，湾里已无人记得清楚。据谭先龙老人说："戏班子中老的少的都有，有致字辈，也有声字辈和扬字辈。我小时候只见过一个池如后（系顶舅舅门落户谭左湾）。听老一辈人说，池如后是班子里最小的，他唱小生，后来活了80多岁，1930年去世。棺葬时，脚上穿的粉底靴。"池如后的曾孙池有仁，他从阁楼上找出一把京胡（无弓），据说琴筒是祖上传下来的。谭左湾汉戏班子的艺人中，只有一个唱十杂的谭大头传闻最多。据谭先龙、谭绍琳等老人说，汉戏班子在河南，因谭大头"闯祸"

才垮的。谭大头嗓音好，会的戏多，功夫好，就是脾气大。在河南某地，当地一个豪绅看了戏竟赖账，反要艺人下跪，谭大头一气之下，将豪绅打了（亦说打死了）。从此，谭大头不知去向。官府未捉到谭大头，却将戏班的衣箱全部没收。据此推断，谭左湾这个汉戏班子，应该是在 1853 年初，太平军攻陷武昌城之前，离开江夏前往河南的。

谭显耀老人小时候就看到家中有上辈人保存的一口戏箱。该戏箱两侧有系绳用的小铁环，下端曾有底座。虽已十分陈旧，但仍能装物，疑是当年汉戏班子所用。从谭左湾的这些传闻和实物来看，该湾村在清代确有一个靠唱戏为生的汉戏班子。靠唱戏赚钱，修盖比较讲究的楼房，对于临时杂凑的草台班子来说难以办到。只有行当全，戏码多，长年跑码头的江湖班子，才有可能赚得较多的钱。而这种戏班的挑班人，要么是"饱记师傅"，要么是"当家生角"。唱十杂的谭大头脾气暴，常常闯祸，不可能挑班子。那么，谭左湾汉戏班子的挑班人是谁呢？笔者认为，可能就是谭志道。

清代吴焘在《梨园旧话》里说谭志道"口操鄂音、纯唱汉调"，其演唱"情致缠绵，醇醇有味"。有资料说他"专工老旦，亦能演老生"。谭志道因"声狭音亢"而得"叫天"艺名，是指谭在演唱时用的是"边音"，汉戏三生则多用"边音"。因为旧时汉戏调高腔也高，唱生角的艺人如果不用"边音"，高腔就上不去。优秀的三生演员，被观众誉为"铁嗓须生""叫天"，亦被称作"铁扁担"，意即一肩挑着整个戏班子。谭志道同治二年进京时，年已 55 岁，还能用北京观众并不常见的"边音"唱出情致，使人感到"醇醇有味"。由此可见，谭志道无论是"边音"嗓子，还是唱功技巧，都具老生角音高、重唱、会唱的特征。"叫天"应当是汉戏观众送给谭志道的一个雅号。谭左湾的汉戏班子，由唱生角的谭志道挑班则顺理成章，此其一。其二，谭志道携妻及子北上时，正值兵荒马乱时期。一个半老艺人，如果不是率汉戏班子，他怎么可能一手扶着小脚妻子，一手牵着年幼的谭鑫培远涉千里，顺利走到津京？当家的汉戏班子在河南散班后，谭志道继续北上，终于到达天津。其三，《谭氏宗谱·源流序》记有因道光水旱，咸丰兵燹，江夏谭氏"逃亡者多不能楚结"之说，可以猜测，谭家汉戏班子远赴河南，可能系族中阖议的一次集体逃亡。谭志道身为掌班人，对戏班的解散亦负有难以推诿之责，加上回乡之路已被战火阻隔，只好随班抱憾北上，另谋生路。

《谭氏宗谱》及谭左湾汉戏班子的发现，为进一步弄清谭鑫培的家庭提供了线索。据宋学琦《谭鑫培系年小录》记载："谭鑫培的母亲熊氏，操持家务"，"祖父谭成奎，曾在县衙当差"，"前辈开米店为生"。从《谭氏宗谱》上看，谭左湾娶熊家女儿为妻者甚多。而其他几个谭家湾，少有熊女适谭的记载。这大概是由于谭左湾与熊姓湾过从甚密的缘故。据谭先龙等老人介绍，谭左湾祖祖辈辈有"打贩挑"（挑米卖）的传统。鸡叫头遍，湾里人便推着独轮车，挑担上路，走到大东门外天才放亮。卖了米，又在返程时收购稻谷……无论往返都得经过东湖边的村湾。至今，东湖边还有四个熊姓湾子。东湖在上一世纪与沙湖相通，沿湖居民依然习惯称东湖为沙湖、余家湖、郭郑湖。龚啸岚生前撰文提到，刘成禺的《洪宪纪事诗本事簿注》所记，谭鑫培亲述之沙湖，可能指的就是外婆家熊家湾。谭志道因爱汉戏，长年在外，那么，谭鑫培可能就在外婆家度过婴幼年时期。正因如此，宽广清澈的沙湖（东湖），才在谭鑫培心中留下终生难忘的印象，但熊家湾毕竟是外婆家。谭元寿先生根据祖辈所传，说谭家祖居故里在大东门外谭家湾，确有道理。

在谭左湾，胡汉宁意外发现，这一带的语音比较特殊，如你我的"我"字，他们不念"我"，而念作近似武汉话"莲藕"的"藕"，这个字音既不同于武汉官话的"我"，也有别于黄冈、罗田的"我"。在流传已久的谭派唱腔里，如《空城计》"我本是卧龙岗……"一句中，这个"我"字发音为"藕"就很有江夏流芳岭一带的语音特点。十分讲究"字正腔圆"的谭鑫培，其唱腔素以"湖广音"为基准，为什么这个"我（藕）"字不用武汉官话中的"我"字的发音呢？可能因为谭鑫培小时候在家，日常话语中说惯"藕（我）"字。正如山东人的"俺（我）"字难改一样，谭鑫培的"藕"（我）字也难变。谭氏唱腔里这个"我"字的发音，可以作为谭鑫培系武昌大东门外谭家湾人氏的一个佐证。

谭左湾汉戏班子在河南的活动，使我们对清代汉戏演员北上进京的路线有了新的认识，特别是咸丰年间，像谭左湾汉戏班子这样因战火而被迫北上谋生的戏班子大概不少。少年谭鑫培，亲身经历这次

"逃难"，对自己的一生，不可能不产生重要影响。他远离童年的伙伴，告别可爱的故乡，目睹人间的苦难，感受艺人的艰辛。也许，正因为这段苦难的历程，才使谭鑫培在逆境中奋发，在草台上摔打，在淳朴的农民观众中频频亮相，直至登上京都舞台。谭鑫培虽然少小离乡，但对故乡"大水进了门，各自去逃生"的惨状记忆犹新。有资料说：谭鑫培62岁那一年（1908年），"是年湖北水灾，谭鑫培率诸园演义务剧。三日，所获数千金为赈，独自负其任"（见宋学琦《谭鑫培系年小录》）。可见谭鑫培对故乡、对民间疾苦的记挂之情。

江夏的谭氏乡亲，虽然是在时隔一个多世纪后才知道谭鑫培是从大东门外谭左湾走出去的少年，但是他们对谭派艺术并不陌生。他们听过谭鑫培的《秦琼卖马》，看过谭富英的《群英会》，也熟悉谭元寿扮演的郭建光。他们深信，由谭鑫培开创的谭派表演艺术必将随着京剧的进一步发展而发展。谭鑫培的业绩已镌刻在故里流芳岭，谭鑫培的名字将长驻江夏，永远流芳。

擂鼓进击

LEI GU JIN JI

一

自从提出打造谭鑫培京剧文化品牌以来，笔者再未停止思考与发声。2007年江夏区政协年会，我重点提出了《弘扬历史文化促进经济发展——关于打造谭鑫培京剧文化品牌的建议》。

作为炎黄子孙，没有人不知道京剧，很多人不仅爱京剧而且还会唱京剧，但大家不一定知道，堪称中国京剧之父的谭鑫培是江夏人，他的父亲谭志道就出生在江夏区流芳街九夫村谭左湾。

京剧是国粹，是中华文化的标志性符号之一。时至今日，只要提到和唱起京剧，外国人都会伸出大拇指说一声"China"。在中国的外籍留学生，还有一些来中国的外籍人士，学京剧和唱京剧的人越来越多。从徽班汉调到京剧诞生，历经几百年传唱和演变，造就了璀璨的京剧文化。

文化一般指向两个层面，一为自然，一为人文。如以时空划分也为两段，一是历史，一是现代。历史文化需要挖掘和保护，更需要开发与运用。唤醒昨天的记忆，点亮今天的思维，让古老的文化之树，焕发新生的绿意。

为挖掘和打造谭鑫培京剧文化品牌，经过一段时间的酝酿和准备，2007年6月2日至8日，江夏区政协一行先后三次赴京拜访谭元寿父子，虔诚祭拜了谭鑫培陵墓，向一代宗师表达家乡人民的崇高敬意和深情，与谭家人沟通谭鑫培京剧文化品牌打造事宜。

从谭鑫培父亲开始，谭门七代传承一门艺术且兴盛不衰，为世界少见。谭鑫培父亲谭志道，从小爱戏如命，跟着大人在做贩挑大米的间隙里，常常独自溜进戏院。谭志道先为票友，后来迷恋得不能自拔，索性放弃生意而登上戏台，专攻老旦并兼演老生，耳濡目染之下为谭鑫培日后的京剧生涯铺就了坚实的基础。谭鑫培音乐天赋极高，又得自基因遗传，嗓子特别好，六岁随父逃难北上，先于天津落脚，后于北京扎根。他十岁进科班，十七岁拜程长庚为师，在戏剧界享有"小叫天"之称。

谭鑫培集前人艺术之大成，全面推进戏曲艺术改革与发展。他成功地融京韵与汉腔合二为一，使原始的皮黄汉调完善为正宗的京剧唱腔，使京剧最终成为国剧。谭鑫培创立了京剧行当中的"谭派"，兴起明星之风，创造了"天下无派不谭"的历史传奇。

谭门七代，人才辈出。谭志道一生以演老旦为主，有"谭叫天"的美誉；谭鑫培人称谭大老板，是由民意自发推荐诞生的第一个伶界大王；谭小培为享誉京剧界的"三小一白"，被人们尊称为"五爷"；谭富英为须生泰斗，是将谭派艺术推向又一个顶峰的新谭派创始人；谭元寿为《沙家浜》郭建光的扮演者，是当代京剧样板；谭孝曾为国家一级演员，位列北京京剧院九大头牌之首；年轻的谭正岩，初出茅庐就斩获青年京剧表演赛金奖。大家不太熟悉的谭孝曾爱人阎桂祥，为《沙家浜》中首演阿庆嫂的人选，戏剧界最高奖梅花奖获得者。一门光辉，京剧传奇！

经江夏区政协多次走访谭左湾，根据谭氏家谱记载和戏剧研究专家胡汉宁论证，确证了谭家根在江夏区谭左湾。

江夏电视台、《武汉晚报》和《长江日报》的记者相继进行了采访与报道。谭门七代对京剧的巨大贡献，不仅是谭家荣耀，也是江夏荣耀。打造谭鑫培京剧文化品牌，为江夏经济的持续发展输送强烈的光和热已刻不容缓。特建议如下：

1. 修缮和保护谭鑫培祖居，使炎黄子孙铭记京剧始祖的根基，积极与东湖高新技术开发区联络商议，尽快制订就地保护或异地迁建方案。

2. 选定适当的时候邀请谭元寿率团回故乡，谭门认祖归宗的同时，组织盛大演出，力邀省市和中央领导出席。通过名家效应扩大宣传和影响。

3. 加强硬件投入，结合谭家力量，积极争取省市和全国政协支持，落实建设谭鑫培公园选址，树立谭鑫培铜像。

4. 组织专人专班，全面收集资料，着手编辑文史资料，做好文学著作或影视剧的创作准备，将谭鑫培京剧文化品牌做大做强。

经济发展离不开文化支撑，历史文化是一条永不枯竭的源流！因谭鑫培祖籍时下尚存争议，为防捷足先登者制造混乱，我们必须走在前面。以上建议，请各位政协委员和人大代表审议，并呼吁区委、区政府给予决策支持。

二

《关于启动谭鑫培文化品牌建设的几点建议》，这是笔者于 2008 年江夏区政协年会上的发言。

谭鑫培为中国京剧之父，祖籍武汉江夏，确立和启动谭鑫培文化品牌建设，其理由有三：一是他将京城传唱百年之久的汉剧花腔，正式改造为"京剧"，创立了第一个京剧门派"谭派"。因为他的影响，使京剧成为国剧，为中国戏曲史上第一人。二是自谭鑫培父亲开始，历经七代传承京剧艺术，人才辈出，为世界绝无仅有。三是谭鑫培不为军阀唱戏，谭富英不为日本人唱戏，祖孙不畏权势的气节广受国人崇敬。谭派文化具有地域品牌的代表资格，是故乡人民引以为豪的无形资产。"加强文化建设，打造名人品牌"是推动社会与文化发展的科学举措，尽快启动谭鑫培京剧文化工程建设，是江夏区的一件大事。为此提出如下建议：

一、公园命名和铜像树立

1.建设与命名谭鑫培公园，具有纪念和传承的双重意义。

建议一：兴建并命名一座"谭鑫培公园"（此时公园正在建设之中，但名称未定）。

建议二：在"谭鑫培公园"中，开辟一条具有京剧特色又能和诸多文化兼容并蓄的文化长廊。

2.树立谭鑫培铜像，供人瞻仰，表达崇敬之情，激励奋斗意志。

3.邀请谭元寿率团回乡，参加谭鑫培公园命名和铜像揭幕仪式，提高活动规格，扩大文化影响。通过谭家认祖归宗的事实，驱散争议阴霾。在谭元寿回乡期间，安排祖居探访行程，巩固和加深谭家的江夏情结。

4.尽快派员进京，将上述意见与谭家沟通后达成共识，为活动作出时间安排。请政府拨付专项资金，指定专职部门操办公园建设、命名与铜像铸造工作。

二、邀请谭元寿率团回乡举办一场大型京剧会演

邀请谭元寿回乡举办大型京剧会演，以最好的氛围和最佳的地段选定剧场，让武汉人早日一睹名家风采，由此引发自豪感。以谭元寿回乡演出为契机，在国人心中牢固树立"京剧——谭鑫培——江夏"的文化链接观念，提高江夏知名度。

三、异地重建谭鑫培祖居

1.鉴于谭家对京剧的卓越贡献，其祖居具有极高的文物价值。因历经百年风雨，原有五栋走马转楼今仅存一栋，并被列为危房，亟待修缮加固或尽快拆迁异地重建。

2.谭家祖居地已被纳入开发区建设版图，就地修复难以

避免被现代工业群所淹没，不利于文物保护与参观，更不利于江夏文化整合。建议将谭家祖居迁往异地重建，原样恢复五栋连体荆楚风格。

3. 派出专人专班，对谭家祖居进行摄像登记。走访湾村老人，依据图片和回忆，绘制一套完整的祖居建筑结构图。

谭鑫培祖居迁建工程，无论工作和资金，应尽力争取东湖高新技术开发区支持。

四、收集整理相关文史资料和撰写文学作品

传承名人文化，文本是理想的载体，有利于文化联络与交流。

1. 由江夏区政协文史委牵头，收集与编纂一本《京剧大师谭鑫培文史资料》，名称可另行探讨与斟酌。

2. 由江夏区文联牵头，组织作家撰写《京剧谭门》纪实文学作品（篇幅可依实际需要而定），尽快选择与指定执笔人。根据谭家意见，文本书写可悉数收入谭门的京剧艺术和生活传奇，在透析京剧谭门发展史的基础上，拓宽艺术视野，增添文化色彩。

3. 组建专班对谭家和相关人士及地域进行深入采访，在细致入微中杜绝疏漏。

五、加大谭鑫培文化品牌宣传力度

结合上述文化建设工作，充分利用与发挥媒体平台和一切相关文化活动的作用，加大谭鑫培文化品牌宣传力度，让人们在了解中加深认识，使更多的人知道谭鑫培与江夏的历史渊源，使江夏地域文化更具吸引力与感召力，在传播中提高知名度。

三

《加强品牌建设提高品牌效应》，这是笔者 2009 年初在江夏区政协年会上的发言。

文化是人类文明不灭的火焰，是社会进步的重要标志，加强文化建设，推动经济发展，是一个被广泛聚焦的话题。任何一个地区经济的发达，必然是在文化觉醒之后，欧美是这样，我国东南沿海也是这样。而文化建设往往又以品牌打造为亮点，我们提倡打造谭鑫培京剧文化品牌的意义、动因即在此。

挖掘与打造谭鑫培京剧艺术文化品牌，在今天的江夏，几乎成了同一首歌。我们不能忘却历史就不能忘却京剧，继承和发扬京剧艺术，是当代人一项神圣的使命与职责。继京剧"音配像"国粹抢救工程之后，京剧被成功引入课堂，带来了新的文化发展契机。经江夏区政协几度提议，区文联、区建设局、区委宣传部先后参与，在区委、区政府的大力支持下，经过两年多努力，从江夏人普遍不了解谭鑫培到今天的谭鑫培热，从媒体的积极报道到引起省市领导高度重视，打造谭鑫培京剧文化品牌现在已是大势所趋，民心所向，前景不可低估。

为了全面做好谭鑫培文化品牌建设准备工作，江夏区多次组团进京，与谭元寿及其家人进行深度接触；对谭派京剧艺术的重点分布区域和历史足迹进行了必要的追踪与探寻，收集了大量珍贵的资料与信息；并就建设中的诸多课题，与谭家及有关方面达成了广泛一致。谭元寿曾深情地说，谭家人未来一定要尽力报答故乡人民的盛情。借今天大会之机，就江夏区打造谭鑫培文化品牌的主要规划和各项工作进展，向大家简略汇报如下：

一、抢救性挖掘与整理"京剧谭门"文史资料。《国剧谭门史话》对以谭鑫培为代表的谭门京剧艺术进行了史料性汇编，该书在大会期间可与大家见面。

二、兴建谭鑫培公园。经区委、区政府批准，在江夏区文化路中段兴建一座谭鑫培公园，占地面积3000余亩，总投资两亿元人民币，分三期进行。第一期占地面积为120亩，其建设内容有谭鑫培铜像、谭派京剧文化长廊，以及谭派京剧传统剧目浮雕桥梁和人工湖等。为了确定公园建筑风格和艺术要点，江夏区多次组织专家座谈，并专程组团去江苏泰州梅兰芳公园等多地考察。

三、谋划"京剧谭门故乡行"活动，初步决定邀请谭元寿（国家非物质文化遗产传承人）等谭派名家2019年5月来汉，参加谭鑫培公园揭幕仪式。并在湖北剧院举行3场大型京剧会演（其中一场为义演）。

四、全面复原建设谭鑫培祖居。两年来，江夏区政协多次组织去谭左湾座谈调研，确证了谭家祖居原为五栋连体建筑。因该地已被圈入东湖开发区建设版图，遂决定了异地迁建方案。复原模型已由华中科技大学制作完成，得到了乡亲们认可和专家好评。

五、撰写《京剧谭门》丛书。初步议定该书为四卷，共计100万字左右，是一部全面反映谭门京剧艺术及生活传奇的作品。该书已由江夏区文联委派本土作家担纲，目前正处在多角采访和资料收集之中，即将进入创作阶段。

为大力加强谭鑫培文化品牌建设，全面扩大谭鑫培文化品牌效应，使谭派京剧文化与当代文化相融合，成为推动江夏区社会与经济发展的持久动力，有关建议已专题向区政协和区政府提出，请大家关注和支持。

2008年10月，在江夏区组团再次进京时，由谭立曾先生引领，前往谭家老宅大外廊营一号实地考察。那是谭家在北京的大本营，为谭鑫培购置的一处老宅院，经他亲自设计建设方案和督修。谭家几代人在那里出生，在那里成长，几位大师在那里度过了他们光辉的一生，是谭门京剧艺术真正的发源地。"文化大革命"结束后，北京市将其辟为谭派京剧文化博物馆，居民搬迁和街面修复已在全面进行之中。谭立曾先生不无感慨地说，这是国之幸甚，民之幸甚，文化艺术之幸甚！他特别强调，无论谭门在北京做得多大多强，如果没有江夏回应，谭家人依然会感到头重脚轻，是家乡培植了谭家的艺术之根啊！谭家人的这句话，让我感动至今。

各位领导，各位同仁，文化兴国，文化兴区，这是我们力求发展的根本所在。但文化建设是一项长期不懈的任务，必须集众之力才能兴旺发达。为此呼吁：让我们用智慧和双手，掀起海潮般的激情，为振兴江夏文化建设事业，写下惊人的一笔！

谭鑫培公园

谭鑫培公园，坐落在江夏区纸坊城区偏北部，位于谭鑫培路（以京剧名人命名的城区道路，尚属全国首例）与文化北路交汇处，东邻蜿蜒曲折的大花山，西望江夏山脉主峰八分山，南连中心城区城市客厅，北接全国最大的城中湖——汤逊湖。谭鑫培公园于 2007 年规划设计，第一期工程于 2008 年初正式动工，2009 年 5 月 22 日正式开园。该园融生态和人文于一体，是一座古朴典雅中彰显现代色彩的文化公园，更是全国规模最大的京剧文化主题公园。谭鑫培公园占地

3600 余亩（其中 2/3 为水面），规划分为三期建设。公园一期工程占地 120 亩，投资 5000 余万元，主要景点有金福苑、英秀园、卧龙岗、浮雕景墙、园中湖、日月岛、星辰岛、叠泉映月、定军山等。二期工程占地 1000 余亩，规划投资 1 亿多元，建设内容包括谭鑫培纪念馆、谭鑫培亭、谭鑫培古戏楼、仿古一条街及湿地景观。三期工程占地 2000 余亩，建设内容有谭鑫培大剧院、谭鑫培大酒店、汤逊湖湿地景观（具有典型江南柳色烟雨气象）。

公园大门面向西南方的文化路，园区以一个贴砖式圆形广场为中心向四面辐射。大门右侧为半月形低矮式门楼，上面镂刻由著名书法家欧阳中石题写"谭鑫培公园"五个红色大字，热烈中给人带来超强的艺术享受，与园区里的绿色沉静形成艺术交错的对照。一进园区，即见笔直挺拔的棕榈，迎风荡漾南国风情；一株株经过园丁修剪的对节白蜡艺术桩景，典雅中映衬出神龙架区域独有的自然珍稀树貌；一丛丛低矮灌木，在长年不凋谢中绿意盎然；那些四时花卉，在色彩缤纷中芳香四季。该园第一景为下沉式广场，广场中由各色木本花卉构成龙形图案，象征龙文化的腾飞与祥和。

公园一期以金福苑为全园中心，园区中央卓立一尊谭鑫培坐北朝南的便装全身铜像。在谭鑫培的睿智目光里，透射出宗师对家乡不尽的感思与关爱。谭鑫培铜像让宗师之魂永生，他引领人们走近京剧，让千千万万的游人顿生敬意。铜像独立于金福苑中，象征谭派艺术独树一帜而博大精深的艺术光照。铜像基座为棕红色八方大理石柱，正面镌刻由前全国政协主席李瑞环题写的"一代宗师"几个金色大字，背面为中国著名京剧史论专家刘曾复撰写的谭鑫培艺术生平：

　　谭公金福，字鑫培，号英秀，艺名小叫天，祖籍湖北武昌，生于公元一八四七年四月二十三日，于一九一七年五月十四日仙逝。少时随仙翁谭志道自鄂辗转京津一带，经金奎班坐科，后师事程长庚、余三胜、张二奎、王九龄诸皮黄名宿，工文武老生，隶三庆、四喜等班社及各乡班演出，兼升平署供奉。曾六赴沪申巡演，得同仁孙春恒等启迪，历四十年之艰辛求索，自组三庆、同春、同庆班社，驰骋艺坛。毕生精研技法，鼎新革故，海纳百川，遂使声腔遒劲中见柔美，如闻天籁舞蹈，重创无生不谭、无腔不谭之大观引领变革。更以亲手培植杨小楼、梅兰芳、余叔岩三大贤，为京剧承前启后奠百年繁荣之根基。公率先摄制电影《定军山》并灌制唱片，启中华民族影视艺术之先河。公编创整合之百余出经典剧作，历经百年，至今脍炙人口，并为世界各国欢呼倾倒。故梅兰芳君尊公为"京剧宗师，梨园汤武，中国戏曲表演艺术体系之总代表"。亦如梁公启超谓之"四海一人谭鑫培，声名廿纪轰如雷"。为颂谭公及谭氏七代传承京剧绵延之功德，今武汉市江夏区人民政府特精心修建谭鑫培公园，由严友人雕塑谭公之形象，以垂范后世流芳千古。

公元二零零九年五月一日

（原文无标点，为方便阅读由笔者加注）

石柱其余六面为谭派经典剧目浮雕铜板全身像，以围成裙边式样。在八方石柱下向外扩展的基座底上，分前、后、左、右四个方位，像书籍样斜置由玻璃框覆盖的谭鑫培艺术头像，寓示京剧艺术绵延不衰之意。谭鑫培公园以谭鑫培铜像为中心，无一处不体现京剧文化的传播与影响。广场西面建有五处十面浮雕景墙（谭孝曾选材定稿，严友人亲手制作），刻有中国京剧和谭派艺术相关图例和文字索引。该十面浮雕景墙，为半透光冻石与金属融合体，展现出本质肌理的同时运用新科技的光源在七色渐变中释放光芒，既有现代感，又有厚重的历史感。其间镶嵌三十八尊谭门几代传人扮演的《群英会》《李陵碑》《连环套》《空城计》《定军山》《四郎探母》《沙家浜》等剧目人物，充分表现了谭门擅长"纱帽戏""靠把戏""箭衣戏""做表戏""唱功戏"和早年"武生戏"等艺术成就。

谭鑫培公园内的景致，以一条天然河流为源头打造，在一条蜿蜒流淌的河道上，架有七座人行步桥，每座桥梁均以谭鑫培京剧代表剧目命名。公园追求简约、自然，以自然元素和人文内涵为公园主体，古典特色与现代元素相互渗透，达到自然与人文交融。园中湖为连接汤逊湖水系改造而成的人工湖，湖中建有日月岛和星辰岛两座人工岛。湖上建有《一战成功》《群英会》《龙凤呈祥》《阳平关》《空城计》等五座以三国戏命名的仿古桥梁。湖中水面和湖边滩涂，广植睡莲、菱角、荷花、杨树和水草。岸边四座彩色风车随风转动，使园区处于动静分明之中。"定军山"位于谭鑫培铜像以北，环山林荫道是由青石板铺砌的小路，两旁装有庭院式脸谱灯。山上灌木丛生，怪石突兀，一片宁静致远之境。"叠泉映月"位于公园西北角，为一处人造瀑布景观。湖水通过梯级石阶，自上而下流淌，在泉水三叠中孕育诗意。

谭鑫培古戏楼位于公园北端，背后由一座自然状山体与高大的建筑楼群相隔。谭鑫培戏楼为主楼和附楼重叠组合、黑瓦大坡屋面重檐歇山式建筑小群体。戏楼正脊两端正吻东西呼应，成翘首冲天之势，戗脊仙人走兽飞檐走壁，双层单翘五踩斗拱。门窗采用井字嵌凌式花格，门裙板反映京剧雕刻场景。舞台装饰以谭家守旧为底幕，现代声光布景样样俱全，能满足各种戏剧演出要求。戏楼大柱上的一副楹联"从源头起调继往开来京韵千秋翻作主；听台面行腔涵今茹古江声万派尽朝宗"，该联在全国200多首征集作品中筛选而定。戏楼分上下两层，能容纳观众500余位。一踏进谭鑫培戏楼，那种色香古朴的戏曲氛围仿佛让时光倒流。

谭鑫培戏楼中的彩绘，为中国古建筑彩绘四种分类中的一种。中国古建筑彩绘的四种分类：一为旋子彩绘，二为和玺式彩绘，三为苏式彩绘，四为地方彩画。根据以上四种形式，结合谭鑫培戏楼实际情况，经过多次商议，最终决定谭鑫培戏楼彩绘采用中国古建筑彩绘分类中的第三种形式苏式彩绘，引用京剧《三国演义》中的诸多故事绘制而成。方案确定后，即找到某戏剧学院设计院设计，但拿回来的彩画方案根本不能绘制，不适合戏楼彩画制作。于是，工程组全体人员召开了一次诸葛亮会议，请大家出谋献策。他们根据彩画艺人的指导，综合各方意见，对戏楼梁枋、找头部分，采用以副箍、方字箍头、连珠带、软硬卡子、黑叶花卉、聚锦、烟云简、烟云托子及包袱心对称定格的方式进行。戏楼彩绘中以上做法，基本为固定格式，惟一变化在方心，则按如下规定而制作：（1）主楼外方心绘画山水、花鸟共计 148 幅；（2）主楼内方心绘画在选用谭鑫培拍摄的电影《定军山》中 35 幅画面基础上，另外增加 42 幅山水花鸟画面；（3）附楼外梁枋及廊道绘画内容则选自《三国演义》中的 60 回，从第一回"桃园结义"开始，至第六十回"三国归晋"，顺序排列画面共 77 幅。附楼梁枋绘画中山水花鸟画为 154 幅，附楼梁枋方心画面共 231 幅。主楼和附楼大小画面共计 456 幅。

天花用于室内顶部装修，有保暖、防尘、限制室内高度以及装饰作用。天花有许多别称，如承尘、仰尘、平棋、平暗等。宋代建造做法一般将天花分为平棋、平暗和海墁三种，明清则分为井口天花、海墁天花两类。谭鑫培戏楼主附楼选用井口天花结构，为明清古建筑中天花最高形式，由支条、天花板、帽儿梁等构件组成。上面绘制祥龙、飞凤、舞鹤及花卉等图案。谭鑫培戏楼主附楼选用牡丹为天花图案：一为牡丹常被誉为国花，京剧为国粹；二为依据毛泽东主席提出的"百花齐放，推陈出新"八字方针，选择牡丹为戏楼天花，寓意京剧文化百花齐放、繁荣昌盛，也是国泰民安、富贵吉祥的象征。

谭鑫培戏楼观众席座椅，一律采用明清时期八仙桌、官帽椅和圈椅，品茶观戏韵味十足。在传统京剧池座中，没有圆桌而只有方桌（更没有现代剧场中前低后高逐级上升式的条形长座）。中国人熟悉的方桌，可用来吃饭或开会，但在观看表演时，通常只有一正两侧三面坐人，而背朝舞台一面则为空余，不遮挡观众视线。桌子在中国戏曲中不可或缺，而舞台上的桌子除了"桌子"自身功能之外，还具有当做"桥""房顶""山顶""空中"多层妙用。如在桌子两边各放上一把椅子，演员即可踩着椅子站到桌上，甚至一站许久，或唱或念，任由自我抒情。凡看过《三岔口》这出戏的观众，更能体会桌子的妙用。也可以与站在桌子前的人相互问答，这样就有了高低之分。桌子还可以被斜摆在舞台上场门或下场门的前边，有时还在桌上再摆桌子。三层桌子相摞，往往为一间房屋的高度，而摆在舞台中间接近天幕的桌子，往往代表一座高山，甚至衬托出云雾缭绕的缥缈场景。这是舞台道具艺术，观众可以随着剧情发展而进入妙境。在京剧舞台上没有圆桌，但坐在桌子边（或站在桌子上）的演员，一切动作都需要表现出"圆"的意境，通过左右、高低、正斜、轻重动作的对立关系形成。

他山之石

　　自从江夏区确定打造谭鑫培京剧文化品牌以来，有关规划落实和项目建设推进均被提上议事日程。谭鑫培京剧文化品牌打造任务，明确划归区政协和区委宣传部联合落实。为此，区政协特成立专门小组，组长由陈主席直接担任，宣传部相对应地由张部长亲自挂帅，各项工作都在紧锣密鼓中进行。

　　"京剧谭门故乡武汉·江夏行"活动日益临近，谭鑫培戏楼的具体规划还未落实，领导们再也坐不住了。区政协和区委宣传部为此多次召集会商，要求戏楼的规模、规格、式样、文化元素等必须尽快落实。于是，区政协和区委宣传部决定组团外出考察，多看几个地方再参照制订方案。首先去江苏泰州看看梅兰芳纪念馆，再去北京和天津看会馆和戏楼，一看建筑风格，二看文化布置，争取在谭门故乡行活动之前完成考察任务。小组成员主要由区政协、区委宣传部、区建设局和区文联相关人员组成，陈主席和张部长亲自带队前往。

泰州之行定于 2008 年 8 月 21 日早上在谭鑫培公园门口集中，我习惯性地提前半小时到达。公园一期工程尚在建设收尾期间，整体工程已进入装饰阶段，应该不会影响 2009 年 5 月的揭幕活动。谭门故乡行活动的时间早已敲定，公园一期揭幕是其中一项重要议程，只能提前，不能滞后。作为谭鑫培文化品牌提案人，我的心思时时都被公园的建设速度牵动。

陈主席来得较早，张部长不久也抵达。因离出发还有一刻钟，两位领导同步走向公园纵深观看建设情况，他们也无时不在关注公园建设进度。

六点钟准时出发，区建设局陈局长开来了一台越野车，区政协派来一台面包车，大家分开坐，比第一次去北京 5 人挤满一台桑塔纳宽松多了。下午三点差十分顺利到达泰州。一进入泰州市区，面对优美的市区环境，陈主席便不无感慨地说："张部长，你看人家城市的环境，干净、宁静，处处整洁有序，没有一点乱象，甚至连噪音都没有，这根本不用测评打分，就是卫生城市标准，真好！"

张部长回答说："主席你不用操心，未来的江夏，不用很长时间，也会达到卫生城市标准。你也看到了，纸坊（江夏区委、区政府所在地）这几年进步神速嘛，原来的脏乱差基本没有了。"

陈主席接话说："你说的也是，但与人家相比，我心急啊！越早实现越好嘛。"

"想法是好的，你总得面对历史和现实，江浙这边是经济发展前沿，我们要赶上还得花一点时间。我们打造文化品牌，不也是朝着目标努力吗？我们这次考察应该全面一点，不仅为谭鑫培文化，更应该兼顾城市建设。你是主席，一定要将外面的先进经验带回去，给区委、区政府提建议。"

"你让我建议，你们宣传部也有责任呀？"

"当然有，你在前面提，我在后面紧跟嘛。"

交流谈笑间，车子到达入住的大酒店，对方政协的朱处长一行早在门前相候。此次到泰州，因行前有武汉市政协领导专程通话联络，江夏区这次文化考察请他们一定大力支持，对方非常重视。第一站接头顺利，我相信本次行程定会一帆风顺。

泰州是京剧大师梅兰芳的故乡，那里建有梅兰芳公园，我们的谭鑫培公园正在建设之中，特地前往参观考察。梅兰芳与谭鑫培为爷孙辈关系，何况又多次同台演出。所以，泰州必来，且早该来的。

泰州，一处美丽的江边城市，大约十年前从扬州分割出来，年轻充满活力。高楼不多，街道又宽又干净，处处皆见徽派建筑，格调高雅。此处有水却无山,尽显水域文化特色之美。

我们第二天开始马不停蹄地参观泰州。泰州又称凤城,凤城公园集中展示了泰州文化。公园中一片竹林里有二十多块造型各异的文化石,刻有范仲淹、陆游和其他历史名人书写泰州的诗词,均由泰州籍书法家书写,经巧匠雕刻。书法各有特色,有的气势如虹,有的婉约如水,有的竟然似书似画,让人赞叹不已。

张部长对陈主席说:"泰州公园中的奇石文化,我们完全可以借鉴。江夏的历史文化丰厚,又不缺书法家资源,我们可以比他们做得更加气派。"

"当然可以,但怎样设计,是否照搬?要做就做出与人不一样的风格,值得深思。"陈主席思索中回复。

园中有一巨幅铜塑泰州古城图,图中外环分别为城墙和护城河,其间铸有古城建筑和风景名胜,让人步步踏在古老的泰州文化上,不得不感慨万千。

一座望海楼,高高的堆土造就自然气势,古老的城墙就在楼前,据说该地貌在当时修楼时被挖开,现在已得到很好的修复和保护。

范仲淹广场上,树立一尊高大的写意式铜像,巨石上刻着"先天下之忧而忧,后天下之乐而乐"(季羡林题写)的名句。后面文苑楼上的匾额,由范仲淹当代后人(书法家)亲笔题字。

第二站参观了一条老街,清一色的明清建筑,上午的人流不多,显得有点冷清。陪同的领导解说,这条街就像集市一样,从半下午开始人潮如织，饮食娱乐、文化交易应有尽有，晚上就像一座不夜城。

谭鑫培公园二期就有仿古一条街的规划，先看看泰州的，往后我们的建设争取做得更好。一边参观，陈主席和张部长一边交流，话题几乎没有间断。

第三站即走进此行的主题——梅兰芳纪念馆。馆里有两尊汉白玉梅兰芳雕像，一尊为便装像（园里正在扩建和改修，该像已由后园移至前园），集儒雅与英俊于一身，真是不一般的风流倜傥。另一尊为旦角戏装像，美若天仙，明艳动人。

陈主席说："江夏的谭鑫培为铜像，要体现厚重大气。虽说我们也为梅兰芳的白玉雕像而痴迷，但这一点则不为我们所借鉴。"

"铜像与玉雕，一个老生，一个旦角，借鉴不一定重在形表，应重在文化气质。"张部长与陈主席会心地笑了。

一座五角楼，打破中国文化中四角、六角或八角造型传统，特以寓意梅花而造。

凤园和梅园中隔一水，经水相连，灵气十足，将江南水乡的灵动展示得淋漓尽致。又如京剧里的水袖，灵动而流畅。

水旁是弯弯曲曲的回廊相连的亭台楼阁，漫步水边心随水动，优雅至极。水中的菱角，叶片特别大，如不经人介绍，我将它错当成水葫芦了。

看过梅兰芳纪念馆的陈列，张部长对陈主席说："梅馆中的物件陈列非常丰富，相对而言，我们未来的谭馆，展品真还缺乏筹备。"

"这你不用担心，谭鑫培的存世物品应该也不会少，我们可以找谭家，还可以找国家和各个地方的戏曲博物馆，慢慢收集。我曾听胡汉宁和吴大棠说过，武汉民间就有不少收藏。到时候，我们只要不亏待收藏者，还愁天下无宝吗?"陈主席回答。

张部长点点头说："你说得极是，我们现在回去就着手，一定要让未来的谭鑫培纪念馆展品丰富起来。"

一趟梅园行，我们看得相当仔细，无一处疏漏，既看还问，当地领导知无不言地热情解答。

8月23日晚上，大家在酒店开会，梳理和总结几天行程的感受。会议由陈主席主持，还是由他先开腔："这次泰州行，是为谭鑫培公园建设而来，主奔梅兰芳纪念馆，当然，其他文化参观也不无裨益。梅兰芳纪念馆可说是展馆中的经典，文化氛围相当浓厚，尤其梅派文化打造突出，这点我们要重点借鉴。谭鑫培公园不能疏忽三点，一是京剧文化，二是谭派文化，三是江夏文化，只有做到三位一体，才能考好这份文化答卷。今天大家可以议一议，有什么好的建议，我和张部长一并综合再向区委、区政府汇报，并召集各有关部门，将有益之思融入公园建设之中，这才不负我们这次泰州之行。"

张部长接着说："陈主席这次率领大家出来，行程是紧凑的，这边的路线安排很好，看得出大家都很高兴。正如陈主席所说，我们不能看了就看了，必须结合未来的谭鑫培公园和戏楼建设，多出点子，多谈看法，说错了也不要紧，要尽量出智出力。在参观泰州文化公园和仿古一条街时，我和陈主席都感触很深，现场就有过交流。这次同来的多是文化人和建设专家，要将外地的经验吸收再融合，要为我所用。"

接下来，大家都畅所欲言，没有人沉默，对搞好谭鑫培公园建设，均感到一份责任和热情。我和董光宇主任重点谈了一些文化课题，建设局的陈局长着重谈了建设风格和工程管理与质量。区文联的蔡主席则将话题切入文学创作上，谈到在古为今用中怎样创新。会议开得相当成功，大家的建议领导们都当场一一记录下来。陈主席最后强调说："提建议不限于今天，回去以后，如果突然想起什么，要即时上报交流。对于公园的建议，已作规划的可以酌情修改，像戏楼还处在动工之前，规划设计还在孕育之中。也许，你们的一个金点子，就能在一座世纪工程中得到运用而千秋传承，那就是功德一件。"

这次泰州行，既成功又愉悦，惟有一点遗憾，就是原计划接下去拜访程长庚故乡的计划中途取消，因为安徽那边传来消息，程长庚纪念馆还没动工兴建。

谭门故乡行

　　筹备近一年的"京剧谭门故乡武汉·江夏行"活动，终于如期启动。谭元寿祖孙一行于 2009 年 5 月 18 日先期抵达武昌火车站，江夏区有关领导亲自前往迎接。谭元寿双手捧着鲜花高高举起，大声地用武汉话说："我是武汉江夏人，我回家啰！"那种发自内心的热情呐喊，震撼着所有在场者的心灵。

　　5 月 18 日下午两点，由《武汉晨报》和武汉市京剧票友协会举办武汉票友"迎谭门回家"聚会，一场狂欢热情上演。谭孝曾破"禁"

为票友们赛前献唱《朝霞映在阳澄湖上》等三首谭家成名曲，鼓掌声、尖叫声、喝彩声、口哨声不断，戏迷们一张张因激动而涨红的脸庞，情不自禁地被泪水冲刷……通常在流行歌曲演唱会上出现的场景在京剧票友会上惊奇地出现。有些年轻的粉丝说，谭孝曾在我心中比周杰伦还牛。票友们忘情地说，今年必将掀起谭鑫培热。64 岁的武汉退休老人闵宴清，将他收藏的有关谭鑫培的书刊和报道资料编制成册，特地找到现场，赠予谭家。谭元寿收到此礼物后说："这是我在武汉收到的最宝贵的礼物，仅一个谢字无以表达谭家人的深情！"

　　5 月 18 日晚，武汉市委、市政府在晴川假日酒店设宴，欢迎谭门一行和先期抵汉的梅保玖、马长礼、小王玉蓉、张学津、叶少兰、李鸣岩、朱世慧、杨赤（尚长荣将于演出当日从上海乘机到达）等全国各地各流派代表。湖北省委副书记、武汉市委书记杨松，武汉市政协主席叶金生，市委常委、宣传部长朱毅，市人大副主任刘家栋，市政协副主席肖志钢等市领导出席。席间，谭门第七代传人谭正岩一曲字正腔圆的《定军山》唱段，赢得满堂喝彩。

　　5 月 19 日晚，湖北剧院流光溢彩，众星云集，一票难求。诞生于武汉市江夏区流芳街九夫村谭左湾的京剧世家——谭门，时隔 150 多年重返家乡舞台，声震江城。当天的湖北剧院观众爆满，省委书记和市委书记等也亲临剧场，共同欣赏这场国剧盛宴。这是一次京剧界内外齐聚一堂的隆重纪念，更是一次盛装下向一代宗师谭鑫培的集体致敬。

　　为了这场演出，谭门三代人提早数小时来到剧院化妆候场，只为将精湛的表演奉献给家乡观众。当演员们念起汉味十足的道白，"哎呀呀，这荆州来的人实在的大方"等俏皮话一一蹦出时，观众席上爆发出会心的掌声和笑声。京汉同源一说，在这出"骨子老戏"中得到全面体现，京汉"皮黄"历经各自发展和演进，依然骨肉相连。老人们从中听见了历史的回声，青年人则被时代艺术的流光溢彩所迷。

　　这是一场豪华的京剧盛宴，名家们以精湛的表演告慰先贤，展示当今京剧发展的枝繁叶茂。经典名段不绝于耳，令观众沸腾。台上唱，台下和，掌声和叫好声绵延不绝，火爆的氛围一浪高过一浪。专程从汉口赶来捧场的武汉人民剧院经理动情地说，谭门回乡的开场大戏，让观众更清楚地认识到京剧和汉剧骨肉相连的渊源，体味到"京腔"与"汉味"异同合一。武汉人听京剧更能体验其中深层次的况味，扎根于汉剧，光彩在国粹啊！

　　湖北剧院首场演出《龙凤呈祥》，一下就惊艳了武汉戏迷。这是一次"国宝级"京剧人物大聚会，不仅创下了江城京剧之最，也可谓全国京剧之最。81岁老艺术家谭元寿和长子谭孝曾、孙子谭正岩分饰一角，一样的"云遮月"，三味的"刘皇叔"（刘备），扮相大气英武，嗓音豁亮醇厚；梅葆玖和谭元寿的儿媳阎桂祥，还有湖北京剧名家张慧芳，联袂扮演孙尚香，均扮相俊俏，嗓音如山野布谷。老旦表演艺术家李鸣岩扮演吴国太，她一出场便中气十足地来了一句"愿尚香得配良缘"，一句唱腔连转了好几个小弯，观众喝彩不断。周瑜的扮演者为深受观众喜爱的小生演员叶少兰，剧中"昔日梁鸿配孟光"的名段，直唱得人心醉神迷。扮演乔玄的朱强，嗓音宽厚而表演沉稳。本地名家朱世慧的乔福，精彩的表演更抢得武汉人缘，他的一念白，一行走，都引来笑声一片……两个多小时的表演，京剧大腕轮番出场，过足了瘾的戏迷们纷纷伸出大拇指赞不绝口。

这场演出堪称绝版的《龙凤呈祥》，也是经典中的经典，各派大师纵情"飙戏"，名家名段华采纷呈，谭门精彩一脉相承，三代同台献唱，醉了江城夜月。接下来一连几天的京剧盛典，将湖北剧院推向历史顶峰。几天的演出剧目，有谭派代表作《定军山》，有彩装重唱专场，有名家名段演唱，有谭派弟子向故乡父老乡亲的汇报演出。看不尽精英风采，听不够名家演唱，唱念做打，精彩纷呈。谢幕后的戏迷们，依然谈论着几天来众星云集的演出，共话谭门不了情。有一位老人由衷地说，爱了一生京剧，活了近百年纪，看了这几天的戏，真没白活，武汉人也自豪，京剧得益于汉剧之根啊！

活动期间还发生了一个小插曲。在当初商定活动名称时，经武汉市委宣传部正式批准为"京剧谭门故乡武汉行"，武汉市江夏区政协陈主席看后与区委宣传部张部长磋商，认为应向市委宣传部提出修改建议，必须在武汉后面加上江夏两字，不能让江夏被这历史性的活动遗忘了。张部长说，市委宣传部已经定了，再提修改建议好像有点不太适宜。陈主席则理直气壮地说，此次活动由我们江夏发起和主办，又不是搭便车，加上我们有什么不适宜呢？于是，由陈主席亲自出面向市委宣传部提出申请，市委宣传部领导慨然应允，并说这算是他们的疏忽，没有考虑到江夏的情感！在湖北剧院第一个晚场演出时，陈主席看到剧场上方依然悬挂早前印制的"京剧谭门故乡武汉行"，没有"江夏"两字。演出一散，陈主席当即找到剧院负责人交涉。当第二天看到剧院活动横幅上"江夏"两个金色大字时，他会心地一笑说，这才不屈我们江夏发起和主办一场嘛。

在迎接"京剧谭门故乡武汉·江夏行"活动到来之际，为培养少儿京剧创造良机，《武汉晚报》提前策划了一场"小小谭鑫培"海选竞赛活动，并请京剧大家为孩子们现场指导。5月17日，杜玥、陈根、徐博三人小组合，以一出《二进宫》勇夺决赛第一；江月明唱花脸，赵伟杰扮老生，分别以《姚期》选段和《清宫册》选段同获二等奖；盛婕（老旦）《遇皇后》选段和木树仁（小花脸）《顶灯》选段同获三等奖。决赛由刘薇（武汉京剧院院长，国家一级演员）、吴大棠（武汉戏曲家协会副主席）、李连璧（国家一级作曲家）担任评委。5月21日晚9时，谭元寿演罢角色，不到20分钟即卸完妆，赶着与早早在门外相候的"小小谭鑫培"们见面。小孩子们鞠躬时齐声高喊："谭爷爷，您好！"就这一句问好，却将谭元寿的心叫热了。小演员们迫不及待地现场向谭老汇报演出，一一得到谭元寿的悉心指点。早已心中乐开花的谭元寿，欣喜京剧谭派艺术在武汉后继有人。梅葆玖说："'小小谭鑫培'活动办得很好，各省各市都要有京剧。京剧要培养，京剧要埋根。"

"小小谭鑫培"活动吸引了众多家长的关注，一些京剧爱好者纷纷拨打报名热线，希望能让自己的孩子加入到与谭门后人的见面活动中。获悉组委会特将这次见面机会专门留给学京剧的孩子们，那些平日没有学习京剧的孩子的家长不禁露出惋惜之色。通过一周的报名筛选，有的小朋友还只处于初学阶段，只能念白不会唱段，抑或演唱暂时还达不到登台水准，则遗憾地被挡在决赛之外。很多家长均表示，自己的孩子在歌唱方面确有天赋，一开口就能吸引人，对于戏曲表演也很有兴趣，他们苦于找不到专业老师指导，错过了这次良机。

令人印象深刻的来自湖北艺术职业学院2007级京剧（定向）班的三名小花旦郑越敏、陈月亮和金月竹表演的《卖水》选段，本来只有一个小姑娘参加比赛，最终老师将她们编排成一个小组合，"小姑娘才刚开始学唱段，一个人上台表演会比较害羞，三个人壮个胆，表演形式会更加丰富"，结果效果非常理想。"小小谭鑫培"们，在"京剧谭门故乡武汉·江夏行"活动中，不仅受到了常日难得一见的谭元寿、梅葆玖、尚长荣等名家接见，这些老艺术家还现场聆听观看孩子们的表演。他们看到孩子们像模像样的表演，直乐得合不拢嘴。有了这些蓓蕾，何愁将来不吐露芬芳，又何愁振兴京剧后继无人呢？在孩子们表演后，他们甚至手把手地校正孩子们演出中的某一个动作和某一句发音，让孩子们受益匪浅。

5月22日上午9时，在九夫村谭左湾举行拜谒谭鑫培祖居仪式。

谭元寿祖孙三代回到了阔别 156 年之久的祖籍地谭左湾，微风吹来泥土和花香的气息。81 岁的谭元寿缓步向祖居走近，他频频地向乡亲们挥手致意说："回家了，我终于回家啰！"他深深地向乡亲们鞠躬致敬，感谢他们对谭家的厚爱！早已等在门前广场上的乡亲们，用亲昵的乡音欢迎从北京归来的亲人。现场拉起多条横幅"京剧谭门回故乡 民族瑰宝放光芒""百年谭门绵延不绝 七代名家世所罕见"。谭元寿携子孙于祖居门前，双手合十拜谒祖居，给远去的祖宗虔诚敬香。一句问候，一份乡情，一个叩首，一缕乡音！谭元寿含着泪水笑说："谭派的根在谭左湾，我们谭家终于找到根了。"谭门第七代谭正岩说："虽然是第一次回故乡，我却感到这块地方似曾相识，家乡的父老乡亲对我们非常热情。我有责任把谭家的大旗扛下去，把京剧推向世界。如果大家需要，我会随时回来江夏。"谭家祖孙三人在祖居前合影，在回程上车后，谭元寿依然向窗外留恋地回首。

5 月 22 日上午，位于武汉市江夏区纸坊世纪大街与文化大道交汇处的谭鑫培公园，数万市民洋溢着欣喜与期待的神情，共同参与和见证谭鑫培公园开园及谭鑫培铜像揭幕的盛大庆典。11 时 30 分，在谭鑫培铜像前，谭家及其亲友与各界领导一起，轻轻地拉下蒙在铜像上的红绸，一代宗师谭鑫培露出了真容。大家齐聚铜像前默哀致敬。乐舞敬拜，伶王像前追思远；净手上香，谭门故里宗师回。在揭幕式上，主持人宣读了中共中央政治局常委、全国政协主席贾庆林为谭鑫培公园开园发来的贺信。贺信说：尊敬的谭元寿先生，欣闻以中国京剧宗师谭鑫培名字命名的谭鑫培公园，即将在湖北省武汉市江夏区建成揭幕，我谨代表全国政协向你表示热烈的祝贺！原中共中央政治局常委、全国政协主席李瑞环，中共中央政治局委员刘延东，中共中央政治局委员、中共北京市委书记刘淇，文化部部长蔡武，北京市市长郭金龙分别发来贺信。文化部艺术司副司长蔺永钧，代表文化部副部长王文章，发表热情洋溢的讲话。中共武汉市委常委、宣传部长和江夏区委书记分别致辞。

谭元寿在与《武汉晚报》记者独家对话时说："我不是国宝，京剧才是国宝。我顶多算著名京剧演员。"他说，作为一个京剧演员，最不可缺的是"精神"二字。他说自己不能跟曾祖比，自己没有杰作，但最喜爱的还是《沙家浜》中郭建光这个角色。著名戏曲评论家翁思再在《百家讲坛》开讲两位"伶界大王"时说，在中国有两位伶界大王，先是谭鑫培，后是梅兰芳。谭鑫培为百姓自发称呼而冠名，梅兰芳为海选票出。梅兰芳和杨小楼、余叔岩都得到过谭鑫培的指导和提携，他们相互之间绝不可能打擂，这纯属文学虚构。他还说，汉剧是京剧重要的一位"奶妈"。

梅派传人梅葆玖在被问及他对谭门艺术评价时他说："谭门艺术并不是由我来评价的，历史早已给谭鑫培定了顶级艺术大师的地位。我们只是学习，通过学习谭门艺术来充实我们的京剧知识，更多地认识前辈们的艺术成就。"在问及电影《梅兰芳》中敏感的擂台话题时，梅葆玖坦然地说："谭家和梅家，那是不止一代人的事。梅谭怎么可能斗戏？大家都应该看得出那是文学虚构。"

"京剧谭门故乡武汉·江夏行"圆满落幕，但戏迷与票友们一颗热烈的心却难以平静。这场活动带来的堪称空前绝后的京剧盛宴，将在武汉人心中久久地回味。

谭鑫培京剧艺术论坛

当"京剧谭门故乡武汉·江夏行"活动中的京剧演出在湖北剧院如火如荼上演之际,该系列活动中的"京剧谭门论坛"也于2009年5月21日下午在晴川饭店举行,来自全国各地数十位戏曲界专家出席。专家们一致认为:当今京剧人都应该向谭家"取经"。该次论坛由中共江夏区委常委、区委宣传部长张敏主持并致辞。中共武汉市委宣传部、武汉市文联、武汉市作协、江夏区政协文史委、江夏区文联、江夏区作协等部门领导出席。省市各大媒体积极聚焦。

张敏："京剧谭门论坛"，是"京剧谭门故乡武汉·江夏行"活动重要议程之一，今天，本次论坛如期在晴川大饭店举行，受邀到会的都是京剧界和评论界大家。首先，请允许我代表江夏区委和活动组委会，向诸位的到来，表示热烈的欢迎和诚挚的感谢！一代宗师谭鑫培是武汉江夏人，六岁随父北上，几代人多次来汉演出期间，寻找故乡谭家湾的愿望均未如愿，给伶界大王留下了终生遗憾。经过江夏和谭家的不懈努力，现在不仅找到了故乡，且迎回了宗师铜像，建设了谭鑫培公园，这次故乡行，就是一次告慰宗师在天之灵的祭拜。为了京剧的传承与发展，为了振兴武汉戏码头，我们恳请专家们在研讨谭鑫培京剧艺术时，也为武汉和江夏献计献策，多出金点子，把江夏建成未来京剧朝圣地，这是民心所向，更是京剧界的强烈呼声。为此，再一次谢谢大家！

刘连群（天津戏曲研究所名誉所长）：谭派艺术，对京剧发展的建树是开创性的，谭派演唱艺术以其优美、精微和规范化，构成了京剧老生行演唱的基本技法，后继者无不受其滋养。同时，谭派艺术的革新精神和创造方法，引领和带动了生、旦、净、丑不同行当和伴奏、化妆、道具以及剧目的加工整理等各个领域的进步和发展，对19世纪后期京剧艺术从形成走向成熟精美、构建中国戏曲表演体系，起到开拓性的历史作用。谭门自谭鑫培以来，能够六代延续、薪火犹旺，除去对京剧艺术的挚爱、对祖业的尊崇和家族的凝聚力、感召力等因素外，和他们始终保持优良的从艺传统和家风是分不开的。谭门的坚守是一种高水平的沿袭，力求全面、完整的传承，同时又伴随着新的开拓。

翁思再（著名京剧评论家、新民晚报高级记者、华东师大研究员）：谭鑫培代表整个老生行当，起初唱武生，50 岁时又唱老生，且把武生的武技引入到文戏里，做到文武兼备。谭派善于对前人的艺术进行汇集和创新，整合了 100 多个剧目，时至今日仍然"无生不谭"。谭派创造了以湖广音唱京剧的韵体，现在 80% 的老生唱腔都是湖广音，在整个京剧艺术中唱湖广音的比例也有一半。后期的所有流派无不从谭派起步，以谭派的规格打基础，谭派是主流，以后都是支流。谭派与其他流派的地位是不同的，其他各流派都是在学唱主流的过程中自然形成。现在，京剧演员的任务应该是塑造人物，而不是唱流派。不要把学流派当做学习京剧的基础。谭派京剧艺术的主流性、基础性应该得到弘扬。

王玉珍（北京京剧院院长）：京剧谭门家族，一门七代传承发展京剧艺术，坚守着这块文化阵地，谭门的家族史就是一部浓缩的京剧史。

谭门一代又一代的艺术传承，穿越几个时代的风雨，几乎绵延了全部京剧历史行程，既有开拓之伟业，又有坚守之殊功，这在中外戏剧史上都是罕见而不凡的。

今天的京剧人，应从谭鑫培身上学习的东西太多，首先要学习他精湛的技艺，一生钻研京剧表演艺术"艺不惊人死不休"的执着精神，学习他艺术竞争精神和强烈的市场意识，敢于超越前人，敢于独树一帜，敢于彰显个性，敢于独出心裁的创新精神。如果我们所有的京剧人，都能继承和弘扬谭门的敬业、创新精神，京剧艺术必然在民族文化大发展大繁荣中重现辉煌。

张达发（上海京剧院京剧表演艺术家）：什么叫艺术家？艺术家就要有一家之长。谭门京剧可算是独树一帜，别无他号。在上海也有不少人学谭派表演艺术，但总是感觉唱不出那个味道。我们都在说要弘扬与发展京剧，但谭门做得最好。谭门七代人都在做同一件事，这是愚公移山啊，所以，谭派的京剧表演艺术始终没有变过味儿。另外，谭门还一直在为传播京剧艺术而不懈地做出贡献。谭派发展史就是京剧发展史。所以，研究谭门发展历史很有必要。江夏是谭门故乡，希望这里能把京剧谭门的发展历史认真地记载下来、传承下去，让大家都知道和了解谭门的艺术精神。

陆翱（北京京剧院副院长）：在纪念谭鑫培时，谭元寿的历史贡献，也应该得到总结和整理。他全面传承发展了谭派艺术，又拜李少春为师，有唱念做打功底，尤其是翻打扑跌得心应手。跟谭富英相比，他演了很多新角、创了很多新剧。他的每出戏都个性鲜明、表演传神准确。王国维曾说，治学有三种境界，京剧演员也有"三种境界"，从中规中矩到不瘟不火，再到出神入化、浑然天成、独具个性、与众不同，谭元寿已经到了第三层境界。2003年"非典"时期，他专门到院（北京京剧院）里表示，要慰问白衣战士，要干点什么事。后来谭家三代合演纪实京剧《非常家庭》，感动得让观众掉眼泪。这说明他把自己、京剧和国家民族的命运联系在一起。他还提携后进、点拨教诲青年一代。我们青年团演出《沙家浜》，他兴奋了一晚，第二天一大早就来开会，鼓励大家，显示出大艺术家的使命感和责任感。

崔伟（中国戏剧家协会理论研究室主任）：谭鑫培是京剧史上最重要的开创者、奠基者。在京剧发展史上，他主要发挥了四个方面的作用。第一，他奠定了京剧程式化的文化品格。第二，他把昆曲较凝滞的表演风格同徽班、汉调、秦腔的乡野风格进行了很好的融合，对高喉大嗓进行了一次精致化的革命。第三，他完成了京剧演唱的醇厚化，到今天，大家学的、继承的仍是谭鑫培醇厚、精致的风格。第四，他把京剧由个性不显变成个性化十足，从选择剧目、演唱风格、嗓音条件到演唱习惯，使得不同的演员演同一出戏都有独特的个性，让京剧在个性中创新和发展。京剧的DNA、基本基因就是谭派。而且这不是一腔一调一剧目，而是一种精神。

和宝堂（著名戏曲评论家）：两年前，我受谭元寿先生委托，为谭鑫培撰写碑文，400 字的碑文，花了 1 年时间。1 年的研究，让我归纳了谭鑫培的五大功绩。第一，谭鑫培由矮腔唱法受到启发，改变流行的直腔大嗓风格，形成调门有高有低、而以低回婉转为主的唱腔，扩大了高腔的音域。第二，他把班社制改为明星制，使京剧由整体艺术进化为个性艺术。第三，他确定了京剧中州韵、湖广音的声腔韵律，这种音韵到今天还没有丝毫改变。第四，他承上启下，培养了梅兰芳、杨小楼、余叔岩"三大贤"，这三位为京剧创了一个个巅峰。第五，他给京剧做了"手术"，整合了 100 多出剧目。这 100 多出戏流传至今，仍然是京剧生存最重要的家底，也是全国各院团吃饭的保留剧目。整个 20 世纪，的确是谭鑫培的世纪。

在论坛上，各位艺术家和评论家均积极发言，各自表达对谭派艺术的独特认知和研究，为传承和发扬京剧艺术，起到理论和实践的双向引导。

北京京剧院院长王玉珍认为，在京剧历史上，谭派是老生行当的主流派。"谭派是中国最早创立的京剧流派，一些著名的京剧艺术流派如余派、马派、杨派等都是先学习谭派艺术后逐渐形成自己的风格，甚至连享誉中外的旦角梅派、程派的唱腔，也受到谭派的启发和影响。"

北京京剧院副院长陆翱说，谭门在百年传承中，并没有故步自封，而是不断地向前迈步。他回想起"非典"时期，谭元寿曾主动向剧院提出要排一出"纪实版"京剧，于是谭元寿、谭孝曾、谭正岩祖孙三代合演的《非常家庭》应运而生，抒发了京剧人的拳拳爱国之心。

上海京剧院京剧表演艺术家张达发认为，京剧演员要经历三重境界：一为中规中矩、灵秀可人；二为不瘟不火、恰到好处；三是出神入化、浑然天成。"谭门中的谭鑫培、谭富英、谭元寿都达到了最高的艺术境界，听他们唱戏，随心所欲而不逾矩，增一分则长，减一分则短。"

"但是很可惜，现在不少年轻演员都太急功近利，想一步登天。他们应该多学学谭门愚公移山的艺术精神。"张达发认为，京剧演员练功不可能一蹴而就，学、会、精、通、化，需要时间历练。

"谭门的贡献不仅仅在于流派形式上，还在于他完成了地方戏走向城市，甚至全国的过程。"中国戏剧家协会理论研究室主任崔伟说，谭门完成了京剧"精细化"革命。他认为谭门七代的经历，对当代京剧人的启示，不光表现在艺术成就上，还应该引发一些思考，如京剧人如何在不同的历史背景下生存等命题。

"50岁之前唱武生，50岁之后改唱文戏，谭鑫培真正做到了活到老、学到老。"著名京剧评论家翁思再说,谭鑫培是当之无愧的"伶界大王",是所有京剧人的楷模。

大家都认为,"京剧谭门故乡武汉·江夏行"活动必将载入中国京剧史册。各位专家建议,湖北应以此次活动为契机,建立一个专业京剧研究中心,把对京剧谭门的纪念变成一种可持续性行为。

在"京剧谭门论坛"上,江夏区政协文史委主任董光宇应邀就谭鑫培祖籍的考证,向与会专家和学者们作了介绍。董光宇详细介绍了从武昌县志记载到谭氏家谱查阅获得的证据资料,以及其他佐证依据,特别是谭派京剧湖广音中的很多读音,均为江夏区流芳街九夫村谭左湾的独特语音,这一点是无法塑造的。还有谭左湾至今流传的老幼妇孺众口一词"谭鑫培是从我们湾子走出去的",这并非一朝一夕的口径统一,是百余年的口口相传。再有谭左湾的戏班子一直到新中国成立前还存在,尤其是唱老旦的多,他们都不忘"谭叫天"的雅号。江夏区打造谭鑫培京剧文化品牌,并非追逐名人的利益驱使,而是文化传承的历史担当,是严谨而认真的。有关谭鑫培祖籍地的认定,并非一句话或一件事的偶合,诸多历史经得起考证。

由于时间久远,经历家传"谭左湾"之名到"谭家湾"的口语演变,一字之差,造成几代人寻找祖籍未果。更由于谭鑫培自小在武汉市区沙湖外婆家长大,于是就有了由"沙湖说"散发开来的众多祖籍归属论。经过董光宇的一番详述,众多专家都感到迷雾顿开。对此,上海著名京剧评论家翁思再说,经过这次"京剧谭门故乡武汉·江夏行"活动，我认为有关谭鑫培祖籍地的争论应该告一段落。这不仅是历史和文化疑点已得到澄清，更重要的是，谭家人认可了！我们要致力于谭门京剧艺术的传承与发扬，继续纠缠在谭鑫培祖籍地的争论之中毫无意义。

如歌的峥嵘岁月，造就了两百年京剧史，流传着一部又一部不朽的经典。从一代代中国人的凡俗人生，深入到一代代中国人的血脉精魂，成为一个民族共同的精神家园，张扬着这个民族对美的理想与创造，寄托这个民族超越时空的价值伦理以及信仰追求。今天依然在为这份珍贵遗产的薪火相传发扬光大而努力的人们，请永远记住那些已经载入这门古老艺术光辉史册的不朽名字。正是他们，将京剧变成一台精彩绝伦而荡气回肠的群英会，并将以不灭的璀璨星光，照亮京剧通往下一个两百年的光辉大道。

祖居老屋

ZUJU LAOWU

因谭鑫培祖居后墙部分坍塌，必须尽快派人抢修。2008 年 2 月 20 日，由江夏区委宣传部张部长亲自领队，区文联蔡主席和我随行，并相约武汉东湖高新技术开发区程主任，同往流芳街九夫村谭左湾，现场交流商讨谭鑫培祖居保护建设方案。出于经济建设需要，原江夏区流芳街已整体由东湖高新区托管，但根据国务院规定，版图依然归属江夏，所以江夏区和东湖高新区对于谭鑫培祖居的保护都比较关心。该房屋已属陈旧危房，所以一直空闲，没有村民居住。自从江夏区打造谭鑫培文化品牌以来，外来参观人员多次建议和组织上强调，村民也提高了对谭鑫培祖居的保护意识，常日派有专人负责打扫与落锁管理。那天我们行前与村组织联络，这才派人前来开锁接待。

经过现场勘察和交流，江夏和东湖高新两边的领导基本达成共识，对谭鑫培祖居采用异地重建方案较为合适。首选由江夏区在城区中心兴建谭鑫培公园，将谭鑫培祖居迁移复建于公园内，辟为纪念馆而一举两得。而东湖高新区这边因受整体规划布局影响，不宜将其中一小块地方留置，这与周围大规模的新区建设不相协调。高新区领导表态该祖居可暂为保留，尽量不影响江夏未来迁建计划。并且表示，如果江夏不计划迁建，高新区那边则准备辟出一块地将该祖居复建，并有相应资金安排计划。如果江夏迁建，高新区则可考虑给予适当经济支持。经过双方充分商讨，由江夏区负责安排对谭鑫培祖居作异地迁建进行规划。

几天来，在陪同张部长考察和与众人交流中，我对打造谭鑫培京剧文化品牌的思路逐步清晰，我向领导提出了六条初步的建议：一是必须尽快为建设"谭鑫培公园"选址；二是铸塑谭鑫培雕像，邀请谭元寿回乡揭幕；三是近期制订邀请谭元寿率团回乡演出计划，落实演出场地；四是谭鑫培祖居拆迁复建，速派专业人员前往故居，对房屋结构和物件按规律和顺序，进行登记造册，全面拍摄图片，收集房屋中的原有设备，杜绝人为遗漏；五是速编一本有关谭鑫培的京剧文史资料，以利参阅与交流；六是记录打造品牌工作全过程，为将来撰写《京剧谭门》专著备存资料，同时迅速成立创作专班，确定执笔人员，宜早不宜迟地进行创作资料收集和文本构思。张部长基本同意我的建议，表态尽快组织商议，争取早日出台全面规划。

根据区委宣传部安排，我和区委宣传部副部长、区文联主席蔡明贵两人，于2008年8月6日前往谭鑫培祖居拍摄照片，为将来迁移复建做好资料准备。此行区规划局设计院陈金院长还专程请来了他的老师（华中科技大学教授），将谭鑫培祖居的复原制图和模型一并委托华科大制作。我们按约定在谭左湾碰头，大家差不多同时到达。专家就是专家，华科大教授稍稍一看即对房屋的基本结构和类型对号入座，并给出了十分专业的建议和意见。根据现场勘察，他们得派专人来此，进行图像拍摄和结构拆分登记，除了砖瓦之外，所有木质结构，必须逐件进行位置标号登记，好在拆迁后的复原过程中，按图索骥复归，一点都不能出错。后来华科大派了5名师生，前后工作一个星期，才完成整体房屋内外结构拆分登记。

谭鑫培六岁离汉，再没有回过祖居地谭左湾，历经几代人多次回汉寻找未果，于是，寻找祖籍地成了谭家人的一大愿望。自从2007年6月4日在北京与故乡人正式联系上之后，谭孝曾回江夏一探祖居的愿望越来越迫切，早已等不及"京剧谭门故乡武汉·江夏行"的规划安排。2008年10月12日，借全国政协委员巡回考察武汉之机，谭孝曾获政协批假，回江夏考察谭鑫培公园建设进度。当天早上，区政府郭区长、区委宣传部张部长、区政协陈主席和朱副主席一行，专程赶去武昌与谭孝曾会面并同赴江夏，我们一行则在谭鑫培公园等候。谭孝曾在公园工地上，再次提出去谭左湾看看祖居的要求，他拉着我的手，放在他的胸前，问我是否能感触到他的快速心跳。于是，领导立即做出第二天上午前往谭左湾的行程安排。

谭家人很结天缘，谭孝曾回祖居前一天上午还在下雨，下午忽然放晴。就像北京谭鑫培陵墓揭幕一样，一连下了半月的雨，那天却突然放晴。经大家商定，谭孝曾回来还是走前门，从池塘大堤直通屋前。天刚放晴，大堤上一路泥泞。有人建议铺石屑，有人说索性铺预制板来得更快。于是即与厂家联络送来了三车预制板，在塘坝上铺出一条路来。乡亲们在祖居门口挂起三条横幅："欢迎省市各级领导前来指导""迎接京剧泰斗回故居""家乡人民欢迎你"。祖居门口不仅放了鞭炮，还放了很多烟花。

在谭家祖居大门口，谭孝曾的腿在微微抖动，只见他双手合十举过头顶，扑通一声跪下了。谭孝曾声音带着几分嘶哑地高声禀告："谭家老祖宗，我给你们叩头来了。"他行了叩拜大礼后才被旁人搀扶起来，饱含热泪的他不住地举起双手向乡亲们致敬。在里屋的观瞻中，他目不暇接，并认真地询问有关房屋建造、现在的用途、室里的雕花、老屋的整体结构等。他站在天井旁对乡亲们说：我是谭家外出后第一个回到故乡的人啊！我为此感到十分骄傲和自豪，我们谭家终于找到根了，更为明年父亲回乡打了前站。他的话得到乡亲们如雷般的掌声回应。

　　村民们自发地涌来谭家大门口，比平常开大会还热闹，谭孝曾一一与乡亲们合影留念，嘴巴一直没能合上。平生不知拍摄了多少照片的谭孝曾，今天却像孩童般乐此不疲。他嘱咐董光宇主任一定要将照片洗好，切莫遗漏，他要将照片带回去跟老爷子汇报，让老人家亲眼看见家乡人民欢迎的盛况，让他提前沐浴故乡之情的温暖。临别时谭孝曾仍然依依不舍，朝着广大父老乡亲频频拱手，乡亲们一直将谭孝曾送到长堤尽头。车开了，远去的谭孝曾打开车窗，向乡亲们挥手致意。

　　接到华科大万敏教授的电话，谭鑫培祖居五栋连体的模型已制作完成，请我们过去看看，看还有没有需要商议与修改的意见。2009年3月9日，区文联蔡主席约我同去华科大。万敏教授让我们先看图纸，她将一沓图纸一一展开，一边看一边给我们详细解说。这是五栋连体的整套图集，各种结构与平面展示一应俱全，平面图、立体图、截面图、施工图齐全。接着，她打开里面的一扇门，硕大的一间屋子，一张宽大的平台沙盘上"谭鑫培祖居五栋连体复原模型"摆放其间。模型制作非常大气而精美，黑色的瓦，灰白的墙，如一栋房屋的远视效果，真是一件艺术品。

　　2012年3月16日，由谭孝曾陪同，中国戏剧家协会驻会副主席季国平一行来江夏调研谭鑫培课题。在江夏区委宣传部向部长亲自陪同下，上午参观了谭鑫培公园和戏楼，他们对公园建设，尤其是谭鑫培戏楼称赞不已。认为他们看到的当代戏楼建设，江夏可谓独占鳌头，这是一件可被称为伟大的工程。在中央提倡振兴京剧的当下，江夏的贡献了不起。

季主席说，京剧已经走过了青壮年时代，是一门相对完整的艺术。我们对京剧这样一种艺术，应该拥有足够的尊重。提倡振兴京剧让我们意识到，当一个事物需要振兴的时候，那么实际上往往就有了一种被抢救的意味。在今天这个自由选择的时代，京剧是否注定将与生活挥手作别？对于这样的质问，肯定或否定的答案，也许都能找到太多的理由。但可以肯定的是，对于一门从来没有从生活舞台上真正退场的传统戏曲而言，我们对它的信心和希望，就在于它无须与生活本身重新达成一份崭新的和解。没有人寄望今天的京剧再一次成为文艺的主流，像乾隆时期一样铺天盖地地茂盛起来。但继承和弘扬不能放松，尤其是谭鑫培的故乡，必须走在京剧振兴的前列，这才不辜负一代宗师。

应季主席要求，下午安排参观谭鑫培祖居。虽说谭孝曾前后已经去过几次，但每逢提起祖居之行时，他依然抑制不住内心的热度，即一马当先地说，季主席，今天就让我给你当一回向导吧。谭鑫培祖居早已进行了抢险性修缮，后墙的倒塌口已经修复，屋面垮塌的天口也暂时补上，室里室外的墙壁打扫得再不见灰尘。堂屋后墙根下摆放着一张小木桌，上面斜靠着一幅裱装的谭鑫培蓄着长辫的便装像，两边伴着梁启超"四海一人谭鑫培，声名廿纪轰如雷"的装裱楹联。堂屋东西两面墙壁上，一边为谭鑫培简介，一边挂着两幅谭鑫培戏装像。离家一个世纪之余未能归来的伶界大王，今天能宁静地独居祖居之中，这是谭家后人对祖先最难得的安慰。

随同赴祖居考察的江夏区文联主席蔡明贵，自动当起了讲解员，他随着季主席的目光，一一讲述楼檐和屋梁上的雕刻，特别是屋中硕果仅存的古旧物事，石磨，纺车，摇床，还有乡村特色的烟火土灶。在季主席不解地指着楼板上的泥痕时，他一笑解释到，那是燕子窝。每逢清明时节到来，燕子就飞进农家屋舍，在楼板或梁檐上做窝孵化小燕子。它们从大门前的屋檐下自由地飞进飞出，当秋天来临时的时候，它们就领着一窝小燕子飞向南方。燕子不仅为候鸟，而且是极受村民欢迎的家鸟。大家认为只要有燕子进屋做窝的家庭，注定家运兴旺。对蔡主席的讲解，季主席像听戏词一样新鲜。季主席他们站在天井边沿的条石上，举头望着井口天空中的白云飘过，就像井口中升起的一团气象，这真是有别于城市的乡村景色啊！季主席不禁对此满怀感慨。我对季主席说，谭鑫培祖居原为五栋连体的院落，现存的仅为其中一栋。现在祖居模型已经做好，计划复建于谭鑫培公园里，辟为纪念馆。季主席说，等谭鑫培祖居复建之后，我一定再来江夏看看。

永远的舞台

2009 年 4 月 29 日，"京剧谭门故乡武汉·江夏行"活动的脚步越来越近。这一天无论谭家还是武汉江夏，抑或对中国京剧而言，这都是一个重要的时刻。宗师回归，寻根故土。含笑的阳光挥舞白云，云集的乡亲们敞开胸怀，一天一地的春光，一山一水的深情，只为迎接相隔一个多世纪的那一刻到来。没有通知，没有召集，踊跃的人群聚集，黑压压的一片，不是节日胜似节日。当披着红绸的车辆由远及近地驶来的时刻，所有的声音都默然了，惟有目光发出炽热的语汇。

也不知是谁突然高喊一声："快，快，车子快到了，快敲锣鼓！"寂静的人群瞬间山呼海啸般炸开了。

谭孝曾一路从上海随车到来，著名雕塑家严友人也跟来了，他们一路伴随谭鑫培铜像，从沪到汉全程陪护，哪怕经过一点小小的坎坷或弯道，都得暂停下车查看。谭孝曾从内心里不知多少次问候车上的高祖，老人家坐得安稳否？严友人不知多少次察看雕塑是否有碰擦？有时还伸手去抚摸一下他心爱的作品与车板间的微小间距是否被挤窄，在确认安全后才将一颗提着的心放进肚子里。从绘制谭鑫培铜像图纸开始，谭孝曾多次在京沪之间往返，从选择图像到尺寸丈量，审定身姿、面容、高度尤其是眼神，一丝不苟。严友人虽说为著名雕塑家，又是谭孝曾密友，更是京剧的崇尚者，对于承接谭鑫培铜像制作，也不禁感到兴奋与紧张，每一刀都让智慧与心血相融合。他知道，自己艺术创作的些许微光将因大师的光环放大而炽热。所以，运送谭鑫培铜像回归故里之行，谭孝曾和严友人双双跟随，一步都不忍离开。

那天，天亦有情天无雨，小风徐徐地诉说着轻柔，一切都在和暖之中。运送铜像的车头上挂着一排红色大字"铜像回归故里"。那辆超长的车子平常并不多见，铜像被装在最后段，前面车厢里放着多个铁架子，分别放置两边均为人面铜像的浮雕，形象为谭鑫培的戏装照，是镶嵌铜像基座下面的制品。铜像起吊安装由区建设局陈副局长现场指挥，他高声说"谭大师请起"，吊车便伸出长长的臂杆起吊。

当铜像在空中准备开始下降就位时，我听见司机也说了一句"谭大师请坐"，吊车的臂杆徐徐下降，我似乎能听到司机心跳的频率。严友人一边吹着口哨，一边不停地在两臂挥动间向司机打着他们相互理解的手语。在时钟一秒一秒的刻度滴答中，铜像被轻轻地请上了基座，吊装非常顺利。当铜像安坐之后，我看到宗师面容精神矍铄中透着英气，展露百年归来的安泰和欣喜。我为伶界大王鼓掌，为著名雕塑家鼓掌！

铜像的下方摆放着一条长长的香案，红烛高照，香火莹然，谭孝曾首先烧了三支香，尔后跪拜。那天自发前来跪拜的人很多，特别是谭家故里的人，不知是谁传递的消息，一群人都跪拜在铜像前。不禁让人感慨万千，不尽的诗意涌上心头：

友人雕刻宗师像，长驾离申嫡系依。千里春光歌不尽，皮黄流水唱荣归。徽班汉调书经典，京剧谭门盖世稀。沐雨迎风亲故土，宗师含笑日增辉。

谭鑫培仿古戏楼，对于江夏来说，既是一项浩大工程，更是一项精细工程，是一座体现智慧与工艺的文化载体。从计划修建的那一天开始，江夏区多次组团外出考察，资料阅读、现场浏览、实物参照，从图纸绘制到式样、结构、规模、装饰等，没有一个完整先例，要将其从计划变为实物何其难啊！回顾曾经的考察足迹，北京和天津的湖广会馆，泰州的梅兰芳纪念馆，还有多家称得上经典的楼馆名作，都是我们参考借鉴的对象，一座谭鑫培戏楼，可谓博采众长！自谭鑫培戏楼动工的那一天起，不要说天天可以光顾的江夏人，即使身在北京的谭孝曾，电话之外，频繁的京汉两地往返，不知多少次落笔在我的日记里。在建设中途，我常常走进搭满钢架的工地，期盼早日落成之望，比自己的作品定稿还心切。尤其是在室内绘画时，面对多彩的色调和人物故事，我多次在无尽地流连中独自欣赏。

2011 年 11 月 17 日，是谭鑫培戏楼落成揭幕的日子。早晨的预备会由区政协张主席主持，领导一行十点刚过就动身出门，同赴谭鑫培公园参加戏楼竣工庆典仪式。我坐范副区长的车到达谭鑫培公园，离仪式预定开始时间还有半个多小时，众人已聚满场地，静候揭幕的掌声响起，开启打造谭鑫培文化品牌崭新的一页。谭孝曾和谭正岩父子亲自前来，谭元寿老爷子听了儿孙所劝，身处北京收看视频。北京京剧院由一名副院长领队，来了一批演员，前一天与当天安排两场专题演出，一为戏楼揭幕，二为中国京剧艺术节汇演。梅葆玖和叶少兰被邀同行，但张学津（癌症未愈）和尚长荣两人这次未能前来，相比上次"京剧谭门故乡武汉·江夏行"的阵势略有缩减。在今天京剧界，有谭梅两家出席的活动也属顶级的规格了。

湖北省文化厅杨副厅长、武汉市委宣传部朱副部长等领导出席揭幕仪式。央视和省市媒体均派人前来，他们都扛着自己心爱的长枪短炮，做好了充分准备。戏楼揭幕仪式由江夏区胡区长主持，江夏区委汪书记致辞。汪书记说：在戏楼揭幕这一珍贵时刻，我们有幸与各位领导和艺术家共同分享与庆祝。谭鑫培戏楼不只是江夏的，也不只是武汉的，它属于国家和京剧，是大家的共同财富，是一代宗师艺术之灵的归宿。我有理由也有资格，为江夏人拥有建设该项工程的机会感到十分骄傲和自豪！梅葆玖和叶少兰也分别讲话，他们给予江夏崇高的赞誉，并相信谭鑫培戏楼不仅可以风靡全国，更可享誉世界。那天，谭孝曾的讲话很简短，主要表达了三个感谢，并真诚鞠躬！

杨副厅长、朱副部长、梅葆玖、叶少兰、谭孝曾父子、汪书记、胡区长，他们共同为戏楼揭幕，由朱副部长宣布揭幕活动开始。仪式最后一项为"跳财神"，这是戏曲界传统的吉庆之举，由北京京剧院组织演出。首先出台的是福字，也是戏份最多的一位。后来相继有禄、寿、禧三字出现，中间在"开锣大吉"中，演员们手捧红色的大字条幅，最后齐聚台中展开字句连幅而谢幕。我第一次看"跳财神"，只看到喜庆与热烈，却有些不明就里，后来还专门去查询了其来历与意义。据说，远在唐朝时期，民间就有"跳财神"的习俗。每逢重要节日、地方上的一些活动，都要以"跳财神"来祈求赐福得财，保佑四季平安。"跳财神"多出现在祭祀仪式上，尤其是社庙活动，这是必选的项目之一。后来，在传承沿袭中逐渐被戏曲所用，并非京剧独有（在许多地方戏曲剧种中均普遍沿用）。"跳财神"在京剧中具有一套严格的演出规程，不能随意更改。谭鑫培戏楼揭幕中的"跳财神"，是应谭孝曾要求，由北京京剧院出演，大多数演员都为颇具资历的长者。听到戏楼里传来"跳财神"的声乐,铜像也会为此而容光焕发吧。

在简短而隆重的仪式之后,领导和艺术家们结队走进戏楼,争相一睹其风采。面对那些精致雕刻和戏曲故事彩绘,一路的赞叹声此起彼落。虽说在未竣工之前,我曾先睹为快,今天的全面展示,依然让我为前期的参与而感到欣慰,一项历史性工程,毕竟贡献了我的微末之力啊!站在戏楼前,我默默地向宗师祷告,从今天起,你再不会感到冷清与孤寂。坐镇广场之中,梦回舞台之上,让故土乡情在演绎中得到人文升华,让宗师万世永乐!

天津行

2010 年 10 月，江夏区委宣传部接到天津方面关于"谭鑫培艺术展演"活动邀请。2010 年 10 月 24 日，我们江夏一行人抵达天津滨海机场。我们被安排住宿会宾园，与谭元寿老爷子相邻。天津人安排真周到，我和区文联蔡主席相视一笑，发自内心地表示感谢！

接会务组通知，当晚就有"谭元寿先生收徒"活动，欢迎与会嘉宾自由参与。我们不假思索地前往活动现场。在酒店门口与谭元寿父子相见时，蔡主席说，会务组安排我们就住在您老隔壁，午间休息不便打扰，回头定来拜望。谭老爷子将与我们相握的手连抖几下说，江夏来了好，我又见到亲人了。谭立曾和保姆左右搀着老爷子，还有紧随身后的谭孝曾，我们一行同车前往。

收徒活动定在元升茶楼举行，大厅里悬挂"著名京剧表演艺术家谭元寿先生收徒仪式"的巨大横幅。在茶楼门口，经谭孝曾引荐，与王则昭老师（谭小培徒弟）相识。年事已高的她坐在轮椅里，个头不高，稍有发福，席间向她敬酒时，蔡主席向她提起希望登门采访一事，她一笑点头说"好！"为了拜师仪式，元升茶楼特歇业一天。楼里布置庄重典雅，"雅韵国风社"与"元升京剧社"的牌匾对面悬挂，文化氛围十分浓厚（这座茶楼是在金声茶园旧址上重修）。金声茶园名气很大，谭鑫培、杨小楼、王瑶卿、孙菊仙等多位老艺术家都曾在此登台演唱。

收徒仪式准时进行，活动由谭孝曾主持。那天到场的有天津市南开区的主要领导、天津京剧团团长、人民日报记者等。开场由南开区区委书记刘长顺（刘长顺酷爱京剧，初唱花脸，后改唱老生，再由马派改谭派）献词：首先是感言，感谢来自全国各地的艺术家和朋友，感谢文化大发展大繁荣的时代。京剧为国粹，特别是今晚，本人即将被谭元寿先生收徒，感到十分光荣和激动。我向大家保证，今后一定全心全意为人民服务，做一个清白的官。努力学习唱好京剧，为老师争光，永远做大家的好朋友，永远做戏迷的好朋友，让京剧在天津唱得更响。最后，我以长顺为题，送给大家一长串的顺。

谭元寿站起身来拿起话筒说："感谢刘长顺书记热爱京剧，热爱谭派，还专程举办这次盛会。长顺与京剧投缘，他痴迷谭派，收徒只是一个仪式，以后我们一起研究谭派，再一次代表谭家与谭派，向天津的领导和同志们表示感谢！向到场的各位同仁表示感谢！"王则昭讲话似乎很激动，声音有点颤抖："今天很高兴看元寿收徒弟，感谢刘书记热爱谭派，我们一定要共同挖掘师祖谭鑫培的表演艺术。"天津京剧团团长李少波、上海京剧院副院长王立军也致辞祝贺。尚长荣的徒弟杨光，代念了师父贺信。

六时许，82 岁的著名京剧表演艺术家谭元寿端坐在戏台正中的太师椅上，刘长顺走上台，毕恭毕敬地面向谭元寿先生行三鞠躬大礼。此时，前来恭贺的各路名家掌声雷动，师徒二人双手紧紧握在一起。刘长顺激动地对谭先生说："从今天起，我就改口称您师父啦。"谭元寿爽快地说："好！咱们俩一起来研究谭派艺术。"时年 57 岁的刘长顺，十分喜爱谭派艺术，40 年来，在繁忙的工作之余，勤学苦练坚持不懈，不仅谭派唱腔十分地道，还能拉得一手好京胡。当场，他向师父汇报演唱了谭派代表作《祖国的好山河寸土不让》和《定军山》选段，博得在场名家和与会者满堂喝彩。

拜师仪式虽然不落俗套删繁就简，却依照中国戏曲行规进行。行礼后，徒弟向师父赠送纪念品（一件精致的寿星雕塑），文雅大气。谭孝曾代表父亲回赠一件纪念品。江夏区文联蔡主席代表江夏，向刘长顺赠送"谭鑫培纪念瓷盘与故乡行画册"，并合影留念。收徒仪式之后，即进入京剧演唱环节。在刘长顺的主唱下，几位名家先后献艺。整场活动热烈欢畅，我们安闲地端坐于席，边品茶边听京剧，物质精神同享，好不惬意。

第二天上午无活动安排，一贯具有收藏喜好的蔡主席用商议的口气约我同去古玩市场转一转，看看天津有何特色古玩，我爽快答应。天津古玩街并不太大，但有关戏曲的内容确实丰富。据说，泥人张曾亲手制作谭鑫培和余叔岩的泥塑人像，似天设地造之作，让目击者惊叹。我有心在泥塑物品前浏览，却没有发现一件令人眼前一亮有关谭派的文物。幸好蔡主席淘到了几张谭小培和谭富英的唱碟，还有一套样板戏《沙家浜》的瓷盘。

"中国·天津南开区文化发展论坛暨谭鑫培京剧艺术研讨和展演"开幕式，于2010年10月25日下午，在北京军区天津疗养院隆重举行，两行底色透亮的标语"文化强区打造南开文化品牌""南开文化论坛暨谭鑫培京剧艺术研讨和展演活动举行仪式"格外醒目。众多领导和著名京剧表演艺术家谭元寿等出席仪式。新华社、人民日报、经济日报等媒体记者到场。出席活动的嘉宾有王则昭、张学津、孙毓敏、翁思再、刘连群、和宝堂、谭家及谭派嫡传弟子等。活动在主持人"浓缩谭派历史，揭示谭派特点"的开场词中正式拉开帷幕。

天津南开区区长、全国政协京昆室副主任、北京京剧院党委书记分别登台致辞。主持人宣读了国家京剧院和尚长荣先生的两份贺词。南开区区委书记刘长顺讲话，在畅谈振兴中华艺术之后，他向大会赠送《同光十三绝》画卷，有关单位亦向大会赠送墨宝一幅。南开区区长在致辞中说：天津是谭派艺术的发祥地，谭派艺术具有广泛的群众基础。本次活动的举办，旨在保护、挖掘国粹文化，弘扬京剧谭派艺术，打造南开文化品牌。对进一步落实天津市委、市政府打好文化大发展大繁荣攻坚战推动会精神、满足人民群众精神文化需求，使南开区成为创新、开放、文明、和谐、富强的文化强区，具有深远的历史意义和现实意义。活动中，来自谭鑫培故乡的武汉市江夏区区委宣传部常务副部长、区文联主席蔡明贵的贺词备受关注，他简述了谭鑫培故乡的情况，与大家分享了江夏区打造谭鑫培京剧文化品牌的进展，并提出与天津联手合力推进京剧和谭派艺术发展，引起了热议和共鸣。会后，诸多领导和艺术家争相与蔡主席握手，进一步探询江夏打造谭鑫培京剧文化品牌近况，期盼保持联络。京剧表演艺术家谭元寿先生亲自登台致谢，大会向他赠送大型"如意"一件。整场活动热烈隆重，在一片五彩缤纷的礼花中圆满落幕。

　　天津为中国四大戏曲大码头（戏窝子）之一，更是谭家人北漂驻足第一站，谭鑫培在这里入科学习，在这里成家生子，谭家人常视天津为第二故乡。此次活动在天津举办，具有纪念传承与振兴发展的双层意义。这次活动是一次理论与实践相互促进和共同提高的艺术盛会，更是天津市南开区保护非物质文化遗产有意义的尝试。人民网现场报道：10月25日下午，中国·天津南开文化发展论坛暨谭鑫培京剧艺术研讨和展演系列活动之一，全国首届谭鑫培京剧艺术研讨会在南开区举行。研讨会为圆桌式会议，与会人员多为戏曲表演或评论名家。谭元寿、王则昭等著名京剧表演艺术家、谭派嫡传弟子与著名京剧艺术评论家刘连群、翁思再、和宝堂等齐聚一堂，就谭派京剧艺术的传承、发展、促进、繁荣，展开广泛、深入的理论研讨。在此次研讨会上，华东师范大学研究员、著名京剧艺术评论家翁思再，戏曲评论家和宝堂，中国剧协理论研究室主任崔伟，中国戏曲学院京剧研究所所长赵景勃，天津艺术研究所名誉所长、天津市剧协副主席刘连群，分别作了《谭鑫培穷而后工的启发和意义》《七张半与十八张半》《京剧如此辉煌、谭门功德无量》《从谭派艺术谈现代京剧教育规律》《固源兴流、谭派千秋》的主题演讲，发表各自独特而精辟的见解。著名京剧表演艺术家、谭小培嫡传弟子王则昭，著名京剧表演艺术家张学津、孙毓敏，著名书法家谭富英义子陈传武，津城相声名家王文玉，中国戏曲学院副所长张关正等，就谭派京剧艺术传承发表感言。他们提出弘扬谭派艺术，是打好文化大发展大繁荣攻坚战、打造南开文化品牌的一次重要活动。希望南开区能举起传承谭派京剧艺术的大旗，将这项活动坚持不懈地延续开展，为振兴和发展京剧艺术做出有力的引领和推动。

会后媒体记者采访了谭小培的嫡传弟子王则昭，王则昭先生说："如何在文化方面继承和弘扬师祖谭鑫培的艺术，感谢与祝贺南开区做了一件很了不起的事。愿元寿扛起这面大旗，如果身体允许，多录几出戏，比如《定军山》《阳平关》《战太平》等。"她说，我唱了一生京剧，唱了一生谭派，痴迷之恋，情感之深，无言表达其间之意。可惜现在唱不动了，一旦瘾发就背背戏词，自我回味一下。岁月可摧残我的身体，却永远夺不去我的爱好。活动后翁思再向我们提议，江夏区可与南开区结成友好城区，共同开发谭门文化品牌。

　　当晚在中华戏院观看谭派戏《定军山·阳平关》，尚长荣来了，他依然扮演曹操。那天最亮眼的还属谭正岩，谭门新秀，年轻英俊，神完气足。他的武功底子明显增强了，演到精彩处有如杂技演员，真让人来劲。最后一晚为名家名段演唱，依然在中华戏院，观众爆满，掌声如雷。由于演唱期间观众呼声强烈，不断有演员加唱，时间大大延长，后来的闭幕式也因此被迫取消。落幕时，所有演员都到台前谢幕。谭家人与谭派弟子，最后以一段豪华阵容的演唱为观众谢幕。

　　应天津方面委托，谭孝曾送给我们此行每人一份大盒装泥人张纪念品，上面贴着"天津泥人张泥塑"标签，大小共计二十三个京剧人物头像，色彩鲜艳，形象栩栩如生，令人爱不释手。

王则昭和刘志广

2010 年 10 月 27 日，趁天津谭派艺术展演的间隙，我们计划采访王则昭和刘志广两位老师。

一

王则昭老师家住南开大学，与我们住的酒店距离不远，路线也不复杂，并不难找。王则昭的小女儿和保姆一同出来迎接我们，见我们到来，正在吃早饭的王老师笑着让他们快快收拾碗筷。气温有点冷，屋里早已开了空调。坐下不久，与我同来的江夏区文联蔡主席起身将我们准备的谭鑫培纪念瓷盘（景德镇定制青花瓷）和"京剧谭门故乡武汉·江夏行"画册恭敬送上。王则昭老师接过瓷盘，认真品读好一会，然后轻轻地放在身前书桌上。她的女儿即上前拿起瓷盘，将其陈列在背靠书桌贴近墙根的一个古铜色的底托上。

　　王则昭老师知道我们来访的目的，便主动切入话题："我的师父谭小培，十分敬佩父亲鑫培先生，一切都以师祖为目标教导我。那年，师父滑冰崴了脚，便让富英代师传艺，从来不荒废我的时间，更不耽误我学艺。三年在大外廊营，师父上街采买（水果、茶叶、蔬菜）都带着我。"她说话有点慢，想起哪儿便说到哪儿，有时还有些重复讲述或穿插讲述，但不影响我们接收。她停下来喝了两口茶说："师祖的改革真了不起。他教出了一个杨小楼，还有余叔岩和梅兰芳，这都是京剧史上开山立派的人物。余叔岩和梅兰芳两人经常对人说，他们不是余派或梅派，他们都是谭派。"话题至此，她若有所思地停顿下来，思绪逐渐回到了旧日时光，对我们娓娓道来：

　　　　那年，我父亲给张学良当秘书，却赶上了西安事变。张学良送蒋到南京被扣，父亲逃出西安到兰州，跟邓宝珊（省民政厅厅长）当秘书，我考入甘肃省民政局当实习生。父亲特别喜欢我，我从小深受父亲熏陶。父亲既开明又封建，虽说将我当儿子养，却说一个女孩子不准随便出门，请人在家教我四书五经。我生在天津，长在北京，很长一段时间却生活在西北。

我从小喜欢看戏，跟我家胡同对胡同的一街坊对我很好，常常带我去看戏，我越看越喜欢上了。因我是独生女，从小性格倔强，有点像男孩子，看戏和唱戏都喜欢老生。外婆宠着我，将绸布捆在我手上当水袖，用玉米须给我做胡子。那时我在银行刻蜡板，很认真，一点都不能乱。银行里有个票房，一个湖北武生叫杨子玉，会拉琴还愿教戏，他就是我的启蒙老师。西安当时有个戏校，专收流亡学生，但没有女孩子。我是特殊的一个，开始校长刘仲秋不同意收我，经过当场试唱，打动了他，这才收作旁听生。有一天戏校唱《四郎探母》，主角突然倒嗓子，要人救场，杨老师便举荐我上，他说我能唱。当时即排即唱，结果满场叫好。一场戏下来，学校即将我正式收班。学校没有女生宿舍，我得回家住，每天往来当走读生（十五六岁）。

就因为那次救场，我一下就火了，到处都找我唱老生。我天真活泼，惟一缺陷就是个子矮一点。我喜欢看旦角的装扮，但爱演武戏和唱老生，那时在西北我唱得挺好。后来遇到张伯驹，那次他到盐业银行视察，听到我唱戏很赞赏，他说这孩子好，嗓音里没有雌音。有人劝我拜他为师，张师父却很谦虚，说他教教我可以，但不能当师父，因为他自己为票友，怕不能胜任。他教我的头出戏就是《捉放曹》，当时，杜月笙还曾经到场看过我的表演。张大千在敦煌搞壁画，到兰州看我的戏说"挺好"。1945年抗战胜利，张伯驹回到了北京。张伯驹回京演戏时曾找过我。在西北的时候，他建议我将流落街头的兰州艺人组织起来，我说行。于是，我真组建了一个剧团，当时在兰州叫剧社，由我任社长。

当时彭德怀、王震的西北军区有一位女将军——李贞，她的个性像我一样有些男性化，逃婚后参加的革命。1948年，她劝我参军，上她那里去，我就去了，参加了"西北军区文工团京剧队"。我们经常下连队慰问，常常累得倒地就睡着了。当时部队真的很苦，平时都是小米饭，李贞将军常叫警卫员给我煮鸡蛋，强行塞进我的两个荷包里，有时还给些花生或红枣，她对我太好了。虽说生活很苦，但战友们相互关照，大家不觉得苦，反而朝气蓬勃，我在那里一直待到1949年全国解放。

1949年，中国评剧院到兰州演出，慰问各界人士，和部队演员一块联演，队长就推荐我去参加联演。程砚秋当时带着弟子演出调研，住在邓宝珊家里，邓宝珊让我和他合唱一曲，他答应得很爽"好哇！"我一开口，程先生连连称好。当时我唱《文昭关》，程先生唱《马店》。第二天，程先生唱的《汾河湾》，我唱的《碰碑》。程先生嗓子好，虽说人胖一点，但他一上台，一口开，台下便鸦雀无声，连绣花针落地的声音都能听见。我唱的时候有些气喘，但他不喘。他们问我愿不愿到院校来当学生，我去跟李贞将军说，我想去北京深造，行吗？李将军说行，但一想到要脱下军装，我又有些舍不得。我请邓宝珊主席帮我在北京引见谭小培，他说行。后来，我带着叶盛长（谭小培的三女婿）的信到了北京，由邓宝珊引见找到了谭小培。师父原不想收徒，但有邓先生引见，又有女婿的推荐信，这才答应收我。师父一生只收了两个徒弟，当时师父年事已高，我是他的关门弟子。

1950 年第一届全国政协会议，师父带我到西安演出。那次我唱了一出《守店》，他们（尚长荣等）唱《昭君出塞》，当时有贺龙、伍修权、王首道等领导人出席观看。师父让我试唱，我先唱了一出《法场换子》，唱完后不知师父是否满意，我不敢去见师父，只好走进谭富英的房间。富英笑着向我点点头，他说师父听了我的戏很高兴，我这才大胆地去见师父。谭富英前面走我后面跟，两人一起走进师父的房间。我见师父一脸的笑，这才渐渐放松下来。我问师父自己哪里唱得不好，让他给说说。师父说我唱得不错，孟小冬还有点雌音呢，你却完全没有，这是祖师爷赏饭吃。过年之后，在北京丰泽园，师父正式收我为徒。我给师父叩了三个头，又给师父同辈的王瑶卿等叩头。

　　我拜师后不久，师父滑冰脚崴了（在什刹海冰场，太监们都玩花样，师父不服输也跟着玩，却因天暖冰薄卡了冰刀而摔倒）。师父手里拄着拐棍，只能教唱不能演，经常是富英代师传艺。我当时的住处离大外廊营很近，每天八点钟过去，给师父洗脸、梳头、送早点。九点钟与师母一起吃早点，然后再送她回房。这才转回来给师父捶背，细听他给我说戏，这一句该怎么唱，那一句该怎么唱，师父教得很细。有一天他一边唱一边骂，说有人将戏唱歪了，"叫小番"只能上扬不能下拖，一拖就走了味。我跟了师父三年，老人家不幸去世。师父出殡那天去的人很多，彭真市长去了，沈钧儒也去了……

　　纪念谭富英100周年我去了，还出演了《朱砂痣》。2008年腿坏了，现在再也登不了台。

　　说完最后这句话，王则昭老师似乎黯然陷入沉思，一生爱戏，怎忍心放下呢？

　　那天的采访，王则昭老师所讲的故事性很强，我却有意犹未尽之感，尤其是谭小培和谭富英的资料觉得少了，原想在她那里多收获一些的。临行起身时她送给我们每人两本书，这让我很高兴，因为文字资料既翔实又准确。

二

上午采访王则昭老师之后，我们马不停蹄地安排下午采访刘志广老师的行程。因事前有约，正当我们在向居民询问时，也许是听到声音，刘志广老师已站在门前迎候。一见刘老师，我依稀记得他2009年似乎去江夏参加过"谭门故乡行"活动。经我一提，刘老师回答说确实如此。那天，刘志广老师一人在家，家里很整洁，因他的痛风犯了，前天未能参加谭派艺术天津展演开幕式及研讨会，明天晚上名家名段演唱会他会参加，特邀我们到场观看。

刘志广1962年拜师谭富英，现在上海的王立军则是他的徒弟。他原是票友，半路入天津京剧团（现改为天津京剧院），经苏世明介绍拜谭富英为师。刘志广对我们讲起了与师父谭富英的过往：

不管什么时候去北京，师父都给我说戏，从来不保守。师父为人老实厚道，不喜言谈，他在梨园名声特好。"文化大革命"时，我上北京看望师父，他一个人孤独地坐在墙根，手里拿着一支笔，不停地写写画画，平静中一点怨言都没有。谭家在"文化大革命"中也受到冲击，几次被抄家，我一看到师父就想哭，那么大的艺术家被无情地冷落。但他心宽，有智慧，能忍常人之不能忍。师父谭富英一心只在戏里，平日很少出门。我几次去北京，他都在与人说戏，王瑞芳拉胡琴（先跟余叔岩，后跟谭富英）。王瑞芳常跟谭富英谈起余叔岩，相互讨论他们之间的艺术差异。谭小培逝世后，谭富英加入北京京剧团。我原来和师父有很多照片，可惜"文化大革命"中都被没收了。

那时样板戏的票不好买，想看一场戏很难，师父便领着我到京剧院找（谭）元寿要票，看《智取威虎山》彩排。《将相和》一剧，我想按师父的路子唱，师父却让我按照自己的条件唱，不能完全照搬师父，否则，将来没有出路。师父谭富英的表演处于大写意境界，那时我太年轻，一下子达不到那种境地。我与元寿接触较少，天津与北京之间总有些距离，那时不比现在有动车组，半小时到达，并非想见就能见。元寿来天津较多，我去北京较少，每逢相聚就争取多待一会。元寿也经过风浪，虽说江青点名让他主演《沙家浜》，其间差点没被江青给刷下来。

刘志广为谭富英的嫡传弟子，他的记忆力与谈吐比王则昭老师清晰，但他那天讲述不多，我几次想打开话题无果。最后我们合影留念，带着一丝意犹未尽离去。

谭派研究在天津

　　天津，一座古老而独特的城市，潮涌古今风云。于戏曲而言，上百个剧种在此地共存和发展繁荣，五音杂陈的韵律，如烟如梦地在这片土地流淌；于谭派而言，天津是一块吉祥之地，孕育了谭派的胎盘，催生了谭派的问世，助推了谭派的繁荣。"京剧谭派艺术研究会"和"谭派艺术发展促进会"也双双诞生于此。

　　1982 年，纪念谭富英逝世五周年，北京京剧院特此在京举办了三场演出：第一场是谭孝曾与方荣翔合演的《铡美案》、王则昭与罗惠兰、姚宗儒联演的《二进宫》；第二场为王则昭和杨淑蕊的《武家坡》；第三场上演了李崇善的《失街亭》，孙岳的《空城计》，最后是王则昭的《斩马谡》（但凡熟悉王则昭的人都知道，她不仅是一个喜欢老生而唱老生的人，还是声无半分雌音的奇特女性。为人，她豪爽义气；对事业，她具有坚韧不拔的意志，骨子里透射出男人气质）。参加纪念演出的演员，京剧院有心挑选了谭富英的亲人、师兄弟和平日与他走得较近的人，以这种形式来告慰他的在天之灵，更体验出一份亲切之意。由此也看出北京京剧院的良苦用心，这正是谭富英这个"大好人"理该得到的一份特别待遇。那几天，演员们都铆足了劲，演出效果很好，至今常有人对此津津乐道，台湾京剧界的同仁均争相收藏这套录音。

王则昭，谭派中惟一的女老生，为谭小培的关门弟子，但依年龄断，他们更像爷孙。遵照父亲安排，无论说戏还是手把手地教戏，谭富英教得比父亲还多。名义上是师兄妹，其实在王则昭的心里，早把谭富英当作了师父。在谭富英去世后，她常常在不自觉的泪光中思念师哥。王则昭说，凡学新谭派的人，最忌学谭富英的嗓音。嗓音是天生的学不来，有人为了模拟其嗓音，追求酷似新谭派的味道，不惜把音韵归错了位。外行人听来，真还确有几分相像，而内行人则不会接受，这不是真正的继承和发扬，无论对谭富英还是自己，都是实实在在的糟蹋。说到此处，王则昭似乎陷入沉思，她说："师兄常对我说，光做'唱好戏'的人不行，得做'好唱戏'的人。"简单地说，"戏保人"之类的好唱的戏要唱，而"人保戏"等不好唱的戏更要唱，只有做到这样，才能唱出特色与成就。唱戏是一门特别的功夫，投机取巧不成；凡那样的演员，终究会害人又害己，距离成角与成名则越来越远，艺术贡献就更谈不上了。

1997 年底，王则昭便开始谋划在天津成立"谭派艺术研究会"，这是她的心愿。经过半年筹备与努力，在天津市各级领导、谭门后代及弟子、广大京剧爱好者的积极支持下，特别是得到了天津市民族文化促进会、天津市剧协和天津市振兴京剧艺术基金会的大力支持，"谭派艺术研究会"于 1998 年 1 月 18 日在天津召开成立大会。天津市有关领导、多位社会名流和戏曲艺术家出席。经大会推荐，由王则昭先生担任会长，谭元寿任副会长，经王则昭推荐，由甄光俊（梦笔山人）担任副秘书长。在"京剧谭派艺术研究会"成立大会上，该会副会长谭元寿登台讲话：

今天，我们在这里聚集一堂，为成立谭派艺术研究会，并对谭派艺术进行学术上的研究和探讨，以纪念先祖谭鑫培诞辰 150 周年，弘扬民族文化，振兴京剧艺术，这是京剧行业的一个创举，更是谭派和谭门的一件盛事。首先请允许我代表谭门后代，向光临这一盛会的各位领导、各位前辈和各位来宾表示最诚挚的谢意。

谭家人常说，天津是我们的第二故乡。从我高祖谭志道，一直到第七代谭正岩，都来天津演过戏，受到过天津许多父老乡亲的关怀和爱护，那些热烈的掌声和由衷的呐喊，在谭家人心中经久不息，永远与谭家人的脉搏一起跳动。天津是谭派的春天！今天，在天津的领导和各位同仁的深切关怀下，成立了谭派艺术的专门研究机构，举行如此隆重的仪式，又召开如此高规格的研讨会，这使我们深深地感受到谭家与天津观众和同仁的特殊关系和情感。我难以抑制心中的激动，无论用什么样优美的语言，都无法表达我对你们的感激之情。刚才，我一字不漏地听了大家的发言，感慨之深难以言说。你们各自对谭派艺术的独到理解，使我深受感动；你们的言论无疑点亮了我的心灯，开启了我心中的一扇窗门，使我学习到诸多新的知识，受到深刻的启迪。人民需要艺术，艺术更需要人民！观众热爱谭派，谭派更热爱观众！

京剧艺术，尤其离不开爱护她、养育她的广大观众，这才是培根的沃土。从各位的发言中我深刻地领会到，观众才是京剧艺术真正的知音。在天津，由我曾祖父谭鑫培创立的谭派艺术更是如此。所以，我特别感谢大家，由衷地感谢天津的广大观众，100多年来对谭派艺术的支持和厚爱。我们永远也忘不了天津观众和同行对我们的深情厚谊，永远忘不了天津这块滋养了京剧艺术的土地。在这次纪念先祖谭鑫培诞辰150周年的活动即将圆满结束之际，谭派艺术研究会宣告正式成立，我真诚地希望通过这次纪念活动和艺术研讨，对我们京剧艺术的复兴和发展有所启发，有所帮助。使我们的京剧艺术更好地为社会主义精神文明建设服务，以不辜负领导和同志们的期望，以回报观众的一往情深！

谭派艺术研究会成立后不久，王则昭便将著名戏曲专家刘曾复、朱家溍从北京请到天津，从 4 月 11 日开始，连续三整天，在核工业部理化工程研究院礼堂，他们以"素身说戏"的形式，指导王则昭演唱《失空斩》《阳平关》《连环套》三出戏，并将全部过程以录音录像的形式记录下来。刘曾复先生按照余派说王平，朱家溍先生则按照杨派（小楼）说马谡，王则昭均按张伯驹先生四十岁生日演出时的路子走。据当时现场做场记的甄光俊回忆说，那几天，王则昭格外卖力，浑身精神抖擞，她顾不得汗流浃背，一遍又一遍地模仿师父又演又唱，谭派艺术研究会把说戏的场面完整地记录保存下来。王则昭曾介绍说，她创办该会的初衷是：戏曲老生，从谭鑫培先生时代起，便出现了一个崭新的局面，以后各派都源于此，谭鑫培无疑是现代老生流派的源头。要研究京剧老生，首先得研究谭派，把谭派的历史与成因弄明白了，再来研究其他老生就容易得多了，这就是拔草寻径或顺藤摸瓜的道理。为了有利于研究谭派艺术，王则昭根据个人所知录制了一些剧目，为自己喜爱的京剧和谭派，留下了有益的资料。但由于经费原因，她仅以"素身说戏"的形式录了几部。多年以后，王则昭依旧念念不忘地说，由于我的能力有限，原想为京剧事业、为报师恩，努力多做些事，结果是做得太少了，如能多录一些就好了。虽说先贤们先后离开了我们，也离开了他们一生钟爱的京剧，但那些浸透着他们心血的音像资料，却得以永久地保存，这是他们留给后人的珍贵遗产与念想。

2012 年 6 月 26 日下午，天津鼓楼文化商业街内的元升茶楼披着节日盛装，聚集了众多京剧名家和各界名流，"谭派艺术发展促进会"成立暨谭鑫培北上进津 160 周年纪念活动在这里隆重举行。谭派第五代传人谭元寿、第六代传人谭孝曾、第七代传人谭正岩、谭派名家王则昭等均亲临会场。谭派艺术发展促进会，由谭孝曾等几位谭派名家和众多爱好者共同提议发起，在热爱京剧艺术、热心文化事业发展的 14 位企业家的鼎力支持下创建。谭派艺术发展促进会是继谭派艺术研究会之后成立的又一专业性协会，该会致力于更进一步开展京剧艺术交流，组织谭派艺术研讨和展演，普及谭派艺术，促进京剧的继承与发展等活动。该会聘请谭元寿为名誉会长，谭孝曾为会长。"新官上任"的谭孝曾笑着说："今天是谭门的一大喜事，谭家人基本都到齐了，我这是头一回当官，真还有点不大自然。说起这个促进会，我们不得不溯源寻根。打祖上谭鑫培起，谭家就和天津南开区结下了不解之缘。当年，谭鑫培就生活在天津老城厢一带，当时的元升茶楼，曾是他经常演出的场所之一。没有天津的几年学艺，也成就不了谭鑫培的伶界大王。今天，我受大家信任和推举担任会长，今后，我将尽职尽责、不辱使命，努力挖掘和整理谭派艺术精华，并发扬光大！"

当天，京津两地的众多京剧表演艺术家、戏剧评论家、谭派弟子和谭派艺术爱好者出席了成立仪式，场面十分壮观。身为谭门弟子的天津京剧院院长王平在发言中说："谭门传了七代，可以说谱写了半部中国京剧史。谭派艺术善集众家之长，重在动情传神，其传人处事厚朴，不事张扬，有追求传统民族精神的君子风度。谭派创造了无生不谭的历史辉煌，而谭派的继承者们更是海纳百川，从不局限于家学，真正地做到了学无常师。谭派的学风和精神，是我们这些后学晚辈们应该继承和发扬的根本。"

贺兰山下又一枝

一

2011年7月17号，我们江夏区一行准备飞往宁夏银川，继续《京剧谭门》创作的资料收集工作。上海的翁思再曾建议我们务必跑一趟宁夏，他说没有谭家支边一章，《京剧谭门》将是一部不完整的作品。

有区委宣传部王副部长陪同，一切我都不用操心。因没有购到直飞机票，只得到西安中转，没想到飞机晚点，我们在西安机场待了近四个小时。到达银川已时近午夜，不好与对方通话相扰，又恐对方在等待中眺望，王副部长即发短信相告，有待明晨通联。

因花脸演员谭少英在外演出未归，第二天（18 日）我们先行采访大姐谭凤茹。谭凤茹大姐说，你们来一次不容易，不能将所有时间泡在采访里。白天看看宁夏的风土人情，晚上再交流，最为理想。作为一个文化人，不去贺兰山下朗诵一下岳飞的《满江红》，也于心不快吧。她特别提到一点，我们想谈的事很多，并非一两个半天就能画上句号，这样安排的话，白天他们还可以去忙各自的工作，也省去请假的麻烦。我们当然乐意接受这个安排。

下午，我们漫步沙坡头，体验一下沙漠风情，看黄河边上的落日孤烟，说不定真能捕捉一点灵感，留下两行诗作。银川气温高，沙有点烫脚，我们穿着旅游专用的沙鞋套，沙漠一望无际，似乎世界都落在沙丘里。为了找点刺激，王副部长鼓励我坐了一趟沙地摩托，在飞快地行驶中，惟有耳旁之风在呼啸。第一次踏进沙漠，我无时无刻不处在新鲜之中。半天的游玩让人流连忘返，直至天气凉爽天色黄昏时，王副部长和我守在黄河边上，看着一轮红日西沉在沙坡下，这才带着无尽的回味离去。

19 日，天一亮我就醒了，昨晚采访过晚，也许睡眠不足，也许地域差异，脑中淤积着冷水也洗不清的沉闷。怕把年轻人的酣梦弄醒，轻轻地洗漱之后，我强躺在床上等着王副部长自然醒。一待他起床，我即坐在电脑前整理凤茹姐的采访资料。昨晚主要聊了三个话题，一是什么原因使他们来到宁夏？二是怎样来到宁夏？三是初来宁夏的境况与心情。王副部长说他比我打字速度快，于是我说他敲，真还省去不少时间。

　　按约定，当天晚上采访谭少英，我们打车直奔他家。一到小区门口，一眼就认出前来迎接的谭少英，在似曾相识中依稀看出几分谭元寿的身影。来到谭少英的家，凤茹姐早已在座，父亲去世后，她即是家中主持。谭少英的妻儿不在家，只好先认识照片。王副部长将三件有关江夏区打造谭鑫培文化品牌的礼品一一展示相赠，并做了详细解说。谭少英十分兴奋，一边观看一边用手抚摸，在不止的询问中诉说对故乡之爱。行前翁思再有过托付，让我们安排他与谭少英通话。完成了翁思再的嘱托后我没有再客套，直入采访正题，今天的主题一是由北京人到宁夏人的演变轨迹？二是宁夏谭家京剧事业的发展与贡献？三是谭家人的故事（重点在谭小培、谭富英和谭世英）。谭少英既开朗又健谈，话题相当丰富，不知不觉又抵近午夜才暂告一段落，我们带着满意的收获返回酒店。那天凤茹姐将自制的一套家谱世系表相送，少英答应待我们返程时，他将转赠那把伴随他父亲一生的京胡，我们十分感激。

　　按照既定安排，几个白天，我们匆匆往返于银川的特色景点中：穿过内蒙古的阿拉善左旗，经过一片盐碱地，到达通湖草原，看到了沙漠与绿草的整齐分隔线；享有枸杞产地盛名的中卫之行，我选购了两袋难得的当地特产；路过青铜峡水电站，身处高地一目了然，黄河在此处变窄，落差较大，这也是在此处修建水电站的主因；108 塔建

在一片荒凉之地，何时由何人修建均不详，只知年代久远，原塔已
毁，现为重建后的佛塔；西夏王陵是抹不去的一处文化之问，一座座
高耸的土垒坟墓，向游人诉说从西夏国到宁夏回族自治区，从荒漠边
塞到美丽宁夏的历史；看了镇北堡影视城，为作家张贤亮的大手笔而
鼓掌，一部《灵与肉》改编的《牧马人》，不仅捧红了朱时茂，也让
这座城堡成为中华一景；贺兰山岩画给我极大的震撼，这古老的文化
艺术也让我更深一层地解读岳飞的《满江红》。

一趟宁夏之行，超越预想的圆满。品尝了地方风味美食，浏览了
自然与人文景观，体会了地域差异中的神奇，感受了谭家人的友爱与
热情。尤其是有关谭小培的资料，凤茹姐讲述得有声有色，使我的创
作有了饱满填充。年少时的她，曾与五爷同住英秀堂，亲身的经历是
一生的记忆烙印。还有谭家兄妹的现场清唱，近距离的享受令人感触
良多。美中不足的是，由于多种原因，宁夏京剧团未能预约对接……

二

一趟宁夏之行后，与贺兰山下谭家的联络未曾中断。凤茹姐多
次来电话，她还有些记忆补充，更重要是有些珍贵的手稿相赠，邮寄
唯恐丢失，永远无法弥补。在我内心深处还有一份歉意，那年凤茹姐
一家好不容易来故乡江夏一趟，我却身在外地无法陪同，更别说一尽
地主之谊了。凤茹姐多次建议我们再去一趟宁夏，这个提议确实让人
心动。一为资料收集，二为填补上次未能与宁夏京剧团交流之憾，顺

便一补深藏于心的一份情感缺失。经请示得到区委宣传部批准，更有区文联蔡主席亲自陪同，我们一行人 2017 年 8 月 25 日启程，再次踏上宁夏之旅。

按区委宣传部王副部长所约，早晨七点半出发，一同乘车直奔天河机场。没想到的是，三环也堵得厉害，只能像蜗牛一样在焦急中慢慢往前挪。虽说预留了足够的时间出发，但到达机场时，却超过了取票时间，只得改签。幸好还有 12:55 的一班机，飞机到达银川时近三点。这次我们依然采纳凤茹姐上次的建议，白天参观，晚上采访。

当天下午，我们直接去了水洞沟。这是一处近年开放的新景点，上次与王副部长同来时还没有开发。水洞沟，为明朝防御敌人进攻而修筑的军事工程，主要防蒙古兵入侵。虽说时光过去甚久，但土夯的城墙依然完好。我们沿路观看垒土城墙，静听水洞沟景点讲解，为沙漠中的绿色而惊叹。顺着一、二号人居处的横截面，探寻古代人文痕迹，却误入内蒙古野性草原旅游区而急返。

我们坐着驴车，享受赶车人清唱西北民歌的耳福，别有一番韵味。下了驴车再坐游船，在沙漠腹地坐船感受自不一样。下了游船复坐驴车去地下藏兵洞，好大的一座地下工程，比电影地道战中的场景宏伟得多，且弯曲诡谲，迷雾重重。藏兵洞分为两类工程：一类为单洞穴连接，没有太多扩宽，基本不见洞中洞。第二类洞穴却将人带入一个庞大的地下王国，楼上有楼，洞中有洞，我们禁不住为古人的智慧和浩大的工程而点赞。一出洞口便走进博物馆，那些古代建筑和文物，令人无限向往。

第二天，银川下了中雨，在陪蔡主席游览 108 塔时，雨越下越大，凤茹姐担心我们在外淋雨感冒，嘱我们尽快回程，她已经预订了酒店，一家人在那边相候，请我们喝点烧酒好驱驱寒气。凤茹姐带来了玫瑰香葡萄，那种香味十分特别又纯和，还是第一次见识，一贯不太青睐水果的我，也不讲客套地先伸手尝鲜。酒店的房间很大，这儿的"秦味源羊肉泡馍"为银川市兴庆区一大特色。我不喜欢吃羊肉，更不喜欢吃泡馍，但那天却将一大碗吃得干干净净。虽然馍被泡湿却不显烂，一样还有嚼劲，羊肉没有一点膻腥味，感觉特别可口，真是一道人间美味。

第三天，虽说沙坡头和西夏王陵上次已经去过，为了陪同蔡主席一游，且为他当一回免费导游吧。因下雨气温下降，在入口处我先购了一件加厚拉绒外套。雨中重游沙漠，别有一番感慨。站在沙坡头上，看黄河在雨幕中从脚下流过，诗意盈满心头。因雨淋地湿，沙层失去了常日的松软，硬度增加，好在沾沙不污，一拍即净。在沙坡头景区门口，经王副部长引导，我们看到沙漠涵洞上的公铁两层交通线，这才意识到现代交通早已深入沙漠王国。下午参观西夏王陵，看了博物馆，确为西夏的历史和文化而惊叹。

行前的那天晚上，我们顺利完成了全程采访，成功与宁夏京剧团对接，收获了谭家相赠的部分手稿。凤茹姐专程在家中设宴，为我们践行。那天在场有谭凤茹两夫妻，她的三妹夫、小妹妹，还有凤茹姐的三儿子和谭少英的儿子，一大家人都来相陪，情感的温度早已把雨中的几分冷气焐热了。在酒后的余兴里，在我们的提议鼓掌中，谭凤秋唱了程派青衣《锁麟囊》选段"春秋亭外"，谭明珠唱了一段花脸《赵氏孤儿》选段"我魏降……"，谭少英的儿子谭峥却为我们唱了一段谭派名作《空城计》选段"我正在城楼观山景……"，后来谭明珠又加唱一段《锁玉龙》中的"号令一声绑帐外……"。也许得自基因遗传，谭家人的演唱功力与水平，真不输于达人秀中的票友，音脆声亮，听得直往人心里去，有点欲醉之感。当谭峥唱出"我正在城楼观山景……"中的"我"字时，分明让人听出江夏谭左湾独特的语音"藕"字来，一份家乡情结自然涌上心头。特别是谭家人都能在酒后演唱，那种抗酒的嗓音能力，早在谭孝曾和谭元寿老爷子身上领教过。谭家人爱京剧、唱京剧，但道路选择从不勉强。凡谭家人走上京剧之路，纯粹是自由选择。

　　时已午夜，雨也停了。凤茹姐拉着我们去逛银川夜景，在中阿之轴看得相当过瘾，我们为此留下一大组照片。宁夏的夜景真美，灯影在五光十色中闪烁变换，如梦如幻，好一颗塞外明珠啊！

京昆室考察

JINGKUNSHI KAOCHA

应武汉市江夏区邀请，由全国政协委员谭孝曾联络，全国政协京昆室特组团于 2011 年 5 月 17 日至 18 日来江夏考察调研。前来的领导和专家对江夏区打造谭鑫培文化品牌给予高度评价，提出了诸多科学的可行性建议，并对争取在江夏召开"海峡两岸暨香港、澳门中国戏曲艺术传承和发展论坛"的申请表示支持。

全国政协京昆室领导一行于 5 月 16 日下午抵达武汉，下榻武昌东湖宾馆。17 日清晨，江夏区政协派车前往迎接。由区委书记亲自带队，区政府、区政协、区委宣传部、区文联的领导，齐聚谭鑫培公园门口，迎候全国政协京昆室领导们到来。春天的江夏，天气晴好，几朵白云在蓝天上飘来飘去，编织出美丽祥和的意境。

谭鑫培公园被列入本次参观考察第一站，更是重中之重的主题。谭鑫培公园，尤其是号称中国江南第一的谭鑫培仿古戏楼，自建成以来，到此参观和慕名前来学习取经的人流络绎不绝，声名与日俱增，已成为江夏区一大文化名片。大家从入口处进入，欧阳中石题写的"谭鑫培公园"几个红色石雕大字，不经介绍即被爱书法且懂书法的领导映入眼底。书法之外酷爱京剧的欧阳中石与谭家交谊甚厚，无偿地挥毫泼墨，为谭鑫培公园和谭鑫培戏楼题名，是他的乐意之举。

步入公园，第一景即为下沉式广场，隐约中的龙形图案，让人在腾飞之势下感怀中华文化的内涵与外延。工作人员按顺序引领与介绍公园的布局与景点，四周的景石与荷池，无一处不烙上谭门的印迹。在六幅浮雕景墙前，由谭孝曾亲自讲解（景墙为双面铜质浮雕，外装防爆玻璃，该景墙和谭鑫培铜像，均出自著名雕刻家严友人之手。其内容筛选和动作设计，谭孝曾全程跟踪并多次修改方案）。景墙图景分别为谭派经典戏曲《定军山》和《沙家浜》等的剧照，展现了谭家七代人的艺术风采（从谭志道到谭正岩）。当领导们到达谭鑫培铜像前时，大家不约而同地默默向宗师致敬！

与宗师铜像告别，领导们依然流连回首！漫步雕满京剧图谱的白玉拱桥，与"定军山"擦身而过，一路的故事与文化，被轻风吹落在草绿花香里。谭鑫培戏楼离铜像的距离不远,谭派的韵味唱腔,无须麦克风传送,即与戏楼里的演唱引发共鸣。没有进入楼内,领导们即被一派古朴典雅之风所感染。进入楼内,无声的惊叹写在众人一张张如剧情变化的脸上。谭家六代人的演唱剧照、中国几代领导人与谭家人的合影、镂空雕刻的屏风、天花板上的彩绘、座池中的方桌与靠椅,还有与台柱楹联相映的谭派舞台守旧,无论规模与规格,均超过很多老戏楼。不足半天的谭鑫培公园浏览,给领导们留下不尽交流的话题与赞叹。

参观后的座谈会于当日下午在江夏区委会议室举行。

首先由江夏区委张书记致辞,张书记在致辞中介绍了江夏从古郡到新城的历史变迁和璀璨人文,汇报了江夏的经济收入在省市乃至全国所处的地位。他着重回顾了 2009 年的"京剧谭门故乡武汉·江夏行"活动的盛况。张书记说:谭鑫培公园一期建设,领导们上午已经看过,但二、三期工程的规划正在进行之中,借此机会向领导们作个汇报,并期待各位提出科学性指导。打造谭鑫培文化品牌,将江夏建设成全国京剧文化朝圣地,不仅是江夏区的设想,也是对当代传承和弘扬京剧文化的贡献。今天,领导们来江夏区调研考察,我们特向全国政协提出承办"海峡两岸暨香港、澳门中国戏曲艺术传承和发展论坛"的申请,诚请领导给予大力支持和指导!

副区长刘子清现场宣读了江夏区申请承办"海峡两岸暨香港、澳门中国戏曲艺术传承和发展论坛"的可行性报告,详尽陈述了江夏区拥有召开该论坛的条件，并对各项内容和指标进行了细致剖析，充分论证了可行性，得到了与会领导的高度评价。

谭孝曾在讲话中说：谭家寻找故乡一百多年，现在终于完成祖先遗训，谭家人为此扫除了心中的雾霾，有了扎根故乡沃土的脚踏实地感。第一次到故居的那天刚下过雨，数百名乡亲自发地前来欢迎，他们自己出钱，将门前的一条泥泞的长堤全部用预制板一直铺砌到门口，令人十分感动。舞台上一贯能控制泪水不出眼眶的我，那天眼泪却像不断线的雨水一样流了下来。故土之情触动心灵啊！在谭鑫培公园的建设中，我不惜推掉多场演出，赶来江夏商议建设事宜。严友人工作室雕塑的谭鑫培铜像，也由我全面负责，各个方面都不能存在一丝疏忽，我要上对得起祖先，下对得江夏的父老乡亲，还要对得起京剧艺术。我现在被聘为江夏区人民政府顾问，既要顾也要问，必须为江夏的文明建设奉献自己的力量。

吴江（全国政协常委、京昆室委员，国家京剧院原院长）在讲话中说：2009 年，我曾参加过"谭门故乡行"活动，至今不能忘怀。谭鑫培是一代宗师、京剧泰斗，谭元寿为国家级非遗传承人，谭门七代传承与弘扬一门艺术，为世界仅有。京剧的发展与腾飞，传承要加力。对江夏举办"海峡两岸暨香港、澳门中国戏曲艺术传承和发展论坛"，我表示支持。

刘秀荣（全国政协委员，国家京剧院艺术顾问）在讲话中说：我与谭元寿为老搭档，陪他演穆桂英等。今天看了江夏的谭鑫培公园，非常感动。谭鑫培对中国戏曲进行了大胆改革，创新了诸多剧目，是中国戏曲史上当之无愧的巨人。我感谢江夏对京剧文化建设作出的贡献。

李永安（全国政协委员，国务院三峡工程建设委员会副主任，中国长江三峡工程开发总公司经理）在讲话中说：有幸在本次考察学习中回顾谭派的历史贡献，感受很深。武汉在京剧中的地位早已写入历史，群众基础厚，发展前景好。举办"海峡两岸暨香港、澳门中国戏曲艺术传承和发展论坛"，江夏是一个很好的选择，举办这种论坛具有开创意义，更有谭家七代传承的京剧艺术支撑。我和朱世慧合办了一个票社，连台湾的名家都来参加，江夏可以扩大论坛的邀请范围，我支持论坛在江夏举办。

朱世慧（全国政协委员，湖北省文联副主席，湖北省京剧院院长）在讲话中说：作为京剧演员，今天来江夏感到了不得。湖北省京剧院就在街道口，与江夏近在咫尺，谭鑫培的塑像已由原来的内厅设置，改为了现在的广场供奉。今后，我们可为谭鑫培戏楼的运作尽绵薄之力。

吴江建议：可将在武汉举行的京剧节与论坛联合起来，将开幕式拉到谭鑫培戏楼来举行，那时肯定有国家领导人参加，可大大提高江夏的影响力。论坛期间，在演出京剧传统剧目之外，可多演一些其他剧种的折子戏，以丰富论坛内容，走多种艺术融合之路。

张国祥（全国政协京昆室副主任，全国政协常委、全国政协原副秘书长、外事委员会原副主任）在讲话中说：今天，由省市领导陪同参观了谭鑫培公园，听了欢迎词和报告，令人振奋与激动。江夏对京剧文化建设的贡献，超越了经济，打破了原来单一只讲 GDP 的思维定式。文化建设的投入，符合科学发展观。我曾担任过北京市崇文区区长，那时崇文区的财政收入还不到一个亿，却没有忽视文化建设投入，人民不仅需要温饱更需要文化。任何地方都要注重文化品牌打造，例如崇文区就有天坛和袁崇焕等文化品牌。回想 20 多年前的经历，依然感到亲切。我们要看到文化的凝聚力和感召力，江夏打造谭鑫培文化品牌独具慧眼，在这一点上，江夏的领导具有深层次的思考。我虽然是一位政府官员，也是一名京剧爱好者。谭派是大家的谭派，天下无派不学谭，像余叔岩是谭鑫培的徒弟，杨小楼是他的干儿子，马连良等诸多名家都是谭派的延伸与传承，他还亲自提携过王瑶卿。谭鑫培品牌是江夏的优势，公园的规模宏大、设想远大。有关论坛的事，我谈谈个人观点。全国政协京昆室由专家组成，所有的委员都是大牌名家，当时由张君秋大师提议成立，每届的主任都由一名全国政协副主席担任。京昆室的任务主要是联谊和弘扬，搞四地联谊，不仅是艺术，也有统战成分，乡音唤起乡情，可以不谈道理，只要大家爱好京剧就行。台湾人爱京剧的多，只要你一唱京剧，他就感到亲切，我们就以京剧为媒，统战工作是政协的职责与特点。"海峡两岸暨香港、澳门中国戏曲艺术传承和发展论坛"已经举办了三次，这次由我们来办，怎样办好？江夏区有举办的积极性，我们一行都想积极促成，回去即向领导汇报和请示。论坛在江夏召开很好，意义很大，我初步设想可分两步，开幕式在北京办，规格高一点。在北京的开幕式之后，大家再来江夏举办具体的论坛，这样较好安排。有关论坛在江夏举办的意向性可以定，具体得回京汇报后再作计划安排。即使这次来不及，还有下次嘛。

研讨会开得相当成功，与会领导踊跃交流，对江夏十分看好。

艺术传播

Y I S H U   C H U A N B O

　　北京京剧院"唱响之旅"全球巡演活动路线遍布全球五十座城市，共计五十场展览，五十场讲座，两百场演出。武汉站的四场京剧演出在琴台大剧院上演，而京剧讲座"谭派艺术的继承与发展"，2011年12月14日下午在武汉大学举行。

　　在一片热烈的掌声中，著名京剧表演艺术家谭孝曾步入武汉大学课堂。

　　谭孝曾说："回到故乡的武汉大学，既亲切又高兴，武大校园真美，像大花园一样。今天的课是为了让大家更好地了解京剧、热爱京剧。过几天 12 月 16 号琴台大剧院有我的演出，欢迎大家前去观看。

"谭家的祖籍是武汉市江夏区，虽说离开故乡 160 余年，但谭家人身上依然流着江夏的血。谭鑫培公园的建设，为京剧和谭家做了一件大事，谭家人也想为家乡做点贡献。

"今天的话题且从谭门老祖谭志道（其父谭成奎为捕快兼开米行）开始，讲谭家不能只说谭派，而要说谭门。谭派与谭门，一字之差，意义截然不同，谭门才是一个完整的体系。谭派为谭鑫培开创，谭家唱戏则从谭志道开始。

"谭志道喜欢汉调（那时还没京剧），闲时总爱去茶馆听戏，久而久之便迷上了。因为他的音高嗓亮，就像家乡一种爱唱歌的鸟——叫天子。于是，大家给他起个绰号——谭叫天。谭志道主演老旦，有时串演武生和老生。

"谭志道 39 岁生谭鑫培，起名望重，字金福。也许是基因遗传，也许是耳濡目染，金福也喜欢戏，从小就跟着父亲学唱。谭鑫培生于1847 年，因避战乱，6 岁随父母北上，一边走一边唱，第一站到达天津，一住就是十年，天津是谭家的第二故乡。

"谭鑫培在天津金奎班社学戏，16 岁进北京，后来在父亲的影响下进入北京最大的戏班三庆班，跟程长庚学戏，班主程长庚在戏剧界前三鼎甲（另两位是余三胜、张二奎）中排名第一。起初，谭鑫培在三庆班主演武生，在著名的《同光十三绝》图画中，他扮演的就是黄天霸。谭鑫培人矮、脸小，眼小，且嘴巴很大，如按今天的标准，这样的形象根本进不了戏校。他得益于一有天赋，二有机缘，如果不生于戏曲之家，也许一生与戏无缘。虽说先天外形条件并不太好，谭鑫培却极其聪颖，且胸怀远大抱负，不甘于只演武生，总想唱老生挑大梁。但程长庚不允，谭鑫培一气之下辞去三庆班，独自去京郊跑帘外，在野台班子里他是绝对的佼佼者，想演什么角色就演什角色，过足了老生瘾，也全面提高了演出水平。

"谭鑫培倒嗓恢复后再也唱不出高调，这才有了他后来的韵味派唱腔，对他喝腔影响最大的为上海孙小六（孙春恒）。韵味派唱腔婉转动听，起初却被某些人称为'亡国之音'。谭鑫培的声腔改革，将湖广音中州韵定为演唱基调，且延续他的一生。谭鑫培不识字，却能戏数百出，戏词与唱腔全凭记忆，这是令人惊叹的奇迹。他改革后的唱腔深受民众喜爱，在北京的街头巷尾，人人学唱《卖马》或《空城计》中的唱词，比今天的流行歌曲还疯狂。当时就有一句名言'天下兴亡谁管得，满城争说叫天儿'。

"谭鑫培开创了后三鼎甲（谭鑫培、孙菊仙、汪桂芬）时代，主演老生，自成一派。有一年夏天，谭鑫培演《南天门》过雪山，剧中他被刺骨的寒风吹得直打冷战，台下的观众都被感染得放下手中的扇子，竟然跟着谭鑫培一起打起寒战。如此可见，谭鑫培的演技有多高，戏剧的感染力有多强。在没有空调的夏天，能让人入戏而打寒战，如无史料记载，真难令人相信。梅兰芳常对人讲，'我不是梅派，我是谭派'。

"谭鑫培 50 岁进皇宫当内廷供奉，常给慈禧太后演戏，据说，有一次一出戏下来，慈禧太后竟赏他 500 大洋。有一次奉慈禧太后之命，谭鑫培去宫里给英国艺术代表团唱《乌盆记》，戏后，慈禧问不懂中文的他们听到了什么？英国人答，他感觉像是一个幽灵在哭诉，慈禧深为震惊！谭鑫培的戏，竟能让外国人感受到唱腔的内在之魂。

"谭鑫培对京剧的贡献绝非一堂课能讲清楚，京剧为什么出了那么多流派？因为谭鑫培无法超越，只能不断创新与演化，于是流派纷呈，但京剧界至今依然是"天下无派不谭"。谭鑫培着力对旧戏进行系统改革，直至打造成经典，深受观众喜爱。当时的皇亲国戚均以请得动谭鑫培唱堂会为荣。京剧为什么被视为国粹，因上有宫廷赏识，下有民众喜爱。京剧为土生土长的艺术，不是舶来品，它的唱念做打都是民族的。

"谭鑫培是独生子，但他却生有七子二女，还收了一个义子杨小楼。谭小培（排行第五，被人尊称五爷）这一代唱戏的多，惟有五爷传承了衣钵，以"三小一白"（谭小培、杨小楼、尚小云、白牡丹）的名头，享誉京剧界。谭小培是谭家学历最高的人，他还能说几国外语。有人说，谭家一代不如一代，这个我承认，在艺术上今人想超越前人很难，谭家亦如此。有人曾问过余叔岩，他学到了老师的几层，余答'二三层而已'，这个我不同意。余叔岩是个了不起的人，他不仅传承了谭派，且在京剧艺术创新发展上贡献卓著。

"谭鑫培亲自将孙子谭富英送进富连城科班，开始别人不敢收，他当面与人约法三章，不仅要管，还要比别人管得严。谭富英当时是班里的尖子生，出科后搭班，与四大名旦都搭过。有一次谭富英在上海演出，三层楼爆满，就那一句"叫小番"直冲云顶，台下的掌声像海潮一样铺天盖地。谭富英为四大须生之一，新谭派创始人，即使打棍出箱的硬武戏他都能演。

"谭家祖辈，前几代脸形都一样，瘦小、较窄。从谭富英开始就变得漂亮了，因为他是满汉混血。谭家家教很严，一直都随满礼。我的祖父谭富英不容易，一生两次丧妻，他拉着一大家人，管理一个大摊子。我曾祖谭小培既是管家又是祖父的经纪人，凡演出的一切事宜，均由他与人商定。祖父的成功与曾祖的付出分不开。祖父一生甘当绿叶，从不争名分，据说是戏剧界第一个共产党员。

"国事、家事、天下事，谭家人样样关心，积极付出。高祖谭鑫培的收入 70% 捐献给了慈善事业，只有 30% 留作家用。抗美援朝时谭家积极捐款，现在依然不忘传统，凡遇赈灾，都愿尽自己的一份力量，我本人也是中国 200 位慈善大使之一。祖父谭富英在赴朝慰问演出途中，遭遇曾祖父谭小培去世，经组织批准回家奔丧，但祖父却将丧事从简，迅速归队参加赴朝演出。我的婚期正与唐山大地震不期而遇，祖父即命推迟婚期，先赴唐山救援，最后我却未能赶上给祖父送终，留下终生遗憾。

　　"祖父将我父亲谭元寿送进了富连城科班，那时的七年科班如同七年大狱，真叫"打戏"，一句词记不起来就开打，全是竹板子，一沾手掌提起来就带血。富连城出过许多戏曲名家，支撑戏剧界两百年，有人说那都是打出来的。

　　"父亲谭元寿演的戏很多，并不止《沙家浜》，比如《党的女儿》《节振国》等，《沙家浜》已是他成名后的作品。大家看到剧中的郭建光高大威严，其实，父亲个子小，凭的是气势，他演《连环套》中的黄天霸，浑身刚劲，霸气逼人。

　　"我和儿子谭正岩这一代，依然在传承谭派京剧艺术。因时代不同，条件优越，国家支持，领导重视，我就受到过毛泽东主席的接见。现在谭正岩发展势头不错，不仅谭家，国人都对他寄予厚望。京剧的事多，谭家的事多，今天暂且聊到这里，容下次交流，谢谢！"

　　讲座在如雷般的掌声与欢呼声中结束。

谭派盛宴

TANPAI SHENGYAN

2011年12月26日，在"纪念谭富英诞辰105年"之际，北京梅兰芳大剧院，在谭派折子戏专场上，共演出十部经典剧目，将谭派的精彩剧目集中展示给观众。谭元寿、谭孝曾和谭正岩，谭门祖孙三代披挂上阵，李崇善、王平、王立军、张克、韩胜存、卢松、马连生等，一众谭门弟子粉墨登台。那是中国京剧的节日，更是京剧迷们的狂欢之时，梅兰芳大剧院里人们的喜悦与激情，像浪花一样飞扬。当天的梨园，枝头累结谭派丰硕之果，让观众在品味京剧中沐浴谭派的艺术之光，让人情不自禁地怀念与回顾谭派的辉煌历史。

当天晚上，梅兰芳大剧院早已满座，温暖的气氛中带着一股难以抑制的热烈，戏迷们蜂拥而入，一颗颗期盼早早开锣的心难掩激动。谭门后人和弟子们轮番亮相，个个英姿飒爽光彩照人，争相献上各自的拿手好戏，以回报热情如潮的观众。他们将如此之多的谭派经典作品组成一台戏，以其精湛的表演，诠释谭富英高超而卓越的艺术造诣，以告慰谭富英的在天之灵。三个多小时的演出，超越了演出常规，大家没有丝毫的审美疲劳，只有极度的喜悦与欢娱。台上台下似乎忘记了时光流逝，他们沉浸在一场京剧盛宴之中，尽情享受一席丰盛的京剧艺术"谭家大菜"。有的人竟然情不自禁地呐喊："过瘾，今天不虚此行。"

那天的十出谭派经典剧目，可说是出出有来头，戏戏有精彩。比如谭元寿演唱的《秦琼卖马》，那是他曾祖谭鑫培最拿手的好戏，一句"店主东带过了黄骠马"，传遍京城的街头巷尾；以至有"满城争说叫天儿（谭鑫培艺名）"一说。

李崇善演出的《将相和》，是谭富英60年前排演的剧目，至今脍炙人口，成为大型晚会和票友最钟爱的剧目之一，自从该戏诞生至今久演不衰。尤其那些老戏迷，只要一得到演出消息就如蜂扑花丛，特别是一些想看而无票在手的观众，有的在长吁短叹中愁肠堆结，有的则平心静气地在场外"窃听"，哪怕听得一句半言，也觉得有滋有味。

谭孝曾演出的《空城计》，更是谭富英的经典剧目之一，颇受观众喜爱，每看一次都有新鲜的体会。尤其剧中的精彩唱段独具风格而久传不衰，由谭富英塑造的诸葛亮形象深入人心。中国人喜欢听讲三国故事的评书，更喜欢看演出三国故事的京剧，尤其喜爱料事如神的孔明，他的羽扇纶巾，给人深不可测的联想。

王平主演的《战太平》，那是谭派六代不曾歇演的看家戏。后来排演的京剧样板戏，其中英雄人物演唱的那句高八度的导板，大都出自这出戏。特别是其中的快板唱腔，速度之快捷，吐字之清晰，令人拍案叫绝。

王立军主演的《打渔杀家》，当年谭鑫培把这出戏传给了余叔岩，余叔岩与梅兰芳又经过仔细加工与升华，直让古树枝头吐出春意，深受戏迷们追捧。1950 年，梅兰芳将他和余叔岩、谭富英演出此戏的诀窍传授给了谭元寿。如今的王立军，在谭元寿的亲自调教下得其真传，演来自然与众不同。

谭正岩主演的《鼎盛春秋》一戏，是谭富英艺德高尚、成人之美、另辟蹊径、别具一格的杰作之一。谭派在演出风格和人物塑造上，演绎了有别于其他流派的伍子胥。谭正岩年轻英俊，像当年的谭富英一样扮相文静典雅，如用一个字形容的话，那就是无法替换的"帅"。每当他一出台，光彩就将全场照亮，观众无不怦然心动。

张克主演的《定军山》，是谭门独有的剧目，总能让人耳目一新。只要提到谭派，就不能不说到《定军山》，那是谭派戏中的一个标杆，永远一柱擎天。最让人难忘的经典唱段"这一封书信来得巧……"，那些老戏迷即使让他听上一辈子也不够。

韩胜存主演的《朱痕记》，是谭富英与程砚秋合作最多的剧目之一，演遍大江南北而唱响华夏。一个是四大名旦之一，一个是新谭派领袖；每一个身段，每一句唱词，无不令人倾倒。如今的韩胜存，颇具谭派艺术之风，演来自然精彩绝伦。

卢松主演的《问樵》，是一出功夫戏，被称为谭派一绝。谭派的功夫不仅在手上或腿上，即使是一句念白或一束目光，也足以让人感受到其中深不可测的奥妙。凡演谭派戏，必须具备身上功夫，正如行中人所说，浑身都有戏，大多功夫可以用耳听或用眼看，但有些功夫则深藏于内，只能意会不能言传。

马连生主演的《坐宫》，是谭富英与张君秋等名旦多次合作的一出戏。1937 年，谭富英与雪艳琴合作，将京剧《四郎探母》拍摄成中国第一部有声戏曲电影。虽是一页沉淀的历史，但无论何时，只要你打开尘封的纸页，瞬息之间就会心生迷恋。在马连生主演的《坐宫》中回顾谭富英的表演，在谭富英的故事里品味今天马连生的演出，让人回味无穷。

当晚参加演出中的一位女演员，她表演了一出《大登殿》，那种惊艳之感，将人带入梦中还在欢呼。她就是当年由谭富英亲自为长孙谭孝曾选定的媳妇——阎桂祥，一名大家闺秀，尤其在京剧行当里深得锤炼后，戏品与人品双绝，雍容华贵而不染一丝风尘，让人心生无限倾慕。

谭派折子戏专场演出结束后，谭孝曾感叹道：以前一些类似的纪念活动，总是搞一台大戏或演唱会，感觉比较俗没有新意。这次纪念活动，广邀京津沪谭派弟子，共同演绎谭派经典，浓缩了十折戏，集中展现给谭派戏迷。活动得到了谭派弟子的积极响应，演出的折子戏均为他们自愿上报。谭门弟子纷纷表示，要用精彩的演出，纪念谭富英诞辰 105 周年，誓把谭派艺术发扬光大。

那次纪念活动由北京京剧院和梅兰芳大剧院联合主办。北京京剧院李恩杰院长说，谭富英为北京京剧院奠基人之一，被称为"新谭派"领袖，是京剧艺术传承和创新的典范。谭富英之子谭元寿，是当今谭派掌门人。谭富英的孙子谭孝曾，近年来成了北京京剧院最忙的人。他积极参加剧院举办的"唱响之旅"，到上海和武汉等地巡回演出，并在部分演出城市举办京剧讲座，效果很好。北京京剧院近期新排现代戏《宋家姐妹》，谭孝曾虽然不是剧组主创人员，依然为该剧忙前忙后，做出了很大贡献，受到剧院表彰。谭富英的曾孙谭正岩，作为谭家年轻的第七代传人，他不仅认真完成剧院安排的演出任务，还积极投身社会公益活动，以青春的活力与形象推广京剧。

李恩杰说，北京京剧院是一个流派纷呈的院团，其宗旨是传承京剧流派艺术和光大京剧。这次谭派折子戏专场演出，是年轻演员向前辈艺术家学习的好机会，也让广大观众在欣赏谭派艺术中再次感受了京剧艺术魅力。有人评论梅兰芳大师是"以无特色为其特色"，而谭派艺术更是以无派为派。京剧老生始于谭鑫培，号称"无生不谭"，而谭派的继承者则海纳百川，谁好学谁，从不局限于家学，真正做到了学无常师。谭门七代始终遵循这条法则，这是谭派艺术传承七代仍然鼎盛的奥秘所在。

"谭门传七代，半部京剧史"，谭派可说是中国京剧发展的一个缩影。如今，谭派艺术越来越引起业界和社会关注。2011年11月初，国内最大的古戏楼——武汉市江夏区谭鑫培古戏楼开门迎宾。该戏楼位于江夏区谭鑫培公园里，主附楼建筑面积1600平方米，可同时容纳500人品茶观戏，规模超过湖广会馆等古戏楼。2011年11月17日和18日，北京京剧院在该戏楼演出了两场传统折子戏，谭孝曾和谭正岩登楼"踩台"。在北京京剧院"唱响之旅"赴上海演出期间，2011年11月27日至29日，"谭京论戏——谭鑫培和中国京剧艺术展演研讨系列活动"同时在上海举办，开幕式上为"谭鑫培和中国京剧艺术表演体系研究室"揭牌。北京京剧院、上海戏曲学院、谭鑫培和中国京剧艺术表演体系研究室联合举办了"谭鑫培京剧艺术传承展"。

业界人士表示，在纪念谭富英诞辰105周年之际，回顾他舞台艺术生涯的非凡建树，追思他仁厚醇正的艺德人品，感念谭富英那一代京剧流派大师所造就的文化鼎盛繁荣，使我们充满敬意，也激发我们继承弘扬京剧艺术、再造传统民族文化繁荣的使命感与责任感。海纳百川，是谭富英遵循的祖训，也是他中兴谭派成为大师的根基。我们要学习和体悟谭富英这种从艺为人之道，在继承中求发展，在发展中讲继承，使谭派艺术根深叶茂代代相传。

李恩杰院长在研讨活动中详细介绍了谭门的代代传承，他说，谭门的戏曲始祖谭志道，原为武汉汉调演员，进京后与当时京城戏曲界翘楚程长庚和余三胜等合作，为京剧衍变与形成做出了重要贡献。谭鑫培则是京剧史上开宗立派且为京剧走向繁荣做出杰出贡献的一代宗师，他以超凡的艺术造诣，营造了"无生不谭和无腔不谭"的京剧历史气象，对后世百年京剧老生流派的繁盛嬗变，产生了深远影响。他亲手培育出杨少楼、梅兰芳和余叔岩三位京剧艺术巨星，他是京剧变革发展承上启下关键性的代表人物和文化巨匠。

谭小培为一代京剧老生名宿，曾与杨小楼、尚小云、荀慧生（艺名白牡丹）齐名，以"三小一白"享誉梨园。谭富英原名豫升，12岁入"富连成"科班学艺。16岁出科，先后在徐碧云、荀慧生、梅兰芳、程砚秋、尚小云、筱翠花等京剧大家的班社中搭班唱戏达十余年。1935年组班"扶椿社"独挑大梁，1940年袭用祖父谭鑫培班社"同庆社"品牌领衔舞台，成为谭派艺术承上启下的中兴之柱。1949年与裘盛戎挑班的"戎社"合并，组成"太平剧社"。20世纪五六十年代，也与马连良、张君秋剧团聚合，组建了阵容强大、国内一流的北京京剧团。

谭富英嗓音宽亮舒展且高低自如，他的演唱洋洋洒洒如流水行云，看似随意挥洒中，却透出一种珠圆玉润而浑然天成的古朴意蕴。

他的行腔吐字在大处落墨，不留雕琢之匠气；收放之间于小处着眼，尽显微妙精巧，明快剔透中悦耳动听。谭富英沿袭家风，武功根基深厚，许多高深艰难的武打及跌扑等技巧性很强的表演举重若轻；能文善武，是他演艺风格的主要特征。谭富英的表演，对剧情人物体悟深刻，身份性格把握得当，台风超凡脱俗，张弛之间自在从容，彰显了传统文化深邃高邈的品位。谭富英的代表剧目很多，以《定军山》《战太平》《群英会》《失空斩》《乌盆记》《打棍出箱》等为经典。在新中国成立后新编演的《将相和》《文天祥》《赵氏孤儿》《官渡之战》等一系列剧目中，谭富英塑造的舞台形象，个个鲜明灵动，被后世奉为典范。

谭富英秉承了"英秀堂"的庭训遗风，为人厚朴，不事张扬，作艺处世讲求中正，具有传统的君子风度。在抗美援朝的非常时期，突遇父亲病故，面临为人之子的天伦大事，他毅然暂舍亲情而顾全大义，奔赴前线演出，表现出高尚的爱国情操和高洁人品。新中国成立后，谭富英加入了中国共产党，是最早入党的老一辈京剧艺术家之一，为第三届全国人大代表。谭富英在几十年的演艺生涯中，德艺双馨堪称楷模，在业内同仁中有口皆碑。桃李满天下的谭富英，他的弟子有殷宝忠、马长礼、高宝贤、孙岳、施雪怀和李崇善等。谭元寿、谭孝曾、谭正岩谭门三代传承人与众多的谭门弟子们，依然活跃在京剧舞台上，谭派艺人才艺骄人，业绩斐然，这是京剧史册上的一段佳话。

新春演出季

　　2013 年 2 月 4 日下午，在阴历小年的欢乐中，"谭鑫培大戏楼新春演出季"精彩开幕，武汉市江夏籍演艺明星任贤齐、京剧谭门第七代嫡传人谭正岩同台献艺，闻讯赶来的京剧粉丝和歌迷，过了一把国粹京剧和流行歌曲大串烧的足瘾。同为江夏籍在外明星，携手在谭鑫培大戏楼同台演出，青春迷人的风采，婉转抒情的歌喉，优美动听的旋律，这样的组合，多少年难遇一回，怪不得年轻人为此疯狂。

　　谭鑫培大戏楼自建成后，来访的部门和领导络绎不绝，均为戏楼的典雅设计与精心建造赞叹不已。戏楼内外各种演艺活动此起彼伏，尤其是楼外广场上的京剧操，还得到了国家领导人的赞扬。每天近百人穿红戴绿的队伍，步伐一致地在优美和欢快的旋律中变换姿势和阵型，那样的阵式、那样的声响、那样的节拍，给古典的戏楼平添无边的活力。大戏楼是江夏人展示人文魅力的一大平台，更是江夏文化建设的丰硕成果。

在谭鑫培大戏楼新春演出季开幕当天，戏楼与广场上早已聚满期待的人群，一阵铿锵锣鼓催开了人们的心花。锣盘的圆满，预示生活圆满，锣声的高亢，寓意年年向上。在六面金锣高亢而吉庆的打击声中，幕布徐徐开启。谭正岩现场演唱《定军山》《沙家浜》等谭派京剧名段，焕发京剧谭门百年风采，现场观众禁不住鼓掌与呐喊。一曲《凤舞九天》，昭示京剧的发展有如凤凰涅槃，永不止步。《谭门京韵》讲述着国粹京剧的世代传承和梨园芬芳，这不仅是江夏的骄傲，更是武汉乃至湖北和国家的荣耀。祖籍江夏的著名歌星任贤齐一登台，就引起众多歌迷的欢呼，一首《对面的女孩看过来》，使满场青春观众心花怒放。接着一首《春天花会开》，与观众的情绪与心理相呼应，既亲切又热情，让众多年轻的观众，恨不得冲上台去与歌者拥抱。在国粹与流行音乐交相辉映中，开幕式圆满完成。

据有关人士介绍，这次新春演出季，是江南最大仿古戏楼"谭鑫培戏楼"落成后举办的第五次大型演出活动，是地方戏曲与国粹共融的一次盛大展演。此次活动演出时间较长，将从龙年小年持续到蛇年元宵，二十多天的连演，与武汉首届戏曲文化庙会同场并举。戏楼内可容纳 500 位观众尽情享受，楼外的大屏幕实时播放楼内演出，让那些进不了戏楼的观众同步欣赏演出盛况。一场新春演出季，是为季节之春，舞台之春，人文之春。

这次新春演出季，所有专场演出均对市民免费开放，惠民慰民是该活动的宗旨，凡喜爱京剧和地方戏的市民可在演出当日中午，前往谭鑫培大戏楼门前凭身份证领取赠票，每天按戏楼的座位数赠完为止。后来，根据观众强烈要求，为满足观众现场观看需求，适量地增加了楼内站票。2 月 14 日至 16 日，大戏楼的广场上还专场安排了步步高升、狮王争霸等庙会活动。有"江城八怪"之称的艺术家们亲临现场，面对面地给民众表演剪纸、编蚂蚱、转糖人、捏泥人、画脸谱、画葫芦等民间绝活，让人们重温手工制作的精细与妙曼。高雅闲适的青花瓷人的表演，如梦如幻地将古典艺术与新风民乐完美演绎融为一体，将现场观众带入另一番天地。活动演出安排一经公布，市民热情高涨，如潮水般蜂拥而至。

这次新春演出季的具体演出安排包括：

2 月 6 日，黄梅戏专场。湖北地方戏曲艺术剧院演出经典黄梅戏《女驸马》《天仙配》《戏牡丹》和《双簧表演》。沉浸在《天仙配》中的湖北人，无人不会哼上几句"树上的鸟儿成双对"等唱腔。

2 月 14 日，木偶剧表演专场。武汉人民艺术剧院演出《119 与 110》《鳄鱼的眼泪》《新龟兔赛跑》《小木偶之歌》等七个精彩木偶节目。木偶剧演员们活灵活现的动作充满童趣，全场欢声笑语不断。尤其是小朋友们，紧随着剧情表演在咿咿呀呀中对照模仿。

2 月 15 日，楚剧专场。武汉楚剧院演出代表剧目《葛麻》和《送香茶》。一出《翠花女检过》（又名《荞麦馍赶寿》），唱出了人间世态，唱出了人性的善良与悲情，注定在日月轮转中经久不衰。

2 月 16 日，京剧专场。湖北省京剧院演出《天官赐福》《三岔口》《锁麟囊》《天女散花》《大登殿》。国粹的魅力无人能挡，国人青睐京剧，国粹不负民众。

2 月 19 日，为满足戏迷要求，主办方决定于上午和下午，临时加演了两场专业剧团表演的皮影戏。湖北五个皮影剧团联合演出《猪八戒背媳妇》《程咬金大破铜关城》《武松打虎》《龟与鹤》《大闹天目山》等七场皮影戏，

2 月 24 日，闭幕式暨楚天名角汇演。将演出季推向高潮并圆满闭幕。

2 月 6 日至 24 日，演出季汇聚湖北戏剧名家、名段，推出黄梅戏、木偶戏、楚剧、京剧、皮影戏等专场演出。近万名戏迷免费进场听戏，大戏楼天天观众爆满，戏楼里外人气爆棚。

同期举办的 2013 武汉首届戏曲文化庙会活动内容：

天降财神。正月初五，为传统民俗中财神的生日，庙会特别组织由戏剧演员装扮成财神，为民众祈福送福，吸引无数市民前来观赏并争相与财神合影，祈求新的一年财运连连。

步步高升。正月初六，踩高跷、划龙船、戏蚌壳精等经典民俗表演，这是传统节目，为中老年所钟爱。整场活动迎来阵阵高潮，连外籍友人也争相与演员合影，他们用不太标准的汉语笑说，要沾点儿中国年的喜气。

狮王争霸。正月初七，新年假期最后一天，逛庙会的人群直将活动热潮推向巅峰。这一天，中国传统民俗文化的代表舞龙与舞狮，在谭鑫培大戏楼门前广场上为大家带来了一场生龙活虎的表演。祝福大家新的一年龙马精神，一年更比一年好。

正月十五元宵节那天，何祚欢、田克兢、王丹萍等，群星荟萃，朱世慧、程丞等，名角齐聚，为谭鑫培大戏楼新春演出季暨 2013 武汉首届戏曲文化庙会画上圆满句号。新春演出季曲终人未散，流连忘返的观众，翘首期盼日后好戏连绵不断。

谭鑫培大戏楼新春演出季暨 2013 武汉首届戏曲文化庙会，从筹备到闭幕，前后历时两月有余，为民众带来了七场大戏和丰富的广场庙会活动，民众满意的反馈给组织者带来一份忙碌后的宽慰。整个新春演出季活动现场，天天人山人海，超出当初预想，让数万武汉民众在"过大年，看大戏"的话题中津津乐道。活动也引起了省市各级领导的关注和重视，主张在总结经验中更进一步推广和传承。省市主流媒体和地方媒体争相报道活动盛况，民间则直接将此次活动誉为"最具湖北特色的新年文化大餐"。今后，主办方计划以谭鑫培大戏楼为阵地，加强专业策划，增强艺术特色，持续开展全省票友大比武、京剧文化高校巡礼、全国知名剧团巡演等形式多样、内容丰富多彩的活动，将谭鑫培大戏楼打造成全城共知共赏的著名文化品牌，使谭鑫培大戏楼成为武汉最负盛名的旅游胜地之一，带动江夏乃至武汉的文化事业发展，成为建设武汉文化五城、复兴大武汉文化战略中一面鲜艳的旗帜。

戏曲达人秀

随着物质生活水平不断提高，民众对精神文化生活的需求越来越强烈。在国家振兴戏曲的号召下，戏曲爱好者和票友队伍不断发展壮大，形式多样的票友大赛、戏曲表演和戏曲文化活动，越来越受民众欢迎。

为加大力度擦亮五张文化名片，着力打造谭鑫培京剧文化品牌，进一步弘扬国粹，实现文化惠民，充分利用全国一流仿古戏楼——江夏谭鑫培戏楼的优势资源，江夏区决定在武汉市范围内，开展

2013"谭鑫培杯"戏曲达人秀——江夏谭鑫培戏楼梦想之旅活动，给广大票友和戏迷提供一个展示自我风采的舞台机遇，给广大民众和戏迷带来一场别开生面的文化盛宴，使戏曲振兴得到实质性推动。

此次活动由武汉市委宣传部、江夏区委、区政府、武汉市文化新闻出版广电局、武汉市文学艺术界联合会、卓尔发展集团有限公司（与江夏区签约谭鑫培戏楼经营管理）主办；由江夏区文联、区文化局协办。为此，特成立了由市委宣传部副部长为主任的活动组委会，由市委宣传部下文召开全市 13 个区区委宣传部分管领导参加的动员大会，同时还成立了由武汉市群众艺术馆副馆长为主评委的评委会，江夏区委办公室主任为主任的安全保障组。

为确保活动顺利和高水平的开展，收到预想效果。评委会斟酌确定了参赛资格和比赛规则，对参赛选手的专业性、年龄和唱腔、走台等细则进行严格规定。本次参赛选手，必须为非专业戏曲演员，参选戏曲限制在京剧、汉剧、楚剧、豫剧、越剧、评剧和黄梅戏 7 个剧种之内。为保证对戏曲表演专业性评议的准确与公正，凡大赛评委，均为戏曲艺术领域中的国家一级演员，能够从专业视角对参赛演出进行点评和指导。

考虑到面向全社会海选存在人手限制难以大范围开展和无法保证参赛者水准等问题，江夏区上报市委宣传部，最终决定通过全市13 个区各区文化馆掌握本区戏曲爱好者的水平，经过区内筛选后再上报参赛，同时在网易、腾讯、荆楚网等网站媒体上通告个人报名参赛方式，最终共有 529 人获得报名参赛资格。经过周密部署和精心设计，组委会制定出台一整套切实可行的方案实施细则，于 2013 年 5 月 22 日正式拉开了这场戏曲盛宴的帷幕。

卓尔集团董事长在开幕式致辞中说："三个月前，在武汉市委宣传部的大力支持下，江夏区委、区政府、卓尔控股有限公司联合举办了'谭鑫培大戏楼新春演出季'活动。今天，我们再次相聚谭鑫培大戏楼，发起 2013'谭鑫培杯'戏曲达人秀活动。希望通过本次活动，进一步打响谭鑫培文化品牌，为弘扬优秀传统戏曲文化，丰富群众文化生活，助推武汉建设'艺术之城'，做出自己的贡献。我们将调配充裕的人员和资金，精心组织，期待戏曲达人秀活动推出一批富有感染力的戏曲明星，将达人秀活动及谭鑫培大戏楼打造成武汉乃至全国知名的文化品牌。只要你勇敢专注，想唱就唱，每个人都是戏曲达人。为了让更多的人欣赏戏曲，让武汉悠久厚重的戏曲文化得到发扬光大，让我们的城市变得更有风度和韵味，我们组织开展本次活动。让我们唱响谭鑫培、唱响江夏、唱响武汉！"

为做到公开、公平、公正原则，大赛组委会制定了一套严格的评分规则：

一、评分规则

比赛按 10 分制评分，精确到小数点后 2 位，取评委所给平均分为参赛者最终得分。

二、具体得分标准

1. 声音圆润、吐字清晰——2分；

2. 行腔自如、韵味醇厚——2分；

3. 声情并茂、表演细腻——2分；

4. 动作协调、感染力强——2分；

5. 功力扎实、特点突出——1分；

6. 伴奏和谐、配合默契——1分。

能力测试部分满分为0.5分：即意思清楚为0.25分，动作准确为0.25分，该分数将与选手在前一环节中所得的分数相加，成为选手的最后得分。如有争议，将由组委会最终裁决。

根据活动总体要求，武汉市各区共安排了12场海选（从2013年6月22日——9月1日），每半个月举办一次，周六、周日各一场，必要时可按实际需要增减场次，地点设在武汉市江夏区谭鑫培戏楼内。海选具体场次安排如下：

6月22日：江夏区，参赛人数50人；

6月23日：汉南、黄陂、新洲、江夏（四区联合），参赛人数38人；

7月6日：江岸区，参赛人数59人；

7月7日：江汉区，参赛人数43人；

7月20日：青山区和部分个人选手，参赛人数42人；

7月21日：洪山区，参赛人数40人；

8月3日：汉阳区，参赛人数39人；

8 月 4 日：武昌区，参赛人数 41 人；

8 月 17 日：蔡甸区，参赛人数 39 人；

8 月 18 日：硚口区，参赛人数 47 人；

8 月 31 日：东西湖区、硚口区，参赛人数 42 人；

9 月 1 日：东西湖区，参赛人数 48 人。

通过海选初赛评议，共有 120 名选手进入复赛，时间为 8 月 23 和 24 日全天在谭鑫培戏楼举行。进入复赛的选手中，京剧 57 人，汉剧 4 人，楚剧 22 人，豫剧 4 人，越剧 16 人，评剧 2 人，黄梅戏 15 人。复赛选出 30 名选手进入下一轮，于 9 月 6 日至 7 日在谭鑫培戏楼举行决赛。凡决赛获奖节目，在九月中下旬由专业老师对选手进行培训指导，之后安排在闭幕式暨颁奖晚会上演出。

从 5 月 22 日启动活动开始，前后历时数月，共计举行了 12 场初赛、4 场复赛、2 场决赛，选手不仅要参赛表演曲目，还在决赛中增加了能力测试环节，以此来考查参赛选手的戏曲基础知识和现场应变能力，达到戏曲艺术与文化素质的综合展示。2013 "谭鑫培杯"戏曲达人秀——江夏谭鑫培戏楼梦想之旅活动，为武汉市范围内首次举办的非专业演员戏曲比赛类节目，全国相同类别比赛尚屈指可数。

由于参赛选手均为非专业戏曲演员，与专业演员相比，缺少系统性训练。为确保演出质量和参赛选手在比赛中能有所收获，以利于提高自身戏曲表演水平，活动还专门设置了导师培训环节。尤其在决赛后，针对获奖选手进行 4 天专业辅导，并在武汉市群众艺术馆进行走台预演，提高了颁奖晚会的节目演出水准。此举深受参赛者赞扬，他们在专业指导下获得戏曲表演艺术的提高，感激之情溢于言表。

为展现选手风采，展示比赛成果，大赛组委会决定于 2013 年 11 月 20 日在江夏谭鑫培戏楼广场举办 2013"谭鑫培杯"戏曲达人秀——江夏谭鑫培戏楼梦想之旅颁奖演出晚会。

从 5 月份拉开序幕，历经 12 场初赛、4 场复赛、2 场决赛，共有 5 位选手分别夺得京剧、汉剧、楚剧、越剧、豫剧戏曲达人桂冠，10 位选手获得最佳表演奖和最佳风尚奖，13 个区获得优秀组织奖。晚会采取表演和颁奖交替的形式进行，共计优选九个节目回报观众：

1.《开创未来铸辉煌》戏曲表演唱伴舞。表演者：大赛评委、著名戏曲表演艺术家林婷婷；伴舞：王耀丽、徐媛芳、郑汉梅、李克玲、姜因、祁东梅。

2. 楚剧经典选段《咏梅》。表演者：大赛特邀评委、武汉市楚剧院青年团团长、国家一级演员周娟；伴舞：武汉群星艺术团。

3. 京剧联唱。表演者：大赛评委、武汉京剧院著名京剧表演艺术家陈幼玲。

4.《红楼梦》选段，《天上掉下个林妹妹》和《金玉良缘》。表演者：著名越剧表演艺术家贺亮敏携本届大赛优秀选手孙立新等联演。

5. 汉剧《王昭君》选段。表演者：大赛评委、武汉汉剧院著名青年演员王荔为。

6. 黄梅戏表演唱《天女散花》。表演者：新星艺术团。

7. 京剧与汉剧联唱《贵妃醉酒》。表演者：大赛优秀选手李克玲和徐博。

8. 现代京剧联唱。表演者：大赛优秀选手钟晓梅和易春梅。

9. 经典戏曲联唱《梳妆》（楚剧选段）、《西湖山水》（越剧选段）、《江水滔滔》（黄梅戏选段）、《谁说女子不如男》（豫剧选段）。表演者：大赛优秀选手姜因、尹莉、林杨、祁东梅，以及郑汉梅与徐媛芳。

最佳风尚奖获得者：

1. 洪山区文化馆选送的王世宁；

2. 江岸区文化馆选送的孙立新；

3. 蔡甸区文化馆选送的蔡春兰；

4. 江夏区文化馆选送的钟晓梅；

5. 硚口区文化馆选送的陈蕾。

最佳表演奖获得者：

1. 武昌区文化馆选送的林杨；

2. 蔡甸区文化馆选送的周大艳；

3. 蔡甸区文化馆选送的吴良涛；

4. 洪山区文化馆选送的徐博；

5. 江汉区文化馆选送的杨越。

优秀组织奖：

1. 江岸区文化馆；

2. 江汉区文化馆；

3. 武昌区文化馆；

4. 汉阳区文化馆；

5. 青山区文化馆；

6. 洪山区文化馆；

7. 硚口区文化馆；

8. 江夏区文化馆；

9. 东西湖区文化馆；

10. 黄陂区文化馆；

11. 蔡甸区文化馆；

12. 新洲区文化馆；

13. 汉南区文化馆。

最受大家瞩目的戏曲达人奖获得者：

1. 武昌区文化馆选送的李丽超；

2. 江汉区文化馆选送的姜因；

3. 江夏区文化馆选送的尹莉；

4. 东西湖区文化馆选送的祁东梅；

5. 青山区文化馆选送的王桃林。

颁奖晚会在武汉新星舞蹈团的戏曲舞蹈《俏花旦》中落下帷幕。

本次大赛汇集了京、汉、楚、豫、越多个剧种，采用经典剧目选段与现代艺术形式相结合，具有较好的审美情趣和价值。省市戏剧界知名艺术家出席晚会并亲自登台，将晚会推向高潮。此次达人秀活动影响很大，一经媒体披露，迅速引起全国各地引起反响。比赛前后接到来自全国各地数以千计的电话，有戏曲爱好者，也有相关组织，有咨询取经的，也有要求参赛者。特别是本次活动得到了北京谭家的鼎力支持，谭孝曾率子谭正岩亲临开幕式并登台演出助兴，给参赛选手带来极大鼓舞。

戏曲艺术源远流长，得益于一代又一代戏曲人努力地拼搏和创造；戏曲艺术的生生不息，依靠一代又一代戏曲人不断的传承与发展。自第一次"谭鑫培杯"戏曲达人秀成功举办之后，大赛活动已更名为"江夏杯"京剧艺术大赛，与武汉市"京剧艺术节"分年交替举行，形成北有天津"和平杯"，南有谭鑫培故乡"江夏杯"的南北呼应之势。

武汉访谈

W U H A N   F A N G T A N

　　连续十多年的《京剧谭门》资料收集，我深知如果没弄清汉剧与京剧之缘，必然会遗漏最初的历史。尤其是一个武汉人，在弄懂汉剧之后去研究京剧、研究谭门会更加顺畅。因此，我希望通过采访相关人物以更多地了解汉剧与京剧的历史。经过多次查访与商议，胡汉宁（因对谭鑫培祖居的考察和著述，早为江夏人熟知）之外，皮明庥和刘绍棣被列入必访名单。皮明庥为武汉知名文化人，对汉剧具有很深研究，出版过多本理论专著。刘绍棣为武汉市作协驻会副主席王新民特别推荐。我第一次知晓谭鑫培为江夏人的时候，带着一股创作冲动向王主席汇报。常在热情喷发中现场赋诗的他，顿时被我的热情点燃。他说，早在几年前，他根本不知道谭鑫培是江夏人，对京剧也不甚了解。但有一次在聆听刘绍棠的京剧课时，作为一个门外汉，都被他关于谭鑫培京剧艺术的讲座所打动。他说："刘绍棠讲得真好，你要写这方面的文章，如果早几年去听听他的课就好了，可惜他已经走了。但你可以去找他的弟弟刘绍棣，他是京剧演员，想必对谭鑫培也不陌生。"经与刘绍棣老师联系，他爽快答应接受采访。

一

那天，江夏区文联的蔡主席早晨开车来接我一起去采访胡汉宁，下午再找皮明庥，刘绍棣则留待下一次专题采访。与胡汉宁老师接头较顺，我们婉谢胡老师热情相邀去他家喝茶，在附近酒店订了一个房间，大家边喝茶边聊。

蔡主席先向胡汉宁老师说明来意，主要为创作《京剧谭门》采访而来，诚请专家提出指导意见，更希望知无不言地向我们多多讲述谭鑫培与武汉江夏、京剧与汉剧的关系。

蔡主席开门见山地问："自从谭鑫培离汉以后，有的人说他来过武汉演出几次，更有人说他还亲自去找过谭家湾未果。不知真实情况如何？胡老师能否对此给我们一些提示。"

"你们专程而来，保证知无不言。你们也知道，我对戏曲是终生不移的情结，特别是对谭鑫培祖居的考证，我肯定会竭力帮忙。当然有些历史争议，我只能谈谈个人见解，供你们参考。"胡老师客气回答。胡老师那天分外热情，他的谈话条理清晰，十分严谨。

胡老师对我们娓娓道来：

你们书写《京剧谭门》，不能仅限于写京剧或汉剧，要深挖历史文化之根，要与楚文化相连接，着力刻画楚人精神与谭鑫培京剧艺术的成因，这样才有根基。

谭鑫培集京剧艺术之大成，他重点吸取了昆曲营养，其他如秦腔和梆子等其他艺术的影响应居相对次要的地位，这点不能本末倒置。原来的戏曲没有行腔，所以被人称之为乱弹。戏曲历史上有花雅之争，昆曲就是被称为阳春白雪的雅部。在京剧盛行之后，昆曲才逐渐退出戏曲统治地位。

人们常常在谭鑫培的京剧里寻找情感寄托，比如：思念母亲就唱《四郎探母》，境况落魄就唱《秦琼卖马》，心情散淡就唱"我正在城楼观山景"，他的七张半唱片是经典中的经典。我的意思，无论什么作品，切莫忽视情感传递，这是人性所在，文学创作也一样。

我考证的谭家祖籍地谭左湾当年为武昌驻军部队军粮的主要供应地，谭家米铺的关系与地位很重要。谭成奎究竟是捕快还是衙门官员？可以探讨。虽说我们不一定能百分之百地将其考证清楚，但书写不能随意，要经得起检验，起码要自己可以说出一二三的依据来。

汉剧的历史比楚剧早，谭志道当时是唱汉剧的，无疑为票友出身。他不仅能演老旦，其实，他的老生也演得不错，只是京城缺乏的不是老生而是老旦。所以，谭志道是被历史推上了老旦的位置，而非他个人选择。在京剧老旦一角中，你可以查看历史，当时几乎没有人能超过他，程长庚对此有过很高的评价。谭鑫培的老生艺术，离不开谭志道的家传。

黎元洪当总统，是否可以成为你们作品创作中的一个背景，这点我的考虑不太成熟，你们自己把握。黎元洪是武汉黄陂人，在他就职那天，谭鑫培就为他唱过戏。但谭鑫培不愿为袁世凯登基演出，致使遭受很大压制和打击。以此看来，在情感之外，谭鑫培还具有政治洞察与人格尊严。

谭左湾的左婆婆，出身名门之家，是否因为谭家湾与左氏联姻，就此奠定了如今湾村名称中"左"字的基础？我只有思考，还没有深入研究，如果有时间，你们可以继续考证一下。谭左湾的人并非从事纯农业种植，多数人从事打贩挑，还有很多唱戏的，汉调老旦戏也有名，是否因此而名叫九夫村？还是有其他文化成因，我尚无定论。谭左湾几代人爱唱戏，成立了远近闻名的戏班子，除了爱好之外，的确还有一份"荒年饿不死手艺人"的乡俗文化支撑。

少年时代的谭鑫培，在湾前湾后曾找蛐蛐玩，是否因此种下了后来宫廷斗蛐蛐的伏笔，假如写谭鑫培的生活，斗蛐蛐肯定是其间精彩的一笔，具有一定的传奇性。慈禧太后也爱斗蛐蛐，因有共同爱好，才赏给谭鑫培那么多蛐蛐罐。

演员倒仓恢复一般很慢，而且都是在不经意间降临。戏班中老师对倒仓学徒的恢复指导十分科学严格，睡觉的姿势最好选择侧睡，"侧龙扑虎仰摊尸"，这是中国传统文化。谭鑫培倒仓是在台上演出中突然发生的，这对他的打击相当大，来得突然，完全失声，一个字都唱不出。后来即使恢复，也未能达到他前期的音高，所以，他在孙小六的指导下，根据自己的声音特点，开创了韵味派唱法，成了戏曲中的经典。

汉调花旦吴鸿喜，湖北人，曾唱红上海，梅兰芳还向他学过《贵妃醉酒》。他与谭鑫培也有交往，是否采写，怎样写，能否找到详尽的资料？我只能提示。

不要将谭鑫培写成清心寡欲的大师，大师不食人间香火的观点我不赞成。在此必须申明一点，我支持全书文学化创作，不拘一格，不要写成理论专著，那不是你的特长，更不是读者的期待。你可去故宫和梅兰芳纪念馆多查点资料，要填补历史空白，不仅要出彩，还要出奇，作品的可读性和质量就出来了。

二

完成了对胡汉宁的采访，下午我们直接去汉口找皮明庥老师。三点钟，我们准时敲开皮老师的家门。

皮明庥当年82岁，比胡汉宁大很多，前两年轻度中风过一次，后来又犯了青光眼，对面看不清人，行动有些困难，妻子叫他，小半天才从里屋走出来。还是蔡主席首先开腔说明来意，我简单补充两点，请皮老师一是在《京剧谭门》落笔前给予指导，二是介绍谭鑫培与湖北的关系。

皮老师很客气也很严谨，他提到一点较为重要，一定要将汉剧的精髓写进去，以此筑牢与京剧的传承关系。他提到了汉剧中的吴天保，那是早于陈伯华的名伶。他还提到一本《戏曲十日谈》的刊物，他曾经读过，上面登有谭小培在汉口车站送别的照片，但他手上没有文本，答应帮我们联系，一有着落便来告知（令人惋惜的是，皮老师突然走了，再也无法弥补这一遗憾）。

皮老师像胡汉宁一样，极力支持《京剧谭门》创作的文学化，认为应当尊重历史和艺术，但不能太过拘谨，否则就扼杀了灵性，失去了可读性。皮老师提议我们去找一找吴大棠，还有朱世慧，王新民老师提到的刘绍棣他也熟，采访这几位都是有益于《京剧谭门》创作的。虽说皮老师身体不大好，他却一口气给我们讲了好多。鉴于皮老师身体原因，我们不便久坐，他也婉拒了我们就近喝茶小聚的提议。

三

2013 年 10 月 31 日，拜访刘绍棣老师的行程终于启动，还是区文联蔡主席与我同行，我们一路往汉口进发。我们与刘老师碰面后一起前往茶室，边喝边聊。

刘老师很有修养也很有个性，他坦率地将观点与思考和盘托出，究竟能采纳多少，他让我自己斟酌。对刘绍棣老师的采访不仅对《京剧谭门》创作，且对谭派文化品牌打造具有启发性。

刘老师说：

写谭不应只写谭，人物、事件、艺术，都不能单一。要注重艺术生活化和人物的鲜活性，不要将谭鑫培写成高高在上的圣人。尤其是汉剧与京剧，江夏与北京，都要做到有机连接。经过交流，我不担心你的创作水平，只怕你受谭鑫培地位之高和国剧之重的约束。

江夏历史悠久，先有涂口后有汉口，一方水土养一方人，根源十分重要。《京剧谭门》不仅要写江夏，武汉也要写，人文历史，戏曲历史，武汉戏码头文化不能丢。要融历史与今天、国事与家事、京剧与汉剧、生活与艺术于一体，力争写成一部经典的综合性巨著。

谭鑫培戏楼，全国并不多见，我看过之后深感震惊。江夏了不起，盖了这么一座好戏楼，这是一种文化贡献。历史不能忘嘛，武汉的老戏楼基本没有了，让我们的后代怎样去寻根呢。

《京剧谭门》的书写，要借鉴三国志和三国演义的区别，传奇而不失真。我不赞成戏说，作品可以文学化，但不能泛滥无边，更不能堆积糟粕，要精于创作和描写，让人在享受艺术中回味生活，在生活中享受艺术。

谭鑫培的伟大之处在于改革创新，这应当是作品创作的重中之重。谭派也是这样，谭富英创建新谭派，被国人赞颂，他的路走得对。对整个京剧而言是这样，今天的谭派传承更是这样，没有创新就得不到弘扬，哪来的出路呢。

谭鑫培的手、眼、身、法、步，处处精妙，无一处不妙到毫巅，这被我们戏曲人永远的崇拜。尤其是他将中国戏曲由原来的听戏引领到后来的看戏，这一进化太了不起了。改戏词，改行头，改结构，改角色，谭鑫培无所不能，他对戏曲具有驾轻就熟的驾驭能力，在举手投足之间均显智慧出彩，这就是谭鑫培的伟大之处，至今无人能超越。例如对于《宝莲灯》的改革，他去除了迷信色彩，强化了文化艺术性。

作品无情不感人、无技不惊人、无理不服人、无趣不悦人。开篇要让人在自觉中展望，可借用电影蒙太奇的手法，结尾要让人在不尽中回思。是否可以采用章回式结构？你可以斟酌。

　　谭鑫培出生于江夏，北上学艺登台，杀进京都，徽汉合流，一生的辉煌，可写的很多，但要写好并不容易。谭鑫培师从程长庚、余三胜，传艺于杨小楼、余叔岩、梅兰芳。后来，余叔岩又教授谭富英，谭正岩名字的由来，这些精彩历史都可以重点写。

刘老师语重心长地对我说：

　　你搞创作切莫太谨慎，要敢于打破传统，借用古老的故事写出时代新意，要与潮流接轨，成功地吸引读者。谭鑫培 170 周年寿诞是一个很好的契机，我建议该书出版与其对接，让活动展演与作品出版两合一，制造轰动效应。

　　谭鑫培曾经当过看家护院和押标的经历，是艺术之外的重彩，切勿疏漏。当年北上，是走水路还是走旱路，一定要有深度思索与资料考证。谭鑫培有心栽培杨小楼的细节必须写出彩，打破谭鑫培保守不传艺的歪说。谭富英的初恋情人，被谭小培强行拆散，这一点不能抹掉。戏曲家族的联姻和世俗传统，要写出新旧观念的对立矛盾，在真实的基础上艺术化。

最后，刘老师对江夏谭鑫培文化项目的建设也提出了一些思考。

他建议建设一条京剧艺术博览长廊，或建设一条仿古街和一个戏剧人物摄影中心。

三位老师讲了很多情节生动的故事，在《京剧谭门》前三卷中有所展示，在此不再赘述。

北京过小年

一

为了筹划 2017 年 4 月 23 日"纪念谭鑫培诞辰 170 周年"系列活动，与全国政协京昆室和北京谭家做好事前对接，由江夏区委常委、区委宣传部长亲自领队，特邀区政协主席同行，包括我在内的一行 7 人于 2016 年 12 月 19 日启程赴京。

我从小体质较弱，年年冬天总避不开感冒缠身，前几天又咳嗽加剧，因知道宣传部近期会启动北京之行，一有症状那天就速去医院治疗，幸好有所缓解。接到区文联蔡主席赴京的通知，我咬牙应答，不能因我一人而影响已定的计划。虽然活动方案制订与我并无重要关系，但《京剧谭门》卷一样稿征求意见，作为作者的我无法置身事外。面对全国政协领导和谭家，一要汇报书籍内容；二得当面听取意见，以便及时修改，该书必须赶在活动前出版，人民出版社那边早在催稿。

长篇纪实文学作品《京剧谭门》四卷本，全书预计超百万字，全面记述和充分展示谭门七代传承京剧艺术的传奇经历，将填补我国还没有一部作品完整书写谭门历史的空白，对江夏打造谭鑫培京剧文化品牌也至关重要。历经十多年资料收集和人物采访，也不知经过多少个夜晚灯光下的煎熬，好不容易迎来卷一完稿。虽说江夏有关领导对此给予高度赞扬和鼓励，但一个非京剧艺术门类的作者创作的作品，究竟质量如何，能否能得到全国政协京昆室领导和谭家认可，大家心中难免存疑。所以，《京剧谭门》卷一出版前能否顺利通过北京方面审阅，江夏人拭目以待。

12月19日中午，江夏一行在区委北门集中乘车去武汉火车站乘坐高铁赴京。根据区文联蔡主席安排，我携带了两本《京剧谭门》卷一样书（谭孝曾已于早前邮寄）。因路上时间延误，到达北京时已过八点。驻京办的胡主任亲自开车来接，因我们在火车上已用过盒饭，免去晚餐安排，上车直奔住宿酒店。一抵达酒店大家即坐下来拟定明天的行程。

看过活动安排表，晚上我向蔡主席请教有关《京剧谭门》汇报和出版事宜。有关出版事宜，领导已明示由我负责联络，绝不能因我的疏忽而受影响。蔡主席的意见是第二天赴全国政协京昆室汇报为第一要务，与出版社商谈有待赴政协汇报后再行安排，嘱我不忘及时提醒。

北京近几天的空气质量为红色预警，加上天气特别干燥，原本有点低烧的我感觉鼻子里像火烧一样。去全国政协的路程并不太远，第二天我们去得有点早，通话后由京昆室办公室王主任出门来接。我们刚坐下，谭孝曾老师也到达。

那天，由京昆室刘副主任（全国政协副秘书长）负责接谈，办公室王主任等领导参加，王主任曾经为筹办"海峡两岸暨香港、澳门中国戏曲艺术传承与发展论坛"去过江夏，蔡主席与她有过交往。因为多种因素，那个论坛暂时还没有定论，王主任谦虚地说他们还欠我们江夏一次活动，争取找机会弥补一下。在谭孝曾老师负责相互引荐之后，江夏方面开始汇报，主题为"纪念谭鑫培诞辰170周年"活动，共设五大议程：一是在谭鑫培公园广场举行开幕式，二是召开一场谭派京剧艺术研讨会，三是《京剧谭门》卷一首发式，四是谭鑫培大戏楼奠基，五是邀请京、津、沪、汉四地京剧名家联演。

关于举办"纪念谭鑫培诞辰170周年"活动，江夏方面诚请全国政协京昆室作为主办方。经过一番交流与讨论，鉴于领导出席和组织对接诸多事宜衔接不好操作，刘副主任主张还是由地方主办、京昆室参与为宜。刘副主任说开展这个活动的大方向是好的，更是可行的，中宣部部长对开展该项活动已经作了批示。刘副主任进一步说明，如果江夏坚持让京昆室主办，他们当然也乐意，但是那得由省市提出书面报告。根据前面叶盛兰和袁世海相关活动举办的经验，他们直接请示了中宣部和文化部，江夏可以仿效，谭孝曾（全国政协委员）是理想的联络人选。刘副主任走后，办公室王主任就活动的具体操办与我们作了详细研讨，活动方案更加明朗化。江夏区各位领导十分高兴，有了全国政协领导的支持，办好此次活动的信心大增。活动开展是肯定的，究竟由谁来主办，有待回汉向省市有关部门汇报后再定。

我当场将《京剧谭门》卷一样书分别呈送给京昆室刘副主任和办公室王主任，区委宣传部向部长向领导们作了作者身份简介。根据事先安排，我将《京剧谭门》的创作宗旨和内容作了简略汇报。刘副主任态度十分谦和，对江夏特别关注。在我汇报之后，谭孝曾老师对《京剧谭门》卷一给予很高评价。他说，写谭鑫培的书我最少看了几十本，但系统书写谭门的书至今没有一本，这本书可说填补了一个空白，这不仅对谭家，对中国京剧史的书写都是一个重要贡献。他个人认为《京剧谭门》是他读过的有关谭鑫培书籍中最好的一部，一是打破了俗套，二是还原了谭鑫培的历史，写得非常成功。在谭孝曾的一番肯定下，办公室的王主任笑着说，谭孝曾委员既是谭家人又是专家，他说好肯定是好。我对江夏和作者表示祝贺！

中午，京昆室领导婉拒了我们共进午餐的邀请。谭孝曾老师也不能参加，因阎桂祥老师手腕受伤，缝了十多针，谭元寿老爷子前几天也不小心摔伤了头，去医院缝了针，谭老师这几天成了家中的超级护理，必须尽快赶回去。他知道我们北京之行任务重时间紧，婉拒大家前往家中看望，因为江夏人去了老爷子难免激动，于他恢复不利。待老爷子身体康复之后，大家有时间再一起坐坐。面对谭孝曾老师的诚恳言词，我们只得顺从，不便上门相扰。

全国政协京昆室之行非常成功，大目标已定，压力顿减。下午，区委宣传部向部长他们要去一家文化公司专题考察江夏城市文化标志拟定事宜，我则负责与人民出版社联络。五点半钟，人民出版社的编辑应约前来商谈，向部长他们正好赶回。经过近一小时的交流商讨，双方就《京剧谭门》出版的后续事宜顺利达成一致。

12月21日，谭孝曾老师应邀前来酒店，逐项商讨活动方案的制订，包括北京方面邀请参加的人员级别、数量、联络、前往方式等，一一作了详细探讨。有关演出安排，谭老师的意见是邀请北京京剧团整体承接，由湖北、武汉安排部分节目插入演出，一是便于操作，二是保证质量。北京方面"纪念谭鑫培诞辰170周年"活动定在2017年7月，江夏的活动初定4月（谭鑫培生辰），时间并不冲突。江夏方面基本同意谭老师的意见，请他代为联络和拿出具体方案。

北京之行十分顺利，看得出区政协江主席心情特别好。在回程的高铁上他对我说，这次北京交流，谭老师和有关方面领导对你的创作给予了充分肯定，我们听了都很高兴，更为你自豪。你一定要再接再厉，将后三卷写好，充分体现江夏人的水平，来不得半点马虎。我对江主席说，请领导相信，我必将尽最大努力创作，不辜负领导期望。江主席对向部长一笑说，这次受你之邀来北京，我的确是被动而来，却满意而归，收获巨大，感谢你啊。这回真来对了，像这样事关文化方面的大事，你以后再邀我还来。江主席的一席话说得大家都笑了。向部长说，有了领导的理解和支持，我们今后的文化工作就更好开展了！江主席一拍胸脯说，以后你们宣传部和文联在文化工作上有什么困难尽管来找，我将尽全力帮你们争取政策和资金支持。这次北京之行，改变了区政协领导对文化工作的认知和增强了支持，这是江夏文化工作之幸。

二

时间的脚步从不等人地前行，"纪念谭鑫培诞辰 170 周年"活动方案落实日益逼近，特别是北京方面的人员安排和京剧院的演出事宜，根本容不得春节过后再定，必须赶在年底前再次进京联络商议。于是，由区委宣传部毛副部长领队，我们一行四人于 2017 年 1 月 21 日再次启程进京。这次全程一切皆顺，抵京后住宿在谭孝曾老师家附近的酒店，便于与谭孝曾老师对接。根据行前通话安排，第二天上午我们即和谭孝曾老师碰头，下午去北京京剧院交流确定演员阵容、剧目和演出时间安排。第三天即与人民出版社洽谈并正式签订《京剧谭门》出版合同，确保书籍出版时间。

当天晚上，我们就近在酒店门前选了一家小酒馆进餐，那天恰好是小年（北方小年是腊月二十三，南方大多为腊月二十四）。毛副部长感慨地说，实在对不起大家，这次因"纪念谭鑫培诞辰 170 周年"活动的时间确实有点赶，不然也不会把大家拖来北京过小年。今天我们一起在北京过一个别样的小年。毛副部长的话确实让大家深受触动，虽说与家人两地相隔，但思念却是温暖的。这是我第一次在外地过小年，十分难忘。

按照计划，1 月 22 日由谭孝曾老师领队，我们再次去北京京剧院当面洽谈，晚上则去看望谭元寿老爷子。第二天，我们十点半钟出发，先去谭老师家。谭老师预订了他家楼下的茶社，喝茶用饭二合一，并以他们已经办卡为由，坚决不让我们买单。阎桂祥老师受伤的手还包着纱布，毛部长即当面向阎老师表示上次来京理当上门看望，却被谭孝曾老师婉拒，今天特表达对阎老师康复和春节的双重祝福！谭孝曾老师将他对《京剧谭门》卷一文稿的修改意见写在了一张纸上交给我，改动量比我预计的少得多。谭孝曾夫妇双双对书稿给予了高度赞赏，我十分感激他们这份偏爱和鼓励。

午后，我们一同驱车去北京京剧院，由两位李院长接谈，他们十分谦虚与客气，对演出节目敲定、演员安排、名家和媒体邀请等，一切都给予倾力支持，结果比预期的还要好。当然，一是因为他们德艺双馨的品格，二是获益谭门品牌之力。尤其是我们最关心的时间，基本敲定为 4 月 22 日至 26 日之间，这是最佳的时间安排。一切具体事务，他们均站在我们的角度思考，让人感动。我和区文联蔡主席单独与京剧院开发部的朱部长就谭鑫培戏楼的管理与经营，进行了充分交流。听他介绍，北京京剧院未来三年的演出规划基本都列出了大致的路线图，且有多种模式和名称，还有配套的吉祥物和礼品设计，这真让人称赞不已。行家就是行家，假如时间允许我们真该请他来江夏一趟，现场帮我们出些金点子。

晚上我们一同去看望谭元寿老爷子，他精神矍铄，见故乡人到来，非要站起身来握手。我们一起照相留念，并表示待老人家百岁大寿时，故乡一定组团前来庆贺！

1 月 23 日下午我们一行乘车返汉，此行整个行程既紧凑又充实，收效特好！也不枉我们在北京过了一回小年。

京剧谭门又春潮

——纪念谭鑫培诞辰 170 周年活动

　　江夏区"纪念谭鑫培诞辰 170 周年"系列活动，与北京京剧院在京系列活动为南北呼应举行的盛大庆典。江夏于谭鑫培诞辰之日奏响春天的序曲，北京于秋季举行连续半月的舞台连演。这是一场让国人和戏迷欢欣鼓舞的节日之喜。

　　2017 年 4 月 23 日，一个让中国京剧焕发光彩的日子。和风吹暖了江城满城春色，长江的浪涛撞击出皮黄声腔，八分山下沸腾六十八万民众与国人分享的喜悦。与"京剧谭门故乡武汉·江夏行"

活动时隔八年之后，京剧谭门又一次重回故里，整个江夏又因"纪念谭鑫培诞辰170周年"系列活动到处气氛热烈。一场轰轰烈烈的"京剧谭门故乡武汉·江夏行"活动，曾被人们称为空前绝后之举，有幸参与者常常在回味中种下再一次欣逢的期盼。"纪念谭鑫培诞辰170周年"系列活动的到来，让人在欢呼雀跃中喜看京剧历史再添新彩。

江夏城区宽阔而舒展的文化大道穿上了节日盛装，百余幅巨型喷绘标牌令人注目，经典的"中国脸谱"和极具人文个性的"江夏面孔"共入图画，开启整个纪念活动的序幕，唱响人们心中的京剧恋曲。2017年4月23日，是京剧一代宗师谭鑫培诞辰170周年纪念日，由全国政协京昆室特别支持，由武汉市委宣传部、武汉市文化局、武汉市文学艺术界联合会、中共武汉市江夏区委员会、江夏区人民政府主办的系列纪念活动如期在江夏举行。

在谭鑫培公园谭鑫培铜像前的主会场上，一面面书写着"廿纪声雷传震中华"八个大字的彩旗，在猎猎风中飘扬，似乎在吹奏湖广音中州韵的谭门旋律。应邀前来的各级领导，京津沪汉的京剧艺术家，逐一在签到台上留下珍贵墨迹。各大媒体记者，用镜头抢抓一切令人心动的瞬间。从四面八方汇聚而来的京剧爱好者，不甘人后地迎风前行，谭鑫培公园广场人声鼎沸。江夏区委书记登台致辞，向各级领导和与会艺术家们表示热烈欢迎和崇高的敬意！盛大纪念活动正式开幕。全国政协副主席、全国政协京昆室主任卢展工以及中国文联副主席杨承志和有关省市领导出席开幕式，武汉市委宣传部长出席开幕式并致辞！广场上热烈的掌声一阵高过一阵，庆祝的锣鼓敲击出人们心中的喜悦，一张张脸庞被阳光映照出不谢的笑意。

在主持人宣布向谭鑫培宗师行礼祭祀之后，全场顿时鸦雀无声，大家面朝谭鑫培铜像低首，心中默念各自的缅怀与敬仰之情。一首低沉而浑然的《谭鑫培祭》，由专业播音员朗诵，将人带入无限的深思之境：

惟公元二〇一七年四月二十三日，国人谨以一束心花、一炷心香，不腆不仪，祭奠一代宗师谭鑫培之灵。文曰：

黄鹤楼之巍峨，长江水之荡漾。古郡江夏，鱼米之乡。仲春三月，满城花香。华夏精英，齐聚纸坊。奏八分山之旋律，泽大戏楼之气场。京剧国粹，普天和唱。虔诚祭拜，伶界大王。

楚天首县，文明家邦。聚天地之灵气，积日月之华光。祥云绕宅地，宗师降斯壤。年少鑫培，聪慧超常。生于忧患，颠沛成长。离乡背井，学戏有方。师从长庚三胜，纳百家博众长；名列"新三鼎甲"，破除高声大嗓。勤练功通六合，文武昆乱不挡。问鼎京畿，初露演艺锋芒。六赴申城，唱彩满堂；"伶界大王"，从此叫响。一时天下，无生不谭；大街小巷，遍布谭腔。

嘻哉京剧！阳春白雪知音多，下里巴人亦向往；贺绘同光十三绝，四品顶戴登皇榜。太后慈禧，"无谭不欢"。"黄马褂"，翠玉扳指，一日三赏。王公显贵崇拜，平民百姓颂唱。鑫培时代，京剧荣昌。

革故鼎新，功德无量。融汇京派海派，演唱昆曲汉腔。塑造人物，毕肖形象。灌稀世珍宝唱片，喜梨园世代弘扬。独辟韵味唱腔，谭派流传甚广。海纳百川育人，梨园"三贤"成长。拍摄《定军山》，开中国电影先河；逼演《洪洋洞》，成梨园老凤绝唱。大王驾鹤西游，精神永存东方。

继往开来，人才辈生；梨园世家，代代精英。志道创业，一路引领。小培伯乐，博大胸襟；甘为人梯，教子建功。富英宽厚仁义，京剧业精于勤；嗓音甜脆，灵活变通；求天人合一之艺术，攀"谭派"之新峰。元寿爱戏从艺，京剧首席老生；生行全才，博大精深。家学渊源，孝曾用功；同窗桂祥，喜结秦晋。正岩袭祖辈遗风，出落成梨园新星。振兴谭派，铁肩担任！

弘扬中华传统文化，实现百年复兴梦想。一代宗师，万古流芳！

虔诚致祭，伏惟尚飨！

撰稿：陈立忠

一篇满贯民众深情，缅怀一代宗师的《谭鑫培祭》，在声情并茂的朗诵中，唤起人们对宗师的敬仰与怀念。为了京剧事业的时代振兴，为了谭派艺术的千秋鼎盛，谭派第六代传人谭孝曾和阎桂祥夫妇于现场收徒。六位徒弟（北京京剧院演员白智鑫、云南京剧院演员赵利源、武汉京剧院演员程亮及天津京剧爱好者陈宽、山东京剧爱好者陈敬国、河北大学生王金冰）并排挺立，传统的收徒仪式规程被减免，但礼节不可废除，弟子们庄重地向两位老师行礼，老师则以文化礼品相赠。徒弟们双手抖开师父赠送的"追根寻源传承谭派"的艺术卷轴，重托和希冀使他们感到心潮澎湃。艺术传授在师父，创新依靠各自努力，京剧艺术未来繁荣昌盛的重担，寄托在年轻一代身上。继收徒仪式之后，一阵幽沉低婉的音乐响起，活动议程进入向宗师献花环节。几位领导和谭家传人，怀着无比崇敬的心情，躬身拂拭花篮前的绶带，在谭鑫培铜像前敬献"宗师光照 京剧繁荣"的花篮！

在谭鑫培公园广场的纪念活动开幕式之后，所有人移步江夏区政府北门，举行谭鑫培大剧院奠基仪式。路过谭鑫培戏楼，见楼前百余位舞者，一律身着红装彩缎，整齐划一地跳着京剧风格的广场舞，让古老的戏曲元素和时代旋律共融，舞出独有的中华风采。按预定议程，原本没有参观谭鑫培戏楼一项，令人没有想到的是，卢展工副主席被戏楼的典雅风格所吸引，当即提出进戏楼一观的要求。谭鑫培戏楼为中国最大的宫廷式仿古戏楼，古色古香的戏楼装饰别有特色，彩绘记录了多种文化典故和京剧文化，使人在目不暇接中流连忘返。谭鑫培戏楼的建成，不仅使江夏的文艺演出好戏连台，更让喜爱京剧的民众有了一块心灵朝圣和娱乐体验的园地。进楼后的卢展工副主席，一直沉浸在艺术欣赏之中，陪同的领导细心地逐项讲解，卢主席不时地提问有关戏楼的设计、施工、彩绘、舞台、桌椅、楹联等细节。

谭鑫培京剧艺术，位居江夏区五张文化名片之首，谭鑫培大剧院早已纳入谭鑫培公园第三期建设规划。剧院位于烟波浩渺的湖畔，与江夏六馆一中心（图书馆、博物馆、档案馆、规划馆、科技馆、文化馆和文化中心）共同融入中央大公园里，属江夏区文化建设的新地标。该剧院融中西文化于一体，纳自然气象于万千，格调高雅气派，是历史与时代共同孕育的文艺精品。那天的奠基仪式十分隆重，领导们双手紧握捆扎红绸的铁锹，用一锹锹新鲜的泥土覆盖基石，为大剧院奠基。

4月23日下午，谭鑫培京剧艺术研讨会在江夏万利达酒店隆重召开，由江夏区委宣传部向部长主持，十多位著名评论家和戏剧表演艺术家付谨、靳飞、邹元江等出席，武汉几所高校来了近百名学生现场聆听专家们的精彩研讨。专家们就"无派不谭"的成因与气象、谭派京剧与佛教理念的融合、中国传统文化的脉源、中国京剧的传承与发展等，进行了深刻而精彩的研讨。尤其是对于谭派京剧好看不好演、好听不好唱的特点，从多角度进行了剖析。专家们认为，谭鑫培出生在武汉江夏，他的韵味派声腔与江南风物不无关系，他对汉字的音韵解读，在童年记忆中的家乡情结之外，还具有艺术音色之美，这就是宗师不同于众的智慧元素。

当天晚上，在京剧节目表演之前，于谭鑫培戏楼举行的《京剧谭门》卷一首发式。谭孝曾致辞，他对《京剧谭门》卷一出版表示祝贺，同时诚挚感谢江夏区为打造谭鑫培文化品牌所付出的努力，感谢作者的伏案辛勤付出。中国文联副主席、全国政协京昆室副主任杨承志亲自登台为读者赠书。该书作者陈本豪现场与大家分享创作经历。《京剧谭门》是江夏区打造谭鑫培文化品牌系列工程之一，全书共四卷，约 120 万字。该书以纪实文学形式，记述和刻画了谭志道、谭鑫培、谭小培、谭富英、谭元寿、谭孝曾、谭正岩一门七代，弘扬与发展一门艺术的传奇历史，集史料性、艺术性与文学性于一体，期望给读者带来轻松的阅读快感且有所收获。

这次纪念活动的京剧表演场次超越了曾经被人誉为"空前绝后"的 2009 年那次展演，全程演出共五场，分别于江夏谭鑫培戏楼、武汉剧院和武汉大学校园演出。这次演出活动，力邀京、津、沪三地名家来汉，会聚中国四大戏码头精英，唱响京剧最强音。参加演出的名家分属十多个京剧流派，其中有叶少兰、迟小秋、孟广禄、李宏图、张慧芳、谭孝曾、阎桂祥、赵葆秀等。首场于 4 月 23 日晚在江夏谭鑫培戏楼上演，由谭派京剧第六代传人谭孝曾和其子谭正岩，同谭派弟子清唱折子戏。紧接着，由谭正岩和其他流派名家合演谭派经典代表剧《定军山》，让观众一睹久违的谭派名角风采。精湛的表演和悦耳的唱腔，不断赢得满堂的掌声和喝彩声。

4 月 24 日至 26 日，连续三场京剧演出在武汉剧院上演，给武汉的戏迷们带来一个少有的戏曲盛宴，让人痴迷。24 日为整出传统剧目《龙凤呈祥》，25 日为《浓彩靓妆演唱会》，26 日为《名家经典演唱会》，三场演出各具特色，既让人沉迷于整出戏的跌宕起伏，又让人为鲜艳的彩妆眼花缭乱，还能让人快速切换于名家各自精彩的演出。满满收获，尽情享受，戏迷大呼酣畅。很多人离场后深深地感叹，真是一场令人惊艳的戏曲大餐。特别是那场武汉大学校园里上演的《名家名段演唱会》，唤起了学生的热情，鼓动了校园的京剧之风潮，这也是国粹京剧的发展希望所在。这也是纪念谭鑫培弘扬国粹京剧艺术的深刻意义所在。

在研讨中探索

一

"纪念谭鑫培诞辰 170 周年"系列活动之"谭鑫培京剧艺术研讨会",于 2017 年 4 月 23 日下午,在江夏万利达酒店举行,20 余位中国戏剧界著名评论家应邀出席会议展开研讨,武汉几所大学近百名学生旁听会议,省市多家主流媒体、江夏区摄影家协会参加会议并记录珍贵的历史时刻。

中国文艺评论家协会副主席傅谨,北京戏曲评论学会会长靳飞,央视戏曲频道原导演马瑛瑛，中央戏曲学院青年评论家孙利青，武汉大学哲学学院博士生导师、中国戏曲学会常务理事邹元江，武汉音乐学院教授刘正维，湖北省艺术研究院国家一级编剧胡汉宁，湖北省艺术研究院副研究员刘慰东，湖北省艺术研究院戏曲研究员詹碧蓉，华中科技大学人文学院教师、中国戏曲表演学会高校委员会副秘书长唐荣，武汉市艺术创作研究中心地方戏工作室主任高翔，武汉市戏剧家协会顾问吴大棠等出席研讨会并发言。出席当天研讨会因时间原因未发言的专家有湖北大学文学院副教授黄斌，武汉大学艺术学院院长助理、评论家易栋等。

与会期间，专家们分别就谭鑫培对京剧的贡献、谭鑫培的艺术高峰、振兴武汉戏码头和江夏打造谭鑫培京剧文化品牌、未来京剧的发展等话题，展开了充分的研讨，且表达了各自独特的见解，为京剧回归时代舞台和愉悦民众，点亮了一盏盏明灯。

主持人邹元江说：

今天，江夏这么隆重地纪念谭鑫培先生，让人非常感动！我们争取更加努力地为江夏做点贡献，因为这里诞生了中国京剧的祖师爷。中国京剧艺术的创始人、开端者无疑是谭鑫培先生。谭鑫培对京剧艺术的影响深远而巨大，他生前被奉为中国首位伶界大王，实为京剧的开宗鼻祖，而不仅仅是立派之辈。

在谭鑫培的剧作中，人性得到前所未有的张扬，这正是谭鑫培的京剧艺术最为动人之处，这与当代的胡适、鲁迅等的文学作品具有异曲同工之效。可以说，谭鑫培的京剧艺术在中国近现代具有文化启蒙意义。江夏修建谭鑫培公园，树立宗师雕像，意义非凡，传承久远，让业内人感动，让国人崇敬。

一场盛大的研讨会，作用并不仅限于对谭鑫培京剧艺术的评述和歌颂，更要着力于未来的振兴与发展。现在的80后特别是90后，起初普遍对京剧不太接受，有些人甚至说年轻人不要听京剧，那种节奏太落后了。当国家提倡振兴京剧和京剧走进校园之后，当代年轻人竟慢慢与京剧产生了共鸣，有些年轻人开始称赞说，中国京剧太棒了。这并非强调我们要刻意去改变京剧与时代接轨，而是京剧要在适应时代变化中改革创新以增强艺术的传播与普及，抵达振兴的目标。

一代宗师谭鑫培无疑是京剧历史长河中一颗璀璨的明珠，照耀着整个中国京剧史。何为引领者？不仅仅因为观众喜欢听他那些委婉的唱腔，而是让人深深感受到艺术魅力的感召。对于谭鑫培留下的这份艺术遗产，我们要在重新审视中去汲取营养，为我们当前京剧艺术的继承、创新提供借鉴。

　　谭鑫培的创新精神，既是他穷则思变、刚健争胜的伟大人格体现，也是他唱无定法、不由恒蹊艺术境界的凸显，至今仍具有难以企及的审美魅力。谭鑫培不服输、好争胜，这是戏曲行里人所熟知的。据梅兰芳回忆，那次谭大王在天乐园陪他唱《四郎探母》，没曾想轮到谭鑫培唱"未开言，不由人，泪流满面"这句倒板时，竟一时哑然，一字都唱不出，使观众感到莫名其妙。一个多月后，调好嗓子的谭鑫培，再邀他同台，重演《四郎探母》。他那一条云遮月的嗓子，愈唱愈亮，好像月亮从云里钻了出来，全场掌声如雷。

胡汉宁先生说：

　　这次纪念谭鑫培先生诞辰 170 周年，对于我这个汉剧演员出身的人来说，感到有点特殊。20 年前，为了考证谭鑫培祖籍，我不畏炎热夏天的煎熬，住进了谭左湾半年，从那时起，我便跟谭家结下了不解之缘。谭鑫培先生是京剧的杰出代表，京剧是在汉调皮黄和徽调合流基础上吸收昆曲、梆子等剧种的曲调而逐渐形成……如果没有谭鑫培经过几十年的艺术实践，汉调皮黄要想蜕变为京调皮黄恐怕很难，也可能今天也没有京剧这个剧种。

　　……

一场研讨会在热烈紧凑中收尾，大家却回味无穷，中国京剧、谭鑫培京剧艺术、祖籍江夏、京剧振兴，这些词汇像钟声一样撞击每个参会者的心灵并引发深思。

二

长篇纪实文学作品四卷本《京剧谭门》，为江夏区打造谭鑫培京剧文化品牌系列工程之一，该书第一卷《一代宗师谭鑫培》，在纪念谭鑫培诞辰 170 周年之际荣誉出版。为此，由武汉市文联、武汉市作协、中共江夏区委宣传部、江夏区文联共同主办的《京剧谭门》卷一研讨会，于 2017 年 10 月 28 日下午隆重召开。来自京、沪、汉三地的著名评论家 20 余人出席研讨会，他们对作品给予高度评价并提出了宝贵意见。

出席当天研讨会的主要领导和评论家有：中共江夏区委常委宣传部向部长，武汉市文联党组吕书记，湖北省作协梁副主席，武汉市作协驻会李副主席；北京戏剧家协会副主席、著名戏剧评论家解玺璋，上海文学报评论部原主任、著名评论家、文化学者朱小如，中国作协《文艺报》评论部主任刘颋，华中师范大学文学院资深教授、著名文艺理论家王先霈，武汉大学资深教授、著名文艺理论家陈美兰，华中师范大学文学院教授谭邦和，湖北省作协原副主席、《长江文艺》社长及主编、著名作家、诗人刘益善，湖北省作协副主席、武汉大学文学院教授、博士生导师、著名评论家樊星，湖北省作协副主席、湖北大学文学院教授、博士生导师刘川鄂，华中科技大学人文学院教授、博士生导师李俊国，武汉市作协副主席、湖北大学教授、博士生导师周新民，湖北大学文学院教授蔚蓝，中南民族大学文学院教授杨彬，江汉大学文学院教授吴艳，武汉市作协原驻会副主席、著名作家、诗人、评论家王新民，《湖北日报》东湖副刊主编、评论家熊唤军，《长江丛刊》主编、作家刘诗伟，湖北艺术研究院国家一级编剧胡汉宁，《长江文艺》评论部副主编、评论家蔡家园，江汉大学人文学院教授张贞，武汉戏剧家协会秘书长付里进等。

出席研讨会的还有江夏区委宣传部、江夏区文联、区作协多位领导和作家、艺术家。首先由江夏区委宣传部向部长致辞，她代表中共江夏区委向莅临研讨会的专家学者致以诚挚的谢意！她说，2017年恰逢谭鑫培诞辰170周年，北京、武汉等地先后举办了各种纪念活动，今天的研讨会既是对《京剧谭门》首卷创作的总结，更是希望大家为后三卷的创作提供专业性指导。

领导和专家们在评述中说，京剧一代宗师谭鑫培是京剧艺术史上的一座丰碑，完全值得宗师祖籍的江夏人引以为豪，武汉人引以为豪，湖北人引以为豪，中华民族引以为豪。《京剧谭门》卷一的文学性很强，很多细节非常生动感人，看后让人爱不释手，是一部成功之作！

著名戏曲评论家解玺璋说：

很高兴参加《京剧谭门》卷一研讨会，这部书的出版，是献给谭家的一个非常丰厚的礼物。本书作者陈本豪既不是戏剧演员，更不出生于戏剧世家，连票友都不是，他竟能写出《京剧谭门》这样的力作，而且还写得很在行，这让人刮目相看而心生佩服。例如，书中提到京剧界现在说"饰演"一个角色或"扮演"一个角色，那个时候却不这么说，而是说"去"一个角色，这个"去"字用得让我特别吃惊。

很多与会的专家说：

在《京剧谭门》这部作品里有一些适当虚构的部分无伤大雅，这可能是一个文学读者更有兴趣去阅读的部分。我们完全可以把这部作品看作是跨文体写作，既有专家关注的理论性、艺术性较强的写实内容，同时又通过适当的虚构和艺术创作向普通读者普及京剧这门艺术和传统文化，比如作品中虚构设想的《空城计》唱段表演，非常生动，非常专业，非常了不起。可读性很强。

《京剧谭门》这样一部写京剧流派的作品，是让我们了解百年中国京剧史很好的切入口。作品非常好读，一些细节和故事非常吸引人。看得出，作者是一个非常有诗情的人，他对谭门有着非常饱满的感情。

　　《京剧谭门》这部作品不但让我们了解了一代宗师谭鑫培，更重要的是了解了京剧的发展与形成历史。这部书不但有人物传记的价值，同时还有历史价值，是非常可贵的收获。

　　《京剧谭门》用词造句非常生动、朴实，给读者阅读带来一种享受。作品让我们更加具体地了解京剧、谭门、谭派，可能平常我们都很喜欢，却了解不深，更说不出所以然，读了这部作品，会让人豁然开朗，且在获得阅读乐趣的同时丰厚京剧知识。

　　与会专家认为，《京剧谭门》卷一着力刻画出一位著名的艺术家的生平历史和艺术人生，作品中对有关的乡俗民风、戏园风情、表演功夫、中国家族式传承的艺术人生道路，都有很完整的描述。《京剧谭门》可以说是一部浓缩的中国京剧史，这部作品填补了中国戏曲史中的一项空白，尤其是谭门历史，除了该作之外，还没有一部完整介绍之作。

泰常行

TAI CHANG XING

　　历经十年创作的《京剧谭门》卷一正式出版，并在 2017 年 4 月
23 日"纪念谭鑫培诞辰 170 周年"活动中献礼，给笔者焦灼的心情
带来一点点安慰。卷二的资料基本收齐，而卷三的素材亟待补充。谭
元寿是卷三的核心人物，而《沙家浜》是他的经典之作，但沙家浜所
在地常熟我至今还未涉足，常熟自然成为《京剧谭门》创作收集资料
必往之地。青年时期我学演郭建光时，对沙家浜曾经种下过梦中的向
往，现因创作《京剧谭门》而天赐良机，热望不言而喻。

为了常熟一行，我和区文联的蔡主席一同去旅游公司商讨外出行程安排。根据采访和考察需要，由熟知情况的旅游公司规划一条路线，既经济又省事。看过旅游公司的线路，大家较为满意。

一

2017年6月27日早晨，我们一行齐赴汉口火车站坐动车，全程四个多小时，下午两点多钟到达泰州市海陵区政府所在地，对方的宣传部长和文联的领导热情迎接。因京剧大师梅兰芳祖籍泰州，泰州在梅兰芳京剧文化品牌打造方面颇有建树，我们此前也曾来学习取经。因与此行目的地常熟邻近，我们计划在去往常熟之前先行赴泰州再做短暂交流学习。

第二天，在简单参观溱水河边的柳园后，我们直奔梅园而去。在参观梅兰芳史料陈列馆时，我十分留心馆中的书籍名称，将其一一记在笔记本上，因为有关梅兰芳的书籍，其间内容很多与谭家有关。

为了打造梅兰芳品牌，在泰州的街道上，处处皆见梅花图案或与梅相关的文字，如今的泰州不梅之地也梅了。不知江夏是否可以仿效，如在纸坊大街上能处处见谭，何愁谭鑫培文化品牌不兴呢？

中午，在夜月楼品尝当地特色风味。我无意于饮食，志在了解梅谭文化艺术交融，我最愿意听到的是这方面的故事。不多一会儿，话题自然切入京剧之中，受大家鼓动，我方的刘副主席先唱了一段《贵妃醉酒》，以示对泰州领导陪同的回报，也为抛砖引玉。刘副主席多才多艺，她的梅派唱腔一直颇受票友推荐。对方的徐主任当即回唱一段奚派的《儿行千里》，有腔、有板、有调、有味，让人听着入迷，显然是一位具有相当水准的票友。

午宴上，在几杯梅兰春的熏陶下，我们着重探讨"梅兰芳文化研究会"的事。该会的规格很高，一直由副市长担任会长，几位副会长也多为文学和艺术方面卓有成就的名人。他们不仅在打造梅兰芳文化品牌中着力研究，更有每年不间断的文化交流和演出活动。泰州与北京方面的联络也十分频繁，常有京剧名家来泰州演出，梅葆玖来得更多。这一点值得江夏借鉴，此行带队的江夏区委宣传部向部长不仅听得认真，还不时详细询问。一次丰盛的文化午餐，我不仅收获了几本书，且欣赏了好几段京剧，更有关于梅谭两家渊源的探讨。下午，我们继续梅谭两家的话题，越谈越将人引向深处，我深深地感叹这一回真的没有白来。

二

6 月 29 日早晨我们离开泰州向常熟进发，大约十点半钟顺利到达常熟市。因原联络的酒店一时客满，临时换到市政府旁的酒店，倒是方便了与对方接头。常熟的接待规格挺高，由一名市委副书记兼政协主席负责接待，他还是宣传部长，一人身兼三职真不多见。虽说常熟与泰州相隔不远，但语音有明显差异，同为吴越之地，十里不同音也是一大特色。

到达沙家浜时，镇上有宣传委员前来引导，还有一位书写沙家浜系列文献资料的作者，他因故不能全程陪同，我当即记下他的联络方式，以便于联系。在宣传委员的引导下，我们浏览了一系列文物及馆藏文本，对沙家浜有了一个较为深入的了解。郭建光和阿庆嫂还有反面人物几乎都有原型，所有故事都有迹可循，惟有沙奶奶的形象属文学创作。这儿是一块名副其实的革命根据地，芦荡火种的确在这里燃烧过，许多对敌斗争的故事真实而惨烈。对方还赠给我们一整套有关沙家浜的资料，丰富得出乎预料。

在游历阳澄湖港汊时，那些密布水中的芦苇让人联想到《沙家浜》中伤病员与敌人捉迷藏的场景。据导游介绍，当时那些伤病员后来健在的居多，而且都活到了高龄，还有超过 100 岁的。那位年近七十的船娘，一边摇橹一边给我们讲故事，还哼唱了好几首小曲，音色脆，韵味好，歌声随着风儿飘荡在水花里，让人陶醉。回程的路上，向部长几次念叨船娘的小曲甜得直往人心里去。向部长的回味不禁勾起我心头的诗意：

朝歌吴越寻经典，银杏存州数百年。名旦风流书史迹，兰芳不谢溧河边。

往来泰域吟风色，常熟船娘小曲妍。芦荡深情元寿晦，燎原火种唱新篇。

寻访过沙家浜，完成了行程的主要目标，我再次深感不虚此行。

北上津京

BEISHANG JINJING

一

《京剧谭门》卷一出版后，卷二创作即被时间催逼。谭小培的资料确实太少，少得让人无从下笔。谭孝曾建议我再去天津一趟，那边的资料好像比北京还齐全，有几个单位值得一去。北京这边还是去找四爷（谭寿昌，谭元寿同父异母兄弟）好，他写了一本有关"英秀堂"的书，值得借鉴。于是我计划尽快去津京一趟，再找四爷聊聊，尤其是书外的资料。

2017年7月16日我们一行两人乘高铁北上津京。本次津京之行经旅行社安排，全程派车接送，既方便又节约时间。在天津站广场外与对接导游顺利接头并入住酒店。

第二天早上司机准点来接，我们第一站直奔天津市艺术研究所。路程并不太远，地址在湖北路上，真还有点渊源，在天津找到家乡之名的街道，感觉不错，想必事情会顺利一些吧。

经门卫递上公函，一位女士将我们带上二楼见张所长。因事前经胡汉宁老师推荐，他们之间相互熟识，一经提起张所长含笑点头。知晓了我们来意，张所长即叫来资料员祁会英，让她帮忙查找一下，如有可用的资料尽量帮忙提供。张所长还主动帮我们联络到刘连群（退休老所长）并告知电话，又疏通了一路。祁会英将我们带到楼下资料室，在归档的资料中，我找到几本相关书籍，一一记下名称，便于回去让女儿代为网购。《谭门五代唱腔选集》这本书我第一次见到，十分有益于我的创作。因为我不在京剧行内，唱腔确实难写，有了该书作参考，艺术性和准确性便大大提高。经过商请，我写下字据登记暂借了一些书籍资料。晚上，女儿回信告知，那几本书都可网购，第二天即将书籍送还对方。其间研究所的祁会英还专门询问，张所长关心他推荐的那本《梨园骄子谭富英》我们能否网购到。天津人真是客气又周到。

那天在研究所忙碌了一整天，祁会英将我们选定的有关资料全部搬出来，整齐码在办公桌上，并主动帮我们逐页查找折叠，再用手机拍照，我们实在不好意思，想请她吃顿便餐也被婉拒。天津艺术研究所的资料十分珍贵，属专门汇集的内部资料，为天津独有，在市场上和书店都难查到。比如谭小培和谭富英曾经在天津和上海的演出，记载相当详细，包括当天的票价都有标注。

经张所长推荐，第三天我们去找万镜明老师（原所长），她现在是天津市文联党组书记，同是文联人自有一份亲切感。早上按导航找到新华路 237 号天津市文联和作协办公地，万书记在五楼办公室接待我们，我们先将《京剧谭门》卷一相送。

万书记很谦虚，她说自己对京剧艺术了解不深，特地帮我们介绍一人（原天津大戏院经理万里），当场与对方通话联络。而且万书记提示我们，在上世纪二三十年代的《大公报》上应该可以查到一些相应的资料。这真是一个好消息，那个年代的文字记载，对创作十分有益。特别是谭家几代人在天津的经历，是不可或缺的一环。

因万书记推荐，我们再次前往天津艺研所查找《大公报》。因第二次前来，门卫都熟了，不用通告，直接上楼。祁会英帮我们拿来两本厚厚的《大公报》目录集，翻阅目录对号查找。昨晚，她接到我们的电话即加班帮我们先行查阅，并将有关目录记下来，几乎帮我们省去了一半时间，真令人感激。她却还在为昨天没能帮我们想起《大公报》而有些自责，真是难得的热心人。

经过查阅，找到了一二十条谭家在天津演出的消息，虽说文字记载比较简短，但一是资料真实，二是时间久远，十分难得。被祁会英的热情打动，交谈中又得知她喜爱文学，我主动承诺回家后邮寄两本自己的散文集给她，她特将研究所库存孤本之外的三本资料割爱相送。

经过多次联络，刘连群老师和万里经理近两天无法见面，但我们行程已定无法多留，行前特将《京剧谭门》卷一两本委托祁会英转赠二位老师。在我回汉后，刘连群和万里分别邮寄过来相关手稿资料，非常实用。天津此行相当顺利，可以说是收获满满，但愿北京之行的运气亦如此。

告别天津我们匆匆赶往北京。下午与谭孝曾通话，他却人在上海，告知我们他已跟四爷（谭寿昌）通过话，四爷最近几天都在家。前几年，我和江夏区文联的蔡主席曾经去过四爷家里采访，见面应该不会太生疏。于是我与四爷通话，相约明天他来我们酒店碰头，并请将他的书带过来。

第二天我们第一站直奔梅兰芳纪念馆，顺利找到刘馆长，没曾想到，一下子来了三位刘姓领导。梅馆可交流的不多，领导们都为管理人员，并非身在京剧行内，《梅兰芳全集》和《梅兰芳演出戏单集》，我们各购买了一套。经馆长引荐，我们与梅兰芳的孙子梅玮相识，他与谭正岩常有交往，还曾一同登台演出过，答应回忆书写相关资料再给我们寄过来。

出了梅兰芳纪念馆我们直奔中国艺术研究院，原来北京艺术研究所和戏曲研究所早已合并，节约了我们两处往来的时间。经过查找，资料较为丰富，收获颇丰。

按照昨晚与谭四爷相约，上午我们开车去南华小区相接。四爷出了一本书《谭鑫培故居·英秀堂旧事》，他带来两本赠予我们。四爷说，那年他曾给我讲过的一些旧事，都一一写在书里，文字阅读总比口语交流准确。至此，此次津京之行顺利完成任务。

二

江夏区纸坊谭鑫培地铁站，为武汉市最大的地铁站。因邻近谭鑫培公园，出于文化展示和地铁集团品牌打造需要，希望在该站突出谭鑫培京剧文化特色。为谭鑫培地铁站站内的文化布局与定位，武汉地铁集团几次派人来江夏区文联，寻求支持。经与湖北美院（设计方）几次对接，大家统一了基本思路，但必须去北京一趟与谭家沟通之后才好最终确定。于是，经湖北美院邀请，江夏区文联蔡主席、区作协刘副主席和我三人与他们同行赴京去见谭家人。

2018 年 6 月 12 日，我们乘坐动车前往北京。这次依然住在谭孝曾家附近。还没到北京站，时钟刚指五点，天色却暗了下来，原来是大雨将至。为《京剧谭门》出版的末了事宜，我们也约了人民出版社的编辑晚上来饭店一聚并面谈。为了避免我们出门淋雨，谭孝曾提议直接将晚餐改在我们住的酒店。谭老师带来了两瓶五粮液，自己依然喝谭家钟情的红星二锅头，价格不高，度数却高。我对谭家人出自内心的佩服，无论什么时候，喝酒从来不影响演唱。

席间，谭老师与湖北美院来人边喝酒边交流地铁站的文化元素选择，基本没有多大分歧。餐后，湖北美院设计者将设计图样摊开让谭孝曾仔细审阅，他们详细向谭孝曾介绍设计原理与设计思路。谭鑫培为京剧一代宗师，是江夏主打的文化品牌，谭鑫培公园和谭鑫培古戏楼为地标性文化建筑，该地铁站的地理和文化位置十分重要。建好谭鑫培地铁站，不仅为社会所期待，更是设计方和建设方展示智慧与技术的平台。他们初步构思，要将谭派的代表作和最佳演出图片，以优美的文字和构图体现在大幅的谭门艺术壁板浮雕中，并计划安设二维码，过往乘客用手机一扫即可自行点播谭派的经典唱段。以地铁站中的谭门艺术空间构筑，与地面的谭鑫培公园形成呼应，建成一处谭鑫培文化中心，达到地铁文化价值最大化，这就是该地铁站设计的终极目标。他们请谭孝曾老师先思考消化一下，明天必须敲定方案，因地铁的建设时间较紧。谭孝曾点头应允，不过他提出一个建议，明天最好一同去北京京剧院一趟，征求一下剧院的意见十分必要，大家对此一致赞同。

谭孝曾走后，我们邀人民出版社编辑留下来详谈，他带来了出版社对《京剧谭门卷二·须生泰斗谭富英》文本的编辑修改稿，我翻了翻，修改量不小。经过交流，蔡主席征求我的意见，暂将卷二放下先不出版，待后面两卷脱稿后，多请几位专家指导后再一并修订。出版社编辑也向我们询问，四卷都出版后，是否计划举行发布会或研讨会，选择什么样的规模和形式，是在北京举行，还是在当地举行？对此他也提出了一些意见和建议，但究竟怎样决定，还需回去后与区委宣传部沟通。

第三天，我们按约与谭孝曾一同前往北京京剧院。经过近年交往，北京京剧院真没少来，领导基本都熟了，那天由李院长和开发部的朱部长接待我们。因湖北美院的人为首次来访，首先由谭孝曾相互引荐。有关地铁谭鑫培站的艺术设计方案求助事宜，依然由湖北美院当面汇报与说明。经过谭孝曾和北京京剧院领导反复商讨，对图像采集和文字解说，基本达成一致。湖北美院在接受他们的建议的同时，由衷地表示感谢！至此，北京之行取得圆满成功。

谭鑫培地铁站在建成开通之后，其间的谭鑫培艺术设计不出意外地赢得了广大民众的赞赏。

步步有声

B U B U   Y O U S H E N G

有朋自远方来

2019 年 5 月中旬，谭孝曾先生与江夏区委宣传部毛副部长通话，告知他的堂妹谭荣增一行 14 人计划前来江夏朝拜谭鑫培铜像，参观谭鑫培京剧文化品牌建设系列成果，请故乡领导给予支持和引导。宣传部即安排区文联提前做好接待准备。考虑到谭荣增夫妇属旅澳华侨，来一次江夏挺不容易，必须做好资料准备和全程陪同解说，让他们在沐浴谭鑫培文化光辉的同时感受到故乡人民的热情，在"醉美江夏"的人文环境中留下深刻印象。

谭荣增夫妇一行定于 5 月 20 日上午来江夏，清晨我即赶去区委宣传部，陪毛副部长一同前往谭鑫培公园。区文联蔡主席，已亲自带队在公园等候。谭家亲属一行 14 人于 11 时准时到达，因初次相见，大家在互致问候中进行自我介绍。谭荣增（丈夫王小微）、谭红艳、谭跃（燿）曾等五人都是谭韵寿（谭富英二子）的儿女、谭富英的孙辈，同来的还有谭跃曾的女儿和孙女；谭红为谭喜寿（谭富英三子）的女儿；郭月屏（丈夫金林）为谭家的外孙女，郭菊屏为她的亲妹妹。

一进谭鑫培公园，他们即被美丽的环境和古色古香的戏楼所吸引，不由自主地拿起相机拍照。无论谭鑫培戏楼内外，还是"京韵"牌楼，处处都是拍摄的绝佳景点。此时的江夏春意盎然，微风轻轻地吹，阳光暖暖地照，一切是那样的温润与柔和，大家沉浸在有朋自远方来的喜悦中。

由江夏京剧团邓团长引领，大家漫步进入戏楼大门，沿着左边的回廊缓行，浏览谭家几代人的剧照，亲切与敬仰之情油然而生。因考虑旅途劳顿，毛副部长建议大家先到贵宾室小憩一会，再行仔细参观。

贵宾室里悬挂着几代党和国家领导人（毛泽东、江泽民、胡锦涛、习近平）分别接见谭家人（谭富英、谭元寿、谭孝曾）的巨幅彩照，珍贵的历史瞬间给人带来强烈的心灵冲击。尤其是习近平接见谭孝曾那一幅照片，他们还是第一次见到，都抢着按下相机快门。

　　谭家一行等不及喝完一杯茶，便迫不及待地起身走进戏楼接着参观。谭鑫培戏楼，集多座戏楼之优点，纳古今建筑之精华，属仿古建筑中的精品。清一色的老式桌椅，雕梁画栋的布局，楼上楼下富丽堂皇，诸多彩绘戏曲人物故事，均在无声地传递古老的文化气息，他们对此赞叹不已。

　　他们虽说是谭家后裔或眷属，但均未从事戏曲事业，不过对京剧和谭家均饱含深深的爱。原没有清唱计划，而在戏楼氛围的感染下，一时情不自禁，大姐谭荣增和二姐谭红艳双双登台，她们用手机伴奏，合唱了一曲《贵妃醉酒》中的名段"冰轮海岛"。二姐还独唱了一段女老生《罢宴》，宽厚的嗓音流淌着惟妙惟肖的谭韵，令人感动。尤其是那个两岁多的小女孩，独自活跃在舞台上造型玩耍，活泼灵动间特别惹人疼爱。王小微为大姐的丈夫，他的武生底子很厚，横摊一个一字马，舞台造型中规中矩，太有范了。

　　在向谭鑫培铜像敬献花篮时，所有绶带均由王小微（书法家）执笔书写，他们轻轻地将七个花篮一字排开摆放整齐，大家一齐躬身跪行大礼。说来也巧，一束白色的柳絮，挂在铜像的鼻尖上飘摆，邓团长找来一根竹竿，想将其拨去。我说不必拨弄，这是谭老爷子在借柳絮发话，叫你们都抬起头来，让他好好看看这一群国外归来的儿孙。听了我的话，谭家一行人眼睛都湿润了。说巧还真巧，就在大家一同举头瞻仰之时，柳絮则随风飘远。

　　下午，他们一行参观了地铁谭鑫培站。这是武汉地铁最大的站点，站内通道长近一公里，共有九个进出口。站内墙壁上，一长幅展现谭派文化的浮雕，十分精细古朴，艺术感极强。特别是手机还可扫描墙上的二维码，欣赏谭派经典唱段，融古典与现代与一体，让人流连忘返。

金牌播讲

2019 年 6 月 9—16 日，为江夏区政协浙江大学培训周，我被通知随团前往。15 日中午，突然接到湖北省作协李修文主席电话。他说"湖北广播电视台融媒体发展研究中心"计划将我的作品《京剧谭门》四卷本打造成语音播讲节目。加强谭鑫培京剧文化宣传，这是天大的好事，听来让人振奋。李主席说，他已将我的电话留给对方，请我们联系后做好交流与合作。

湖北广播电视台融媒体发展研究中心为 2019 年初新成立的单位，为了业务发展，新任职的杨俊伦主任忙着外出联络沟通，寻找合适的项目。在一次出差返程的路上，杨主任看到当天的《湖北日报》报道，由武汉市江夏籍作家书写的四卷本纪实文学作品《京剧谭门》被列入中国作协重点扶持项目，他有点按捺不住地兴奋言说：这不就是我们要寻找的文化之源吗？京剧为国粹，陈本豪又为本土作家，既有地域之缘，又是国家提倡的京剧振兴事业，值得探讨开发。于是，一个播讲《京剧谭门》的项目计划，逐渐在杨俊伦的心中清晰起来。

因有李修文主席通话在先，与杨主任的交流十分顺畅，双方约定于我返汉的第二天 6 月 17 日，他们一行人来江夏区文联商谈具体事宜。与杨主任通话后，在向区文联和区委宣传部汇报时，得到领导大力支持。那天由省台融媒中心的杨主任亲自带队一行四人前来商谈合作细节，区文联由蔡主席亲自接谈。打造谭鑫培京剧文化品牌，为江夏区五张文化名片之一，如果将《京剧谭门》开发成语音播讲，由原来单一的纸质宣传变为多媒体传播，这是双方之愿，更是便民之愿，双方很快就达成了协议。我方只提出唯一要求，希望在播讲人的选择上提高级别，他们不假思索地点头应允，这也是他们的考虑。

　　因《京剧谭门》播讲项目涉及版权授权，必须前往北京与人民出版社以及谭孝曾先生交流。经双方商定，与北京方面联络后，省台和江夏组成六人代表团于 7 月 4 日抵京。鉴于此项目的文化推广意义，人民出版社和谭孝曾先生均给予坚定支持，顺利达成协议。鉴于我方提议，省台已拟定由央视金牌主播姚科（《舌尖上的中国》主播）先生播讲。经杨主任联系，我们和姚科先生在北京见面详谈。因事前省台已将《京剧谭门》第一卷寄给姚科，虽说初次见面，却如似曾相识一般。我对姚科先生说，为了便于播讲和提高质量，你对作品可进行适当修改，鼓励他二度创作。姚科先生十分谦逊地喊我豪哥（因大家习惯称我豪哥，他也入乡随俗），听来十分亲切。他对我说，《京剧谭门》第一卷，我已反复阅读三遍，你的语言风格与我天生相合，我基本可按照你的文本播讲。

　　12 月 10 日，《京剧谭门》音频节目上线发布活动如期在谭鑫培公园举行，新华社和央视均派记者前来报道。北京的谭孝曾也应邀出席。江夏区人大、政协、区委宣传部、区文联、区文旅局和相关部门的领导均出席该活动。谭门代表谭孝曾，时任湖北省广播电视台总编，先后登台祝贺并讲话。姚科先生现场播讲了《京剧谭门》片段，区委宣传部向部长代表江夏致辞，我则登台简要地向大家介绍了《京剧谭门》的创作过程。为此，北京京剧院还派员前来登台献唱，整台节目精彩纷呈。为了给大家提前预热，特安排活动开幕前播放谭派经典剧目和谭正岩的演唱，整场活动气氛热烈，产生了广泛影响。

中国戏曲之路

　　早期的宋元南戏和元代杂剧，为中国传统戏曲确立了最初的模样，随着传统戏曲的演进与发展，戏曲娱乐由下九流跃升为被人们崇尚的艺术，这是一条漫长而曲折的道路。从明朝中叶到清朝初期，昆曲凭借唱腔优美和剧目丰富的优势，在剧坛占有几乎压倒一切的地位。从康熙末年至乾隆时期，地方戏如雨后春笋般蓬勃兴起，纷纷出现在京城街头与院落，以其灵活的大小排场和独特的表演风格，赢得广大观众爱好和欢迎，大有与昆曲一争长短之势。1790 年 9 月，乾隆皇帝八十寿诞，皇家拟定举国欢庆，各地戏班闻风进京，争相拿出最强的班底和最好的剧目为乾隆皇帝贺寿。从西华门到西直门外一带，几乎数十步一座戏台，好戏连台笙歌不断。

追忆当年情景，从紫禁城到颐和园，沿街两旁满是戏台，场面大，色彩浓，声乐响，每到华灯初上，整个京城便迎来了不眠之夜。乾隆看在眼里，更喜在心里，好一个太平盛世。在当年进京贺寿的戏班中，当属来自扬州的三庆班风头最劲，领衔主演的青年男子高朗亭，男扮女装妙然超脱，他的一颦一笑与一起一坐已臻化境，博得京城百姓的眼球和炽热的追捧。

高朗亭，号月官，原籍江苏省扬州宝应县，生于安庆，幼习旦角，为徽班著名演员。入京时主唱安庆花部二黄调和京秦两腔，嘉庆年间掌管三庆班，在梨园中声名远播。他 21 岁被推举为班主，执掌三庆班近 20 年，培养出一批批著名演员，创作和移植改编了许多优秀剧目。三庆班由一位名叫江春的扬州盐商组建，历久不衰，享誉一个多世纪。当时在京城叫得最响的就是三庆班。扬州盐商蓄养家班之风兴起甚早，据说形成规模则从江春开始。当时的北京和扬州，为全国南北两大戏曲中心，无论戏曲之源和经济实力，其他地域都难望其项背。那时，中国传统戏曲主要声腔中的京腔、秦腔、徽调、昆腔、二黄调、罗罗腔，几乎都聚集在扬州，演唱者操着各地口音的地方腔调，飘荡在扬州的街头巷尾，那种炽热与繁华，令今人难以想象。

乾隆大寿之后，虽说大街上的舞台拆了，但由此而兴的班社不仅得到保留，且兴起了一股自觉的跟进仿效之风。一炮而红的三庆班没有回到原籍，更没有被拆散，而是扎根于北京，南城的韩家潭胡同即成了他们固定的营盘。那些为庆典而网罗的角色，得以正式地以舞台演艺为业，获得了一份固定的生计。时到嘉庆年间，即形成了三庆、四喜、和春与春台四大徽班。他们各具特色而各显其能，渐渐声名鹊起。徽班进京也被戏剧界公认为京剧发展的最初源头。

花雅之争是清代中叶以来传统戏曲花部和雅部之间的竞争，是中国戏曲史不可分割的一部分。在 18 世纪末的中国戏曲舞台上，居于正统地位的当数昆曲，像徽调、秦腔之类的地方戏曲，那些颇具地位身份的人，起码在公开场合不屑一顾。乾隆年间，昆腔经过魏良辅、李玉等剧作家的改进，音律精练、乐词优美，占领剧坛统治地位的已明显是昆曲。昆曲又名昆山腔、水磨调，惯以"调用水磨，拍捱冷板，声则平上去入之婉协，字则头腹尾音之毕匀，功深镕琢，气无烟火，启口轻圆，收音纯细"，素被冠以曲苑幽兰之雅称。

戏曲花部和雅部之争由来已久，在京剧没有完全形成剧种以前一直存在。一般认为，雅部即昆腔，花部则为京腔、秦腔、弋阳腔、梆子腔、罗罗腔、二黄调等多腔的统称，也被人称为乱弹。花雅之分，沿袭了封建统治者将乐舞分为雅俗两部的旧例，具有崇雅抑俗的文化倾向。而被上层建筑称之为花部的演唱，却极受民众喜爱，生命力极强。雅部与花部的划分，对戏曲声腔具有明显的褒贬之别，为封建文化观对戏曲认识的具体表现。在中国戏曲史中，将这一时期花部诸腔和昆曲争夺剧坛地位的历史，称为"花雅之争"。时至乾隆后期，昆曲雄踞剧坛之势已遭到严峻挑战，民间的花部乱弹日益兴隆，尤其是乾隆四十四年，各地乱弹进京祝寿，四川艺人魏长生（魏三）以声色鲜人耳目，一时名动京师。几经较量，花部诸腔终以"其文直质""其音慷慨"的优势，在集大成的京剧诞生后，无可争议地取代了雅部昆曲的王者地位。

京剧隶属皮黄声腔系统，徽汉合流（徽班汉调）奠定了京剧诞生的基础。时到 1840 年，一种融合徽调、汉调、昆曲、秦腔、京腔，并吸收各种民间戏曲元素的新剧种应运而生，京剧作为一种独立的剧种形式逐渐形成。从那时起，京剧便开始尝试独立，且很快传遍大江南北，受到观众认可与喜爱。在清代二百多年中，戏曲艺术得到了蓬勃发展，现存的三百多个剧种，其中有二百多个均形成于清代。特别是京剧，成型于清朝末期的慈禧时代。谭鑫培改造传统戏曲的表与演，使传唱京城百年之久的花部乱弹，逐渐走向一种独立戏种的完善与成熟，从而得到慈禧青睐，受到皇家推荐，地位自然水涨船高。谭鑫培六下上海演出，频频制造京剧南下热潮，使观众迷恋来自北京戏剧的独到艺术风采。无论从京剧艺术的内容还是形式而言，谭鑫培对中国京剧创立的贡献无与伦比。

汉剧为湖北地区的主要剧种，俗称"二黄"，亦称"汉调"或"楚剧"。汉剧主要流行于湖北境内的长江流域，并辐射到河南、湖南、陕西、四川部分地区，时到清代中叶，该剧种才逐渐完善成一个地方的代表剧种。清末民初，汉剧慢慢开始班社化，武汉地区相继成立了多个科班，培养出像余洪元、吴天保、董瑶阶等一大批名角，汉剧随之兴盛起来。1962 年正式建立武汉汉剧院，陈伯华为该团唱响全国的主要演员，深得梅兰芳赞赏。

汉剧声腔以西皮、二黄为主，兼有歌腔、昆曲、杂腔、小调和曲调等，其唱腔高亢激昂，爽朗流畅，像人们熟悉的武汉人一样，热情大方，声音洪亮，说话嗓门较高。汉剧剧目约有 660 余个，其剧情内容多为历史演义和民间传说，比如《英雄志》《祭风台》《李密降唐》等。《宇宙锋》一剧最受观众称赞与喜爱，在民众中影响较大，后来被改编成梅兰芳常演的京剧代表剧目。明末李自成率领农民起义，首先攻战秦陇一带，后转战湖北边境，驻扎于鄂北豫南的襄邓之地时间甚久。士兵们每当在战事闲暇期间，便相互学唱歌曲，他们把自故乡带来的秦腔唱得高亢嘹亮，当地人听了觉得新鲜有劲，便跟着学唱。于是，秦腔便逐渐被汉剧吸收，竟而演变成剧中重要的西皮元素。湖北襄阳为北上京城的孔道，与几省接界，宜黄旧腔和安徽高拨子，很早流入其境内，与襄阳原有的老调混合成汉调中最早的二黄根源。

明代成化二年，汉水从龙王庙决口之后，汉口逐渐成为西南各省的交通要道，城邦外扩，商贾繁荣，戏剧成为众多市民迫切需求的精神食粮。于是，与汉口临近的黄冈、黄陂两县的商人，便纷纷地扎堆于此。由襄阳流进的各种歌曲，经过几度蜕化演变，即成为后来较为成熟的西皮、二黄，催生了汉调的最初定型。清朝时期，为了管理和维护治安的需要，朝廷每派出一位将军前往荆州驻防，均由皇室亲贵兼领该职，他们闲来无事就寄情歌曲，荆沙汉调演唱也因此久负盛名。清朝常常用兵西南，荆沙和武汉历来为军事重地，密集往返的人流，便成了传播戏曲最有利的条件。所以说，西南各省的地方戏，大半均脱胎于汉剧。汉剧的演员很多，流行甚广，派别繁杂，大致可分为荆河派、襄河派、府河派、汉河派，他们像今天的京剧流派一样，各有各的特色，但万流归宗于汉剧。九省通衢的地位，营造了长江流域水文化的悠久历史，并且自然地吸取众家之长，融会各种元素于一体，传播于众。汉剧梨园以副末开场为领班，副末以下则分为老生、正生、老外、大面、二面、三面等七人为男角色，老旦、正旦、小旦、贴旦四人为女角色，打诨一人为杂，此中十二角色，是为剧院旧制。

后来成形的汉剧，即简化为以下十个行当：

一末为老年生角，剧中多饰演年老的帝王、宰相、高官、学士、贤士、义仆等正面人物。

二净为唱工花脸，剧中多饰演谏臣名将，如《大保国》中的徐延昭、《白良关》中的尉迟恭、《下河东》中的赵匡胤等。

三生为中年生角，重唱工，多扮演慷慨激昂、忠诚耿直的正面人物，如《文昭关》中的伍子胥、《辕门斩子》中的杨延昭、《法门寺》中的赵廉等。

四旦多饰演大家闺秀、中年妇女、皇后王妃和贞女烈妇，如《二度梅》中的陈杏元、《大保国》中的李艳妃、《二王图》中的贺后等。

五丑应工剧目很宽，可扮演各种不同类型的角色，如老年的贫婆、幼稚的娃娃、昏聩的帝王、狡诈的小吏、耿直的老翁等。

六外为重做工的生角，戏路较宽，如《群英会》中的鲁肃、《表功》中的秦琼、《坐楼杀惜》中的宋江等，均以表演见长。

七小包括文、武小生。文戏如《贩马记》中的赵宠、《二度梅》中的梅良玉、《花田错》中的卞生等；武戏的靠把戏有《芦花荡》中的周瑜、《黄鹤楼》中的赵云、《白门楼》中的吕布等。

八贴是以做工为主的花旦，多扮演年轻少女、风骚泼辣的少妇，如《花田错》中的春兰、《乌龙院》中阎惜姣、《翠屏山》中的潘巧云等。

九夫多扮演老年妇女，在表演风格上有贫富之分，如《四郎探母》中的佘太君、《钓金龟》中的康氏等。

十杂为做工花脸，多扮演勇猛憨直的武将或飞扬跋扈的权臣，如张飞、马武、呼延赞等，以做和打见长。

汉剧与湖北清戏和湖北越调，在民间素有"一清、二黄、三越调"之说。楚调皮黄不仅在湖北省境内广泛传播，艺人们还将其陆续传入邻省。在乾隆年间，楚调随着中国人口大迁徙中的"湖广填四川"进入蜀地，对川中胡琴腔产生重要影响。楚调后来经湖南流入广东，在潮州普宁成立"荣天彩"汉戏班。汉调艺人范仁宝又领班进入陕西安康地区演出，创办了"祥瑞班"，先后传承出"瑞、彩、方、盛"四代艺人。皮黄腔作为三个世纪以来影响最大的声腔，在中国戏曲史上起到了重要作用。当汉剧形成以后，不仅在湖北、江西和安徽等地迅速发展，而且向北流传到河南、山西和北京等地，向南则直达两广和江浙，影响极为广泛。

京剧是在汉调和徽调合流的基础上，吸收昆曲、梆子等剧种的精华而逐渐形成的一种新剧种。在整个演变过程中，湖北汉调艺人为京剧的形成作出了卓越的贡献。乾隆、嘉庆年间，一批出色的湖北艺人，如王湘云、米应先、余三胜、谭志道、王洪贵、李六、龙德云等，他们挟着"楚调新声"和皮黄剧目相继进京，逐渐改变了"徽班"以昆腔为主的格局。谭鑫培的父亲谭志道，原为汉调名票，携儿子谭鑫培进京后，在"三庆班"与程长庚合作，被人称为"京城双杰"，实为京城老旦中的不二人选。谭鑫培从小跟着父亲唱汉剧，后来又拜师程长庚和余三胜，程长庚又是米应先的徒弟，这一支不断线的汉调传承，给了谭鑫培充足的养分和基调。儿时闯荡津京的谭鑫培，即具备了汉调和京城两地文化的熏陶。由于谭鑫培的汉剧家学渊源，又幸获得几位师父的直接与全面传承，对戏曲自比别人有了更深与穿透性的理解与领悟，加上他作为戏曲奇才的天赋，历史便赋予了他神圣的推动中国传统戏曲演进的使命。谭鑫培出生于武汉江夏，汉剧的家传奠定了他的戏曲基础，一生学艺和演艺于津京沪汉，是一位在南北文化熏陶下，自然天成的艺术家，他的演与唱，无须雕琢地呈现出京汉文化之风，不可替代。

古郡风流

GUJUN FENGLIU

千秋古郡

　　文化创造历史，历史承载文化。在人类文明以惊人的高速冲向未来的今天，文化越来越成为点燃人们智慧之火的不竭之能。美丽的家园，永远的江夏，三山三水三分田一分人家的黄金分割，一块神奇的胜地，地灵人杰。

　　江夏，楚文化的重要发祥地。在江夏区山坡街一处 2200 多年前战国楚墓的发掘中，出土了 100 多件文物，给江夏重重打上楚文化烙印。江夏人历来具有五月十五过大端午节的习俗，人们永远崇敬屈原和楚文化。春申君黄歇为楚国江夏人，是海内外公认的黄姓源头，素有"天下黄姓出江夏，万派朝宗江夏黄"之说。江夏更有"楚天首县"和"惟楚有才"的美誉。江夏地处长江中游，为东西南北的过渡地带，社会经济与文化发展呈现华夏文明交汇的特征，多种文化因子的碰撞，孕育了深厚的文化积淀，且不断地丰茂与发扬光大。

位于江夏区土地堂民主村董家湾北部岗地上的五谷城，占地面积约123400平方米，是一座保存较为完好的汉代土城遗址。主城北部有点将台，东城有阅马场，西城有瞭望台，城垣南北长290米，东西宽490米。如今挖掘的城垣历历在目，轮廓分明，古城遗址展现了恢宏的历史风貌。城垣全为棕黄色泥土夯筑，在残缺的断面上，清楚地展现夯土中夹杂破损的瓦片和草木灰，耕土中存有大量汉代陶片等。由此断定，该地在汉代或更早就有人类在此活动。

明代张璞《黄公乡记》等史料记载："西南九十里（指距武昌城），有地名黄公乡……今之太平里（土地堂一带）"，汉关羽、宋岳飞皆屯兵于此。其实，江夏的历史远不止于楚文化起源，只要有心走进江夏博物馆，即能一睹旧石器时期抑或更早的文物。那些跨越漫长岁月的文物，无声地向你讲述江夏的远古岁月。

人类大约在一万年以前进入新石器时代。迄今为止，在江夏境内发现的新石器时代古文化遗址多达14处，大体可分为早、晚两期，分属屈家岭文化和石家河文化，距今约5000—4000年。其中文化积层均在1—3米左右，证明当时人类，已由依赖自然采集的渔猎经济逐步进化到农业经济阶段，原始四处游猎的习俗慢慢隐退，择居一地的新风渐渐滋长。

在江夏境内新石器时代遗址中，发掘出诸多农业生产工具和农业部落特有的生产、生活必需品，如陶罐、盆、碗、纺轮，磨光的斧、锛、铲等器物，鲜明地标志时距四五千年前的江夏先民，已经走出渔猎聚群状态，点燃了最初的农业躬耕之光。他们依靠集体智慧，逐渐掌握使用简陋木石工具砍伐树木，播种农作物，开启了自种自收的程序。在农业耕种的同时，萌发了饲养家禽、制作陶器、纺纱织布的家庭经济，一步一步地迈过进入人类文明社会的门槛。

"江夏"作为一个县，无疑是古老的，但作为一个区域之名，"江夏"却不是"原生"，它源自一个更古老的县名"沙羡（yi，发音同'夷'）"。汉高祖六年（公元前 201 年），在长江与夏水（汉水）的交汇处，诞生了一个名叫"沙羡"的南方小县，县城即设在今天的金口街，那时还被人称作涂口。虽然今天汉水的入江口，从两千年前的原址下移了数十千米，依然还在古沙羡县的版图之内。当时的沙羡县并不大，隶属"江夏郡"管辖。公元 220 年，身负雄才大略的吴主孙权，立志逐鹿中原，特把统治中心迁至鄂地（今湖北鄂城），在今天武昌蛇山东北构筑"夏口"城。坐镇九年之后，于 229 年返回建业（江苏南京）继续称帝。后于东吴赤乌二年（239 年），孙权在夏口上游的"涂口"（今江夏区金口）扩展县治城坊，修筑了一座颇为坚实壮观的沙羡城为军事屏障。

当历史进入西晋王朝时，六十年前的夏口城，已不再只是一座军事城堡，成为一个地域的政治中心。为促进鄂地发展，西晋王朝于武帝太康元年（280 年），重新恢复战乱中被撤销的沙羡县，并将县治移至龟山脚下的夏口城。由此，夏口便成为一个县级行政中心。公元 317 年，镇守建康的晋宗室司马睿，在江南重建晋廷——东晋。在司马睿登基当年，沙羡县领衔王命，不得不离开几成废墟的夏口，回迁涂口重设县治。公元 378 年，沙羡县又被一个强大的北方流亡政府"汝南郡"挤占。朝廷迫于上下双重压力，竟将沙羡正式并入沙阳县（县治设在今湖北嘉鱼）。至此，沙羡作为一个县名，便在史册中暂时消失。江夏县名的浴火重生，不觉已是两个世纪之后。公元 581 年，隋文帝杨坚建立隋朝，结束了自西晋末年以来，长达三百年的分裂局面，使华夏重新进入大一统时期。公元 589 年，隋王朝将治所侨置在涂口的"汝南郡"和"汝南县"合为"江夏县"，且把县治迁至武昌城内。

自江夏县建立之后，历经 1323 年，直至辛亥革命爆发推翻中国最后一个封建王朝，于 1912 年，将具有一千多年历史的"江夏"县改名为"武昌"县，县治仍设龟山脚下的武昌城。公元 221 年，三国时的吴主孙权迁都鄂地，取"武而昌"之义，改鄂县（今鄂州）为"武昌"，并在此登基称帝。在生产力落后的年代，以"武"攻城略地，往往是某些群体最崇尚的发展常态，以"武"卫己，则成了更多族群的自觉需要。1911 年 10 月 10 日，辛亥革命爆发，武昌的确曾因"武"

而"昌盛"一时，不过只维持了两三个冬天。1926 年，北伐军饮马长江，国民革命的中心随之而至，武昌又兴盛了十二年；时至 1938 年 6 月，武汉保卫战爆发，民国统治中心西移，武昌的兴盛又成了明日黄花。虽然，"以武而昌"不是历史必然，但"武昌"留给江夏的历史记忆却隽永。

1960 年，武昌县治由武昌城中的长春观迁至纸坊镇，县名依然沿用"武昌"。1996 年 3 月 28 日，经国务院批准，撤销武昌县，设立江夏区。从此，这个东接鄂州、南通咸宁、西临长江、北枕蛇山的"楚天首县"，再度复原"江夏"之名。从"沙羡——沙阳——（汝南）——江夏——武昌——江夏"，历尽两千余年。当初的"沙羡"带着历史沧桑，最终飘落在今天的江夏区，成为纸坊的一条街道名。每一个地名都有独特的文化来由，而江夏的"沙羡"名称则源自一个美丽的神话。

农历三月初三，相传是天上王母娘娘的生日，每年这一天，王母娘娘都在瑶池举行盛大生日庆典——蟠桃会，各路神仙纷纷来贺。而邀请的嘉宾只限于高级别的天神和大仙，一张蟠桃会的邀请函便成为众神仙地位与荣耀的象征。诸多小仙们不惜付出一切去打通关节，力求进入蟠桃会邀请之列。因赴会神仙众多，天路常常拥堵，一场蟠桃会下来，负责维持秩序的仙人和接待的仙女往往累得疲惫不堪，常常于行走中就睡着了。王母娘娘十分体恤下情，每在会后便给承担服务工作的仙人放上两个时辰的假，让其自由降下凡界放松放松。在神仙们眼里，凡界自有一番有别于天庭的烟火气，尤其是金口金矶头一带的长江边。这里不仅江水清澈，可以尽情地沐浴去乏，特别是江心那块形如蜈蚣的巨大沙洲，更是碧苇遍野，多理想的一处藏匿嬉戏的青纱帐啊。上百里的江岸铺满了金色、银色和青色的细沙，玩累的仙人随身一躺，疲惫顿消，起身时却无半粒沙子沾身。

高立九天的王母，看着一群小仙在沙滩上尽兴玩耍，不禁心生羡慕，不由慨然长叹："真个好沙，令人生羡"。王母突然抬手相问："这美沙之地叫什么名字？"恭立一旁的太白金星忙上前答道，此地暂无名，即请娘娘御赐。王母便随口说"那就叫'沙令羡'吧"。玲珑剔透的太白星自觉"沙令羡"不雅，即上前叩首："娘娘，您的羡慕可不同于人间的羡慕啊，那是至高无上的天羡，理应称作'羡'，自比'羡'字多上一点。老臣猜测您的意思，且把这块地方叫做'沙羡'吧？"王母乐意点点头："嗯，正合我意。"从此，这块方圆几百里的青山绿水之地，便叫作了"沙羡"。

后来，一位少年才俊特为此题写一首赞歌："三月初三春正长，蜈蚣洲上闪碧光；五色沙上风微起，百里山水展天芳。""沙羡"即为"沙子很多很多"，且多得令人"爱慕"。今人看不见江夏金口"沙子很多很多"的实景，但在两千多年前却是如此，在遗存的古老地名中，不难让人窥见历史深处的曼妙，铁板洲、金沙洲、鹦鹉洲、大沙湖、小沙湖……这一系列与"沙"相关的地名，无一不在告诉大家"很多沙"，由此可推知当时由沙而名的地貌奇观。如果有幸乘机鸟瞰，在金水河与汉水入长江的会合之地，会看到这绵延几百里的漫漫江沙像一匹柔软的绸缎，亦如仙女的肌肤，静静地半浸在清澈的江水里。

从名称含义不同到地域广阔有别，历史上曾有过五个不同的"江夏"。第一、二、三个都为郡，第四个为县，第五个为区。第一个江夏（196—208 年），出现在东汉末年。建安初（196 年），汉宗室荆州刺史刘表，为防孙权势力东扩，特任命部下骁将黄祖为江夏太守。此时江夏属郡级，比县级稍高，管辖范围应包括今天长江南北的武昌、江夏与汉阳，郡治却设在江北的"郤月城"（今汉阳地界）。这个郤月城，虽然规模不大，但地理环境独特优越，它南倚龟山，北临汉水，是极为重要的军事屏障。第二、三个江夏（220—589 年），最早出现在东汉末年。建安十三年（208 年），东吴攻破郤月城后击杀黄祖，"虏其男女数万口"。公元 220 年（建安末年），江夏郡实际已经分裂，朝廷遂把江夏分为南北两郡。北江夏郡由朝廷续领，南江夏郡由孙权管辖，沙羡（县治在今金口）属之，这两个"江夏"，当时均为郡治。第四个江夏（589—1912 年），最早出现在隋开皇九年（589 年），朝廷废除江夏郡，改汝南为江夏县。县治开始定于涂口。八年后，再由涂口迁至郢城（今鄂州）。1912 年，为纪念辛亥革命成功，改"江夏县"为"武昌县"。第五个江夏，即为今天的江夏区。江夏为什么叫"江夏"？因为地处"长江"和"夏水"的交汇之处。

古老的江夏，历经数千年兴衰与沉浮，绵延至今。有人竟提出，"江夏"并非我们独有，尤其对文化资源的归属与享有，有时不惜争得面红耳赤。我们从来不否认自安陆以下九江以上曾经的"江夏"历史，更欢迎大家融入今天的江夏，文化从来就没有疆域。只是我们"古时江夏，今又江夏"，千年历史，千年文化，千年传承，千年振兴，使用"江夏"的称谓理直气壮！

江夏历史源远流长，江夏文化底蕴厚重。早在 5000 多年前，这里就有人类活动的痕迹，是著名的屈家岭文化和石家河文化的交会地，至今仍有 3 处国家级的文化遗存：龙泉山明楚王墓群、湖泗古窑遗址、槐山矶驳岸。植根于江夏的国粹京剧一代宗师谭鑫培永远激励江夏儿女。没有历史就没有今天，没有文化似如一块贫瘠的荒野。江夏人拥有的是历史与文化，拥有的是睿智与精神！一块天然的胜地，一群英武的儿女，不懈的追求奋斗。今天的江夏，夺得全省县域经济十一连冠的佳绩，在不懈的传承与发展中，注定迎着风雨阳光，一路高歌猛进！

涂口与金口

　　走进金口的后望街和后山街，古老的印迹寥寥无几，古镇遗风已被历史尘埃深深地掩埋，仅在老人们的记忆中留存。那些青砖灰瓦、条石街面、小巷里弄，虽说损毁严重，但附着其上的青苔，无声地书写着历史的残章断简。

　　2300 余岁的金口街（镇）是江夏最早的古镇，伴随长江码头而兴，可谓江夏的文化基座。

　　金口古称涂口，以金水河（古称涂川、涂水）入长江口而得名，据文史资料考证，涂口的由来与大禹有关（1984 年文物普查，在金口发现了"涂川古碑"）。《吕氏春秋·音初》说："禹行功，见涂山之女。禹未之遇而巡省南土。涂山氏之女乃令其妾候禹于涂山之阳。"涂水，为纪念大禹之妻涂山氏而得名。早在汉口发迹之前，"涂口水运繁华"，为后来的汉口兴旺，铺开了历史篇章。直到宋代，因此地发现金矿而改称金口。汉隋时期为郡县治地，上起川湘，下至江浙商船，多来此经商交易，为古代商品集散地和中转港口。时至明代，武汉三镇逐渐兴起，作为商埠重镇的金口镇，依然享有"黄金口"之称。

晋代名人陶渊明乘舟回江陵，曾在涂口借宿，留下诗篇《辛丑岁七月赴假还江陵夜行涂口》："闲住三十载，遂与尘事冥。诗书敦宿好，林园无世情。如何舍此去，遥遥至南荆。叩枻新秋月，临流别友生。凉风起将夕，夜景湛虚明。昭昭天宇阔，晶晶川上平。怀役不遑寐，中宵尚孤征。商歌非吾事，依依在耦耕。投冠旋旧墟，不为好爵萦。养真衡茅下，庶以善自名。"唐代诗人宋之问有《涂川宴别》诗："水广不分天，舟移杳若仙。清江浮暖日，黄鹤弄青烟。积水移官盖，遥风逐管弦。嬉游不知极，留憾此山川。"由此证明，金口自古即为一处重要的水上交通要塞和繁华商贸之地。

公元前 350 年，楚置沙羡于涂口，此地已发掘出两座楚墓，可印证史书记载。公元前 278 年，秦将白起拔郢设置南郡。秦自惠文王开始，为统一全国，建立一个强大的封建帝国以加强中央集权，在其领域内一律实行郡县制，沙羡秦时属南郡。汉高祖六年（公元前

201 年）置江夏郡，下设沙羡县治涂口。东汉兴平二年（195 年）荆州牧刘表，令江夏太守黄祖据夏口以拒吴。黄祖移沙羡屯于沔右郤月城鲁山（今汉阳龟山），沙羡县仍治涂口。

东晋咸和二年（326 年），颍州汝南郡民为避石勒之乱而流寓江南，始设侨治汝南郡，郡治设涂口。成书于北宋年间的《太平寰宇记》载："金水在江夏县南。"据此可知在北宋时期，涂水已改名金口，涂水随之称为金水。东汉末年，那时的金口（涂口）已建城 400 余年，为武昌之外的一处重要水运码头。早在晋代时期，金口就开设有武汉最早的茶市。后来汉口崛起，迅速走在时代的前沿，金口有所逊色，但依然被人冠以"小汉口"之名。

金口赤矶山，古名赤壁山，又名赤圻山，位于镇南约 5 公里处。东为绵延的山丘和高地，西为广阔的平原和长江，北有槐山和大军山，形成水陆相锁之势，确为易守难攻的险要之地。据《水经注》载，东汉建安十三年（208 年），三国孙（权）刘（备）联军破曹（操）的赤壁之战即发生于此。清康熙五十三年《江夏县志》载："赤壁山在金口，盖周郎破曹操处。"清同治八年《江夏县志》载："赤壁山在县南七十里，高耸如笔，旧传楚有赤壁五，此其一也。"

《汉阳府志》记载："县治西南五十里，原吴魏相战，陈兵两山之间，故以大军小军为山名。"《嘉靖一统志》说："大军山在汉阳西南六十里，高百余尺，每出云遇雾，则数十里皆雨。小军山在县西南五十里。二山皆以吴魏相持，陈兵山间，故名。"明人朱国俊有《大军山怀古》诗："大军形胜俯江流，古庙千秋祀武侯。暮雨青燐飞赤壁，东风铁甲满沧州。指挥割据三分定，次第荆梁一战收。荻影萧萧迷故垒，舳舻散尽有渔舟。"近年来，通过文物普查，在金口大洪家湾附近，发现分布密集的东汉末年至三国时期的古墓群，无数的金戈和长矛，铁证此地为赤壁战场无疑。

金口的历史文化景点众多，较为著名的有三台、八景、九庙、一庵。

三台分别为祭风台、梳妆台、凤凰台。

八景分别为龙床叠被、犀牛望月、狮子盘球、金鸡报晓、迴峰落雁、凤凰展翅、鲤鱼撩花、纱帽圆顶。

九庙分别为张王庙、东岳庙、吴主庙、关帝庙、丁公庙、药王庙、杨泗庙、龙王庙、七圣庙。

一庵即白衣庵，位于金口镇熊享堂湾附近。庵中供奉有白衣跣足观音菩萨与女娲娘娘神像（现已毁）。

金水闸，位于金水河下游禹观山（现金口电排站），修建此闸酝酿于1924年秋，建成于1935年3月，历时11年，耗资90万美元。金水闸修建前，每遇洪汛便江水倒灌，致使现在的江夏区范湖、法泗街、马鞍山街、河垴以及临近的嘉鱼县和赤壁市部分地区，几成一片泽国，蒋介石决心修建金水闸水利工程。该闸由美国人任总工程师，奥地利人任工地总监，闸门由英国公司设计，荷兰人参与计划审查。蒋介石亲笔题写"金水闸"三个大字，镌刻在闸旁那块巨大的白色大理石碑上，背面为全国经济委员会的纪念碑文。

明败清盛之后，汉口商埠规模逐渐壮大，金口商埠退而次之。清同治十三年（1874），英国太古轮船公司开辟汉口至宜昌线中途泊金口。民国初年，先后有 9 家轮船公司开辟金口至咸宁、蒲圻、嘉鱼等地航线，进一步促进金口的商业繁荣。据 1934 年全县码头工会会员登册记载，金口镇有正式码头工人 193 名，分属"土码头"与"官码头"。"土码头"工人 16 名，"官码头"工人 177 名，他们专业从事长江和金水河码头船只货物装卸，拥有大小坐商 340 余家。当时就有"四多一好"的说法，即鲜鱼多、菜馆多、酒楼多、槽坊多、菜好。

金口饮食文化极为丰富，皮杂、黄肉、烧腊等，在湖北菜系里享有较高地位，有些特色饮食流传域外多省，曾经得皇帝品尝与赞赏。在众多特色饮食中，最令金口人自豪的即为生炸丸子、烧腊和狮子头白菜，这是让人想忘也忘不了的三道菜。伶界大王谭鑫培，曾将故乡"抄手"这一饮食名词，引入与梅兰芳对戏的台词中，提高了国人的认知度。

槐山矶驳岸，一处坚硬苍凉的古迹，是古镇金口一个经典的文化符号。槐山矶上的几块碑石，镌刻着时光的印迹，为江夏区三处国家级文化遗存之一。

第一次游历槐山矶驳岸，深刻的记忆永难磨灭。在斑驳的矶石中，似乎潜藏着无尽丰富的语言，让人情不自禁地走近。驳岸上的矶石，一律为湖南麻石（花岗岩的一种）铺砌，在那些条条深凹的凿痕里，堆积着层层剥不开的历史陈迹。江水无情地将时光带走，却永远带不走矾石的沉淀记忆与倾情诉说。

槐山矶驳岸，位于槐山西麓，与中山舰沉没及打捞处比邻。矶驳岸雄峙江滨，扼金水会入长江口。山脚矶石突兀，水下暗礁密布，江流湍急，波浪翻滚，航行危险，商旅惊骇，故名"惊矶头"。清光绪七年和八年，湖北按察使司与湖北武昌府分别在槐山下立碑示禁："槐山矶一百二十丈和龙床矶八十丈界内，永远不准在此设罾，倘敢故违即拿案严办。"槐山矶驳岸，建于明朝嘉靖年间，为3层台阶式条石结构护岸防水堤矶。驳岸上有三块由省市和国家树立的文物保护标牌：一九八三年四月，由武汉市人民政府树立"武汉市文物保护单位"标牌；一九八八年十月，由湖北省人民政府树立"湖北省文物保护单位"标牌；二〇一五年，由中华人民共和国国务院树立"全国文物保护单位"标牌。

槐山矶驳岸全长247米，平均高度7米（最高处9.3米），自下而上共3层，总高12.7米，宽6.2米。每层设有2米宽的纤道，行走往来宛如坦途。上层台阶临江面装有金瓜顶方形望柱，高0.6米，宽0.25米，共计130根。两柱之间，用整块长方形石块嵌成栏板，每块宽1.5米，高0.4米，由花岗岩石雕凿的栏板共计129块，抱柱鼓形石163块。根据江水缓急，设有"牛鼻式"缆石，以梅花桩结构嵌入驳岸墙体，由下至上逐渐增多，共计222处，便于船工撑篙系缆。驳岸采取一横一丁错缝平砌法构建，以大块花岗岩方形条石砌筑，壁面底层具有少量红砂石。槐山矶驳岸如一条蜿蜒的巨龙，横卧在槐山脚下。纵观整个驳岸，气势雄伟，布局合理，构造精巧，极具明代雄浑大气的建筑风格，精巧的计算和精密的施工，让人赞叹不已。槐山矶驳岸，是现代少有保存完善的古代大型水利建筑工程之一。

槐山矶被传为一寡妇筹资所建，当地人又称其为"寡妇矶"。因航行至此地的船只，常常在风大浪急中遇险倾覆，船夫之妇为寻觅出船未归的丈夫而至此，面对滔天巨浪拍打，水流湍急，漩涡重重，凶险至极，船夫之妇因思念丈夫而饮泣，伏地而拜，祈祷中祝愿天下行船人永远平安。于是，她下定决心筹款，尽自己一切所能在此修筑矶石驳岸，以保水运人平安往来。所以，该驳岸被后人称为"寡妇矶"。驳岸全长约300米，建造所用花岗岩条形巨石数以万计，按情理推测，在当时那个年代，这么浩大的工程，实为一寡妇之力所难成就。据文献记载，该驳岸应为明朝嘉靖年间官府筹资兴建。"寡妇矶"的称谓，也许是人们企求平安的一种心态吧。

站立驳岸面江远眺，首先映入视线中的肯定少不了龙床矶。龙床矶，一块水中巨石，页岩层叠如被，其状犹如龙鳞一样。在龙床矶的前方有一组凹石，形似龙口，内中恰有一石状圆如珠，以此呈现天然的龙口戏珠之态。因山岩无遮无挡地突兀立于江中，常年被江水冲刷，岩石重重叠叠而龙鳞剔透，远看如卧龙横亘江面，近看似一床巨被重叠。相传宋太祖赵匡胤兵败流落至此，浑然中躺石而眠，一觉醒来倍觉神清气爽，回首凝眸，顿感亲切，还有一分不解的神奇。后来，赵匡胤开国登基坐上龙位，特下召将此石封为"龙床矶"，现为金口八景之一。

在龙床矶上游的江滩上，有许多附加堆纹陶缸碎片，下游还有些许绳纹陶片、鼎足，在江壁土层里有陶鼎足、残缸片，文化层积较为丰富。1984年，武昌县（今江夏区）文物部门在此采集鼎足2只，绳纹陶片2块，红烧土1坨，黑陶片1块。根据标本鉴定，龙床矶为新石器时代屈家岭文化遗址，现已列为县（区）级文物保护单位。沿江上游不远处，还有一块礁石名叫"撩花石"，因江水受礁石阻挡而拍击，致使浪花飞溅不止。礁石犹如一条在江涛中游弋的鱼时隐时现的鱼背，故有"鲤鱼撩花"之称。"龙床矶"和"撩花石"两景，惟有丰水季节才能观摩，但洪水太大时江水会完全淹没其体，需静待水落石出。

挺立驳岸，举目南望，武汉新港金口港区（金港新区）位于军山长江大桥下游处，码头新建重件泊位和多用途泊位各一个。金港新区是江夏惟一兼有深水码头、高速出口和铁路专用线三大优势的区域，金港新区可经武金堤公路（南环线）至京港澳高速公路与沪渝高速公路立交口，经军山长江大桥连接长江两岸107国道和318国道，金龙大街贯穿金港新区，连接武汉东湖高新技术开发区（中国光谷）。通用公司规划在此建设23座码头，林立的码头成为江边的一道独特之景。今天新建的港口码头，使槐山矶驳岸的繁华再现，也让古老的码头焕发新生。

八分山和梁子湖

一

在一次茶话交流中，谭孝曾偶然探问起江夏八分山。八分山位于武汉市江夏区纸坊镇城西，山上古树参天，诸多珍稀树木和名贵药材生长其间。八分山虽然并不太高，却是江夏群山的象征。我以自己的一趟"八分山之旅"为引向他讲述起八分山的风物传说。

那年五一黄金周，我和妻子激情加入"八分山之旅"，同行满是花季雨季的年轻人。生在山边长在山边，山中一草一木都是我童年的读物，小树长高了我也长大了，沿着那条山路离别故土进城，眨眼三四十年已逝，而那些熟悉的山水却种下难忘的眷恋。人在路上走，心在景中游，几分乡愁即被山的亲近感化了。山路自南向北而上，半山处又悄悄地折转向西。抵达山顶，团队中途休息，我轻轻地走近妻子，俩人同坐在一块黑色山石上，一路上都唯恐她体力不支，看她酒红的脸上写着笑意，这才心定。山深林深树深，一地的马尾松叶，踩上去厚厚软软的，山中的静谧洗涤生活受伤的心情。深深地吸口气，一股青草气息混合花香沁人心脾，滋养我少小就不大健康的肺叶。我向大山许诺，待到放下人间所有俗务的那一天，一定来与你为伍。

耳旁传来断断续续的木鱼声，循声望去，慈云寺赫然在目，顿有所悟，难怪心中突发出世之感，原是受了佛音感召。中国佛教名寺总与名山大川相关联，名山藏古刹，古刹扬名山。慈云寺始建于唐朝，历经数百年兴衰，几分斑驳的寺门却掩不住信徒的十分虔敬。四周的树木枝叶漫过寺墙，一寺的清风飘荡着香火气，山灵寺静好一处净土。我静静地双手合十，几遍默念南无阿弥陀佛！今天的慈云寺，早已启动拓展重修工程，规模之大超越历史，即将给众生带来一块古老历史传承又焕然一新的佛教圣地。

八分山属鸽子山余脉，山峰一座连着一座，高低错落风水极好。八分山原名八宝山，相传山中藏着数不清的宝贝，常常放射出神光异彩，仙人们常耐不住天庭寂寞，便结伴云游来此，为了维护山界秩序，玉皇大帝特遣具有千年道行的乌龟精和青龙下界镇守。乌龟却抵不住诱惑，趁青龙睡觉之际，竟然监守自盗。那年大年三十夜，乌龟精悄悄地做起法来，只见它腾空而起，伸出两爪直向宝山抓来，砰的一声碰得山顶金星飞溅。被响声震醒的青龙，发现乌龟精的可耻之举急忙上前制止。盗宝心切的乌龟精哪里听得进青龙劝阻，一言不合双方便打斗起来，一时间竟搅得山摇地动。因一时难分胜负，时间一久惊动瑶池。王母娘娘拿起天魔镜一照，只见乌龟精和青龙正在八宝山上恶斗。一个盗宝心切，一个护宝情真，一时间打得难解难分。终究邪不胜正，乌龟精渐落下风。狡猾的它心知不妙，一边与青龙缠斗，一边暗用尾巴将散碎的金子卷进甲壳，准备挟宝潜逃。这一切皆被王母娘娘看得真真切切，暗恨自己竟然委托了老鼠看仓。愤怒的王母娘娘来不及取器械，顺手借过桃园神手中的扁担，径直朝乌龟精打来。面对王母娘娘泰山压顶的神力，乌龟精自知招架不住，立即抽身逃回自己的老巢。仓皇逃命中，乌龟精不觉将卷进甲壳的金子沿路洒落在八宝山旁的一条深港里。后来，人们在这条港上修了一座石拱桥，取名"黄金桥"。为了惩治乌龟精，王母娘娘盛怒之下一脚踏下山来，只听一声巨响，竟将八宝山踩裂成八块，便成了今天的八分山。王母娘娘从洞中揪出乌龟精，将手中的扁担一头抵住八宝山脚，一头顶住乌龟精的头颅，使乌龟精寸步难行。于是，这里就有了一座乌龟山和扁担山。为了奖赏和安抚青龙，王母专程派人为其修了一座庙宇以旺香火，庙前还掘出一个硕大的蛟龙池（八分山水库），以供青龙戏水行云。

　　慈云寺后院约 300 米处，有一块子午石，因日月之光分别于子午之时正好照在此石之顶，所以得名子午石。古时某一年盛夏大旱，人们都聚集在八分山顶祈天降雨，突然有人发现了这块子午石。其正位于山巅，其形有别于它，其身大汗如雨。见此石之怪，大家便齐聚怪石旁向天祷告，结果乌云顿起，雷雨大作。于是，子午石便成了保佑一方的祈雨神石。后来，每遇天旱，人们便来子午石旁祈雨。不仅人们自发地上山，地方官员也会着官服登山，与民众同心祈天。八分山既是清代省会的朝山，更是百姓心中的神山，子午石在民众心中充满灵气。

　　八分山这段神奇的故事，在任桐编写的《沙湖志》中有记载："元郡守李贞祈雨于此，见巨鳌入潭中，雷雨大作。"子午石整体见方而顶圆，是一块由群石环绕的怪石，东侧正中横刻"子午石"三字，正南面竖刻"八分山之神"五字。据考证，这八个字为清代嘉庆十二年（1807 年），由湖广总督汪志伊率团八分山祷雨时所撰写。

　　仁者乐山，爬一回山便多出一分仁厚，念一回佛便厚积一分善缘，但愿天下仁爱多多，幸福多多。八分山的故事很多，风景数不胜数，恐怕一次插空讲述难以概全。望着我的收语之势，谭孝曾似有意犹未尽之感。我以一笑而复："要知八分山究竟，请听下回分解。"谭孝曾竟然接出一句京剧念白来"那我只有静候于你了……"大家笑得格外爽朗。

二

梁子湖的湖光山色，堪称天下一绝。余秋雨为此曾竖起大拇指说，梁子湖居然还有桃花水母出现，实在值得向江夏人祝贺。有人说，梁子湖比未污染前的云南滇池还美！

那年仲春季节，气温有些热情起来，一路和风一路花香。陪谭孝曾前往梁子湖的我，直被路旁景色所迷，感觉与往常真不一样，似乎浓烈一分故土之恋，更有一分重入仙境之妙！那天小风无雨，躲进云层的太阳不时露脸一笑，半云半雾间梁子湖静得像一首诗。站在北咀滩涂，遥望南咀那团驼峰样的绿，轻风吹拂让人心旷神怡。凡来梁子湖的游客，都会忍不住乘船游湖兜风。我们乘坐一艘水上快巴，眨眼便将北咀甩在身后。湖水清澈见底，一片湛蓝自逼海境。飞驰的快巴掀起一路巨浪，将平静的湖面捣得粉碎。绿油油的水草随波逐浪，水中鱼类早被快巴惊得四散，使人无法搜寻它们水间的漫游身姿。沿湖山影蒙着一层淡淡拨不开的雾，水天衔接之处似入梦幻之中，给人捉摸不透的美感。相传自高唐县沉没之后，行船梁子湖中若运气好，即能看到水中浮现高唐县城完整的街景。在清爽的湖风吹拂下，陪同人员用他低沉而美妙的嗓音讲述着"娘子湖"的神奇传说，竟将大家带入那条可感而不可触的时光隧道，痴迷在遥远而又隐约近身的景物人事中。

从娘子湖到梁子湖，演绎了一部神话传奇，把千年烟波化为一缕深巷记忆。相传在很久很久以前，梁子湖原是一块陆地，属高唐县境，城里遍布富商巨贾，百姓安居乐业。有一年，高唐县换了一任新县官，姓何名海仁，他好酒好财又好色，上任伊始，天天泡在迎来送往的酒席中，很少处理政务。不论谁送礼送钱他都笑纳，一见漂亮的女人就千方百计要弄到手，后来竟公然派衙役在大街上抢女人，闹得满城鸡犬不宁。于是，大家送给他一个谐音绰号"活害人"。

一天，不知从哪儿走来一个邋遢和尚，他疯疯癫癫地拿着一把破伞满街叫喊："换伞啰，破伞换好伞啰！"看和尚如此怪异，任他喊了一天也无人搭理。临近黄昏天将下雨，中年樊姓妇人担心和尚遭受雨淋，拿出家中一把好伞递给了他。和尚竟不言谢地接过来，却将那把破伞硬塞给妇人并说："这把破伞你拿着，到时候可救你母子之命。近几天，高唐县会发大水，县城都会沉没。你让儿子每天清晨去县衙门前看看，如见狮子口中流血，大水即将来临，你们母子赶快往城外的高山上跑。"说完即转身没了踪影。

按照和尚说的话，樊姓妇人的儿子每天蒙蒙亮就去县衙门前看石狮，一连几天，这让赶早市的屠夫十分好奇便询问缘由。樊姓妇人的儿子便如实相告，屠夫不觉大笑，哪有石狮子口里会流血的？第二天清晨，屠夫比那年轻人起得更早，且恶作剧地将一碗猪血倒入石狮口中。那天，樊姓妇人的儿子看见狮口流血，用手一摸还是热的，惊得他一溜烟跑回家。于是，母子二人便奔跑着通知街坊邻里赶快逃难。刹那间惊雷乍起大雨滂沱，数丈高的浪头直卷而来，樊姓妇人的儿子背着母亲跑不过浪潮。突然眼前飘来一片荷叶，儿子即将母亲放到荷叶上，娘却紧紧地拉住儿子的手不放，直到娘俩都坐上了荷叶。母亲没忘邋遢和尚的话，急忙撑开那把破伞。神奇的是，那把破伞像一屋顶盖风雨不侵，娘俩稳稳地浮在水面上。那场大水过后，高唐县沉没，变成一个巨大的湖泊，"活害人"淹死了，乡亲们却得救了。樊家母子坐的那片荷叶化成一片绿洲，后来就流传一个神话"沉没了高唐县，浮起了荷叶洲"。历经劫难后的人们为了感恩，便将这座湖泊起名为"娘子湖"。也不知过了多少岁月，人们叫着叫着，便将"娘子湖"叫成了"梁子湖"。

梁子湖地处江夏区东部，为湖北省第二大淡水湖，其间的鸭儿湖、三山湖、保安湖等湖泊相对独立又互相通连。全域水面 45.6 万亩，数百处湖汊各具天然景色和别样风情。现今的梁子湖依然保持二类水质，可以直接饮用。尤其是青山岛（四面环水）周围，常见桃花水母浮游。桃花水母对水质要求特别严格，必须是一至二类水质，否则不能生存。梁子湖产的武昌鱼闻名遐迩，曾经得到几朝皇帝的称赞。"才饮长沙水，又食武昌鱼"，毛泽东的一句诗，更是让武昌鱼名扬四海。那年中国女排首次夺冠，原武昌县派人连夜乘飞机进京，将一尾尾欢蹦乱跳的武昌鱼送给中国女排，以表示全县人民的崇高敬意！余秋雨曾在游览梁子湖时欣然挥毫写下"千古江夏诗文在，梁子湖畔蟹正肥"。现在的梁子湖螃蟹，早已远销港澳和东南亚，每年的梁子湖螃蟹节，购货的车辆和人流将梁子湖挤得比汉正街还火爆。令人惋惜的是，那次谭孝曾初到梁子湖时季节不遇，不然可让他品尝一下梁子湖螃蟹。

虽说没有吃到螃蟹，满桌丰盛的鱼宴也让谭孝曾称赞不已。有鳜鱼、青鱼、草鱼、鲢鱼、鲫鱼、胖头鱼，当然还有那盘少不得的武昌鱼。有红烧、有清蒸、有干扁、有油炸，还有黄焖……尤其是那盘糍粑白鱼块，为厨师精心烧制。厨师将一块块腌制半干的鱼块放在平锅里，开文火用筷子夹着慢慢在豆油中煎炸，并不停地翻面。一不能火候太嫩，否则颜色不上眼；二不能火候太老，否则不仅失去色泽且差了口味。当那盘糍粑白鱼块一落桌面的时候，不由得被众目齐视，香气直往鼻子里钻，无论是色还是味，都让人抵不住诱惑。那天，谭孝曾依然独饮他心爱的红星二锅头。酒后他拍着肚子对我说："陈本豪，真感谢家乡，今天是我这些年来吃得最开心的一回，只可惜肚子容积不够。"

在湖边游玩的时候，迎着微风吹皱的湖水，谭孝曾长吁一口气说，"竟不知故乡还有这么好的美味和美景，我为什么今天才知道呢？"今日梁子湖风景区严格遵循"重点保护，适度开发，控制接待"的战略规划，因此少有的几个旅游项目天天游人爆棚。谭孝曾意味深长地说，这样的战略高明，这样似如仙景的梁子湖千万不能过度开发人为地破坏了！

星月龙泉山

  龙泉山，地处美丽的梁子湖畔，深山藏云，秀水含诗，烟雨四季，清风如歌，好一处仙山神水之地。

  龙泉山原名灵泉山。早在唐朝天宝年间，宰相李磎开基造屋凿地，无意间掘出两股清泉，故而修成东西两井。东井弥漫雾气则晴，西井弥漫雾气则雨，由此观测天气非常灵验。于是，这东西两泉被人们视为灵山之泉，灵泉山之名即由此而来。后来更名为龙泉山，一为山形龙体，二为王者气象。龙泉山实为南北并行相间的两条山脉，北为天马，南为玉屏，两山之间是约 7.6 平方公里的幽谷，恰似两条巨龙横卧，大有二龙戏珠之态。后来朱桢将此地辟为王陵，自然沾了龙气。无论是"灵"还是"龙"，都名副其实而情理相兼。

朱桢，明太祖朱元璋第六子，永乐皇帝朱棣之弟，他的陵寝位于龙泉山天马峰南麓。朱桢就藩武昌为楚王，61 岁病逝于永乐年间，获谥号"昭"。他生前多次统兵征讨湖广、四川、广西、云贵等地"蛮族"，既威且尊，一度为朱元璋的湖广全权代表，地方文武官员皆俯首听命。直至朱棣（朱桢四哥）登基"削藩"后，朱桢才收敛杀伐之气，转为韬光养晦，赢得朝廷信任，兼任皇室宗人府宗正。据《明史》记载：当年，朱元璋率军至武昌征讨陈友谅之子陈理，结果陈理兵败请降，朱桢恰好此时出生，朱元璋一高兴竟许诺将其封为楚王。洪武三年（1370 年），6 岁的朱桢被正式册封，在黄鹤楼下的蛇山之阳建造王府，统治武昌诸地长达 43 年。

朱桢每年都来灵泉山避暑，见此地山环水绕风光优美，不禁感叹："惜乃阳宅，若为阴宅极佳。"得知昭王对该地垂青，身边的智囊们便暗中安排经营，遍请经卜工师勘察，将灵泉山论定为"五龙捧圣吉地仙壤"。因"吉地"安有汉朝舞阳侯樊哙、元相沈如钧、明吏张添佑等诸多高官的墓室，他们的后裔均安于此地且繁荣昌盛，要将其据为己有绝非易事。于是，朱桢心中盘算，要么采取赐以朱姓笼络，要么用外地三亩置换内地一亩的补偿方式，但均遭到久居此地的八大家族的强烈抵制。

汉高祖刘邦曾以武昌为樊哙封地，樊哙身后经孙子迁墓于此。远从汉代起，樊、李、杜、张、沈、曾、董、邹八大家族，诸多官员隐士陆续迁居此地，将这片昔日安静的山间盆地，逐渐发展成闻名遐迩的"灵泉古市"。其间有唐朝宰相李蹊的"万卷书楼"、元朝宰相沈如钧的"万寿台"等一大批古典式建筑群，人文兴盛，市场繁华。

因地属之争未了，直至昭王殡天时也未能顺利安葬，只能停棺山下。昭王与八大家族的地属争斗持续了较长一段岁月，多次触动皇权朱批，闹得朝廷上下风雨满楼。终使人才如星斗、大员满朝野的八大家，也不得不割地求安。自昭王入土后，此例一开，各代楚王相继在此修建陵墓，此间便成为了昭、庄、宪、康、端、愍、恭、巴陵卓、简九王陵寝，皇家禁地。往昔如日中天的"灵泉古市"，由此变成冷气森森的楚王陵园，形成了"北有十三陵，南有九王寝"的明代墓葬群落。

脚踏龙泉山落叶的松软，任凭冷风迎面吹拂，沉静中追逐皇家远去的星月，却难以抹去八大家族屈辱而退的家园风情。人们对八大家族的记述，不仅仅来自书本，民间传说更加生动。八大家族中高官辈出人文蔚起，唐朝的李郇、李蹊，元代的沈如筠，均官至宰相，宋朝的冯京，明代的曾泰，科举夺魁被钦点状元。时至元代，龙泉山一带，八大家族骤然兴起，处处亭台楼阁，花圃莲池，好一派人间万象。历经数代人打造，龙泉山下遍布独具一格的建筑群体，有灵泉寺、灵泉书院等。于是，文人墨客纷纷前来卜居或漫游，这里遂被人们视为世外桃源和诗乡福地。

为了拯救和保护历史文物，1981—1982 年，武汉市开始对龙泉山文物古迹和梁子湖自然景观进行有计划的保护性开发，对昭王陵进行较大规模的修整，逐步恢复一些地面建筑和重要景点，并将龙泉山和明楚王墓群辟为旅游风景区。2007 年 4 月 15 日，作为市级重点工程，系列楚王墓抢修工程正式启动。修缮工作由明十三陵建筑工程中心统一负责施工。除明楼抢修完工外，还修缮了楚王墓登城马道，进行方城墙体剔补等。现在建成开放的有楚天名山牌坊、远眺亭、楚昭王陵园、龟碑亭、婆婆树、樊哙雕像及樊哙墓等。

明楚昭王墓，不仅为历史记载也广为民间传说，但二妃山墓葬群落却早被岁月尘封，至近代开发才得以展露真容。二妃山墓群，密藏灌木丛中，藩王家族墓群特征丝毫不露。由于湖北省体育中心基础建设征用二妃山部分地域，考古研究所才组织力量对这片区域进行抢救性考古发掘。否则，那些埋葬墓室中 500 余年的明代中前期瓷器难有出土之日。当时挖掘出土的瓷器均为明朝中前期官窑制品，包括青白瓷盘、豆青釉青白瓷碗（盘）、高足碗、青白瓷盏（盖）、绿釉瓷壶、绿釉青白瓷瓶、绿釉青白瓷盒和青白瓷盅等，均保存较好。

龙泉山被公布为全国重点文物保护单位的古墓葬共有 55 处，其中包括二妃山墓、帝王陵墓、名人墓等。从明代楚昭王朱桢开始，从明初至明末共有八代九王葬入龙泉山王陵，贯穿明代始终，形成较为完整的明代藩王墓葬群，为研究明代藩王体制、皇家丧葬制度以及明代武汉地方的政治、经济、文化、习俗等，提供了珍贵的实物资料。早在 1956 年，龙泉山明楚王墓群，即被湖北省政府公布为第一批省级文物保护单位，后被国务院公布为第五批全国重点文物保护单位。在湖北省文化厅、武汉市人民政府的直接领导下，由省文物考古研究所主持，市县两级博物馆联合组成考古队，于 1991 年初开始对明代楚昭王朱桢墓进行了考古勘探和发掘。

根据考古需要，专家们将墓葬分别编号，以利依次发掘和文物登记。他们首先清理 M2 墓室，随后清理 M1 墓室。M2 号墓和 M1 号墓在出土瓷器外，各有一块墓碑，根据碑上墓志铭得知，M1 号墓的下葬时间为明成化七年（公元 1471 年），M2 号墓的下葬时间为明正德四年（公元 1509 年）。从明代官爵上讲，朱桢是朱元璋的儿子，被封楚王，为亲王爵，而朱桢的儿子为郡王，郡王的儿子便是将军，那时的朝廷官爵封制等级分明，除个人有功于国家而获特别加封外，皇帝儿孙得依次承袭。

分封制度，为我国古代传统社会产物，从秦汉开始就不断地变化和调整，有着曲折起伏的历史演变过程。明王朝的朱姓藩王，对明代的政治、经济、军事各方面产生了重要影响，一直以来为学术界研究的重点。自明朝立国后，朱元璋吸取历朝败亡的教训，认为皇族实行宗藩制度有利于维系政权统治。于是，他将自己的皇子分封到许多重要地区，并赋予藩王巨大的自治权力，在各自发展与地方稳定中维护中央。朱元璋逝世后，藩王们却拥兵自重，形成各踞一方的形势，成为建文帝的心腹大患，终因建文帝君臣缺乏相应的战略眼光和政治手腕，导致削藩事败而政权颠覆。

鉴于前朝之失，朱棣对控制藩王极为重视，他采用政治限制和经济优待并重，这一治国方针被其后的洪熙、宣德诸帝继承和发展，明代藩王最终由早前的实力型贵族，逐渐转化为寄生型贵族。就明朝整体而言，从洪武到永乐，明朝藩王制度几经变革而最终得以稳定，楚昭王朱桢既是一粒暗伏不动的棋子，更是一位既得利益者。朱桢封地武昌，位于当时的京师上游，地理位置非常险要，尽管明朝初年政治局势波诡云谲，藩王制度也曾发生诸多变化，但朱桢一生却能长期保持尊崇地位。在建文朝时，朱桢虽然未被列为削藩对象，军事才能却受到限制而失去用武之地（这为他在"靖难之役"时坐镇武昌按兵不动，并未驰援京师，立场暗中偏向燕王，而埋下不无根由的政治之怨）。到了永乐时期，朱桢极为收敛，从而赢得朱棣的信任与赞许，备受朝廷恩宠，被誉为"贤王"，人们不难看出其中的历史根由。

走进龙泉山风景区，汉朝开国大将军樊哙雕像和墓葬值得凭吊。樊哙纵横疆场，杀敌无数，战功卓著，为大汉王朝的创建立下显赫功勋，得封舞阳侯。樊哙最终魂归楚地，葬于龙泉山的天马峰下。站在樊哙墓前，走进漫长的时空隧道，去追寻与品评樊哙勇武之下的智慧谋略，如果读者细品《史记》，应该不难看出，樊哙勇不掩谋的智慧谋略，无不隐洒于司马迁的字里行间。

婆婆树（朴树）为龙泉山风景区中的一大景点，树粗需两三人合抱，冠盖达数百平方米，凸出地面的根茎，犹如一幅天然的九龙图，让人拍案称奇。历经岁月传颂，婆婆树渐而物象神化，常年得奉香火，为民间带来一份安佑。有关婆婆树名的来历之说诸多：其一，据传，该树系明洪武年间状元曾泰之母所栽，迄今已有 600 余年。人们为纪念这位状元母亲教子有方，故将此树取名为婆婆树。经林业专家鉴定，此树龄应大于曾母所栽之说，曾母说实为文化象征。其二，朱桢被封楚王后，欲在此地建陵寝，嫌此树长在龙脉之上，故下令砍伐。周围湾村的几个老婆婆则闻讯赶来，手牵手地将树围住，即以生命护得此树未遭砍伐之厄，故被人称为婆婆树。其三，据当地人讲，此树特别阴佑妇人，周围村庄里的女性均能延年益寿，百岁高龄的婆婆屡见不鲜，故被人们称为婆婆树。以上三说无须考证，该树年龄之老和形状之奇，确为稀有，具有传颂资历，得奉民间香火也不为奢。

坐落于楚昭王陵园西侧的灵泉寺，庄严肃穆佛光朗照，历经沧桑，从玉屏山迁至天马峰南麓，重建后的佛寺超越往昔气派，终日晨钟暮鼓，香火满堂。怀着虔诚的心境跨入大雄宝殿，满堂的梵唱悲咒，超度的是历史往生，普照的是时代光明，祷告的是未来祈愿，安慰的是劫难心灵。无边的木鱼声，不尽地敲打着日月轮回的韵律。无论多少兴衰成败，沧海桑田只是物化而非心像，于佛家而言，亦然来无障去无碍，一曲天籁，众生云云。

走进龙泉山风景区，路旁举目皆见"北有十三陵，南有九王寝"

的巨型条幅迎风招展，这里早已成为国人打捞历史特别是梳理明代岁月的文化地标。历经时代变迁与经济发展，江夏龙泉山地域，现已由东湖高新技术开发区托管。但文化没有界线，江夏与高新区携手并进，共同的传承与建设，让龙泉山这颗文化明珠光芒更加耀眼。

灿烂星空

李白与江夏

诗仙李白与江夏的历史渊源，人们大多知之甚少。他在江夏生活与云游期间，结识名人，游历名川，创作名篇。对此，我们常怀举杯邀月之念。

李邕（678—747 年），唐代著名书法家。李邕堂弟李睦墓志铭曾记载"晋永嘉末年，李氏远祖迁居江夏，避世南徙，封江夏王"。李邕多次自称"江夏李邕"，杜甫和颜真卿，在诗中也曾称他为"江夏李邕"。李邕和后人在江夏有三处遗址，他逝后葬于江夏龙泉山天马峰下。

年轻的李白十分崇拜李邕，在渝州曾专程登门求见，且不拘礼俗地高谈阔论。尽管李邕当面说李白自负轻狂，但心中并不反感，且有几分暗自欣赏，相信李白将来能成为不世之才。听了李邕的话，李白有点不忿，临走前写了一首《上李邕》托人转呈，"大鹏一日同风起，扶摇直上九万里……"借此表达凌云壮志。李邕看后大笑："好小子，有才也有种，比我年轻时还狂。"如是，两个"不打不相识"的人，在漫长的岁月中结下深厚情谊。

在一次云梦之行时，纵情山水饮酒娱乐的李白，在"千金散尽还复来"中，折腾得几乎身无分文，不得已准备卖掉家传的宝剑。正好被陈州刺史李邕得知，即差人送去三千文钱，解了李白燃眉之急。开元二十二年（734年），李邕邀李白来江夏小聚，李白从洞庭湖乘舟来江夏，于青莲庵码头登岸，与他常宿的李家铺（经营造纸生意的店铺）仅十里之遥。该地商贾云集，离江夏金口码头很近。李邕因在外为官，每回江夏均走水路，先到青莲庵看看李白是否在此，而后再回灵泉山老家。

有一次，李邕和李白同来李家铺，意外听到商人之妇讲述不幸遭遇，李白即写乐府诗《江夏行》，该诗与《长干行》属同类题材作品。李白在江夏还创作了《江夏送友人》《早春于江夏送蔡十还乡云梦序》《江夏送张丞》《江夏送倩公归江东》《江夏送林公上人游衡岳序》《江夏陪长史叔薛明府宴兴德总门阁》《江夏寄汉阳辅录事》《江夏使君叔席上赠史郎中》等诗。

那次，李白在江夏偶然得知，好友宋之悌即将被贬千里之外的交趾（今越南境内），一时感慨万分，临别时即兴书写催人泪下的《江夏别宋之悌》，"人在千里外，兴在一杯中"。天宝四年（745年），李白和杜甫先后来古齐州（今济南市），分别拜见北海太守李邕，李白即写《东海有勇妇》叙事乐府诗。李白在安陆十年间常往来于江夏、襄阳、洞庭湖，后在流放夜郎途中被赦免，又在江夏游历较长一段时间。

乾元二年（759年），五十八岁的李白，流放夜郎途中遇赦来江夏，专程去李邕旧居修静寺（今咸宁咸安区）拜见，然不知这时的李邕已去世十多年，伤感即涌心头，挥笔写下《题江夏修静寺》："我家北海（李北海即为李邕的别称）宅，作寺南江滨……"意为我和李北海早为一家人。同年，李白在江夏竟与长安故人韦冰（曾为西安南陵县令）重逢，心情特好，一气呵成写下沉痛激越的政治抒情诗《江夏赠韦南陵冰》。后来又创作了《赠江夏韦太守良宰》自传体长诗，这是李白作品中最长的一首诗，其中有"清水出芙蓉，天然去雕饰"名句。

乾元二年（759年），李白长住江夏，听说道仙罗公远也在此云游，窃想一会，却因道仙外出未遇而懊恼，只好暂寄客栈候其回转。时间一久不觉盘缠耗尽，租金与酒钱全无着落，一时无奈，只好搬出客栈，在河边坡地上"结草为庵"，自书"青莲居士寓所"。他天天卖字度日，于石凳上饮酒赋诗。如此情景不觉传到江夏太守韦良宰之耳，急带银两前来"青莲居士寓所"拜访。人们这才得知，落魄先生原是大名鼎鼎的李白。那次李白逗留时间很长，却一直没能等到罗公远回程的消息，只好失望而去。后来，那两间草庵即成了路人歇息、喝茶、说书和讲故事的地方，人们便将其叫做"青莲庵"。在江夏纸坊河头街，还有一间"青莲堂"，亦为李白而命名。

画状元吴伟

状元是中国的特定名词，虽说时光早已将这个名词带入岁月深处，但只要略懂历史的人，对此并不陌生。知道文状元和武状元的人很多，而知道画状元的人，恐怕少之又少。因为中国从古到今惟有一人赢得如此头衔，前无古人后无来者。

吴伟，明代著名画家，字士英，又字次翁、鲁夫、小仙，今武汉江夏人，皇家画院待诏，明朝皇帝御授锦衣卫职位及"画状元"印章。他是中国历史上惟一的一个御封的画状元，为江夏画派创始人。

年幼的吴伟，不幸遭遇父亲早逝，家道贫寒，幸被湖广布政使钱昕收养，离开江夏随主人去江苏常熟，在钱家当伴读书童。虽说人小，却聪明机灵，深得钱昕喜爱，允他与儿子一起读书作画，常常同吃同住，并有意栽培。吴伟从小即流露出过人的绘画天赋，7岁时便自画一幅画并题字："白头一老子，骑驴去饮水。岸上蹄踏踏，水中嘴对嘴。"老师看了十分惊讶。后来，吴伟的新作不断，声名逐渐传开。17 岁便闯荡南京，受到成国公朱仪赏识，惊呼吴伟为小仙人。从此，吴伟即以"小仙"为号，迅速在画坛崛起。

1480 年，20 岁出头的吴伟来到北京，明宪宗召见他，即赐锦衣卫职位以及"画状元"印章，任职皇家画院。授锦衣卫武官官职给一个画家，这是明代画院中特有的怪象。吴伟生性憨直豪放，尤喜杯中之物，每每酒饮其半便欣然提笔作画，画作栩栩如生。有一次，他赏游杏花村偶发酒瘾，即从一老妪处讨得些许陈酿而浅尝解渴，隔年再次造访，老妪已谢世，不禁感伤，提笔追忆，为其画得肖像一幅。老妪的儿子见画后，如见亲娘之面，不由得伤感大恸，乞求收藏得允，感恩不尽。明孝宗十分青睐马、夏画风，而画院的戴进和吴伟均继承了马、夏风格，成为一时风尚，号称"浙派"。后来，吴伟的画风逐渐个性鲜明，在传承基础上独具风格，被人称作"江夏派"。虽说吴伟获得皇帝赏识，但他贪杯的致命弱点一直不改，只要一端杯，十之八九都会喝得酩酊大醉，被皇帝传唤进宫作画时也常常处在醉态之中，这种放荡不羁的性格，实与宫廷规范格格不入，最终被免去画院职务。

吴伟平日好酒，有一天正处在酒醉之中，忽奉诏入宫作画，醉醺醺的他在跪拜中撞翻墨汁，便信手蘸墨点指成画，当场博得龙颜大悦，明宪宗特加赞赏："真仙笔也。"那幅《灞桥风雪图》（现藏北京故宫博物院）为传统绘画题材，风雪、危崖、古树，一骑驴老者踏雪走过古桥，寒风凛凛中似乎心有所感，即俯首觅句，很富诗意。此图用笔奔放、健拔、简洁，颇具气势，但粗犷中不乏精微之处。还有一次朋友聚会，他随手摘枝莲蓬蘸墨而画，只见他在纸上一阵点点戳戳，片刻之间一幅捕蟹图便跃然纸上，大家见状惊叹不已。吴伟性格豪放，画风笔势飞走，乍徐还疾，倏聚忽散，属江夏画派代表人物。吴伟当着皇帝之面以指作画，还有在朋友家聚会时摘取莲蓬即兴涂鸦，这是开创指画先河的写照。虽说后来他没有将指画当其代表作打造，但其对于指画的启蒙则无可置疑。

吴伟画人物追随吴道子，纵笔不甚经意，而奇逸潇洒动人，山水树石俱作斧劈皴，尤其白描之作甚佳。他精于山水及白描人物画，健壮奇逸的笔墨风格，广受画界重视，追随者众多。吴伟喜欢而擅长画人物山水，时常绘制巨大的山水画卷。湖北省博物馆收藏的《雪渔图》为吴伟的一幅巨作，画面高 245 厘米，宽 156 厘米，为省博收藏绢本中最大的一件。《雪渔图》描绘了港湾渔民冒雪捕鱼的情景，人物姿态各异，线条精细，山水则笔墨淋漓，气势恢宏。《雪渔图》为汉口近代著名收藏家徐行可收藏，其后代于 1960 年将这幅画捐给了省博，该画曾代表省博精品远赴美国参展。

吴伟传世作品皆取法南宋画院风格，笔墨恣肆，神韵俱足，为明代中叶创新型画家。他早年画法比较工细，中年后变为苍劲豪放、泼墨淋漓。吴伟为戴进之后的"浙派"名将，画法与戴进颇为相似，与当时的杜堇、沈周、郭翊齐名。吴伟用笔奔放，每逢作画泼墨如云，旁观者皆骇然。他的画巨细曲折，各有条理，让人深为叹服。后来传承吴伟画法的有蒋嵩、张路、宋臣、蒋贵、宋澄春、王仪等，他们被画界称为"江夏派"，代表作有：《采芝图》《仙踪侣鹤图》《芝仙图》《溪山渔艇图》以及白描《人物图》《神仙图》等。

吴伟的人物画师从吴道子，有粗笔写意和工笔白描两种画法。山水画则继承董源、巨然、马远、夏圭等风格，当时受"浙派"戴进的影响颇深，后来则发展成粗细兼备、挺健豪放、水墨淋漓的独特风格。故有"戴吴健将"之称。后来"浙派"渐渐衰落，吴派则一时兴盛，成为名震江南的"江夏画派"，这是中国画坛少有的以地域之名命名的画派。从吴伟中年时期的粗笔人物画《柳荫读书图》《祝寿图》《渔乐图》等作品中，不难看出他特有的"斧劈皴"（一种绘画技法），很大程度上表现了手指画粗壮和跳跃痕迹。吴伟开创的"江夏画派"，兼有"神、清、老、活、阔"特色，并以"笔法纵横，妙理神化"的艺术风格著称于世。

吴伟是江夏人，却出名于江浙，但又归名于"江夏画派"。说来也巧，时至今日，江夏画派指画的唯一传承人——虞小风（全国手指画杰出代表人物，现为中国画江夏画派手指画院院长），却为江浙人士，但常住江夏。吴伟江夏人赴江浙开创画派，使该派画风蔚然兴起，而虞小风江浙人来江夏，使江夏画风得以传承，这是否为一种历史之缘？

熊廷弼

熊廷弼，字飞白，号芝冈，江夏（今武汉市江夏区）人，明末将领，兵部尚书，万历进士。由推官擢御史，三次巡按辽东经略。熊廷弼身高七尺，气魄超群，通晓军事，擅长左右开弓放箭。但是脾气火爆，禀性刚直，对下属不太谦恭。

万历三十六年（1608 年），熊廷弼受命巡按辽东，1619 年，又以兵部右侍郎代杨镐经略辽东。两次辽东之行，率军固土，战功卓著，深受民众爱戴。明熹宗天启元年（1621 年），努尔哈赤攻破辽阳，熊廷弼再任辽东经略，却与广宁（今辽宁北镇）巡抚王化贞不和，终致兵败溃退，广宁失守。一时沦为囚犯的他，不幸陷入党争，并传言杨涟弹劾阉党的奏疏即出自熊廷弼之手。后于天启五年（1625 年）被杀，并传首九边。学者阎崇年认为熊廷弼第一和第二次巡按辽东有功，第三次则功过并存。

熊廷弼自小家贫，常年跟舅舅家放牛，后被先生看中免费收入学堂，被人称为神童。他的老师邱中美（曾得当朝皇帝觐见，并赐御封"老教官"名号，可谓桃李满天下，学生中的熊廷弼、贺逢胜、郭正域、吴裕中、董暹、任家相、艾斐（艾知州）被人称为"七贤堂"，均为朝廷命官）。熊廷弼在遭贬回江夏期间，为家乡修筑了诸多水利工程。

相传在熊廷弼读书的时候，有一天，他的老师带着几个心爱的学生在街上行走，恰遇一位京城大学士来武昌巡察。那位京官在武昌楚才街上抬首之间，突见"惟楚有才"的匾额，心中甚是不服。怎能这么轻狂呢？即喝令随从挥锤将此匾额给砸了。少年熊廷弼见状，竟双手叉腰上前阻拦。京官不屑地冷哼一声说，我即出联相对，胜则此匾可以不砸，否则今天没有商量，熊廷弼傲然地点点头。京官迫不及待地念出上联：上尖下圆势巍巍，坐地指天。熊廷弼即手指地摊上卖鱼伙计手上的秤杆而答：秤直勾弯星朗朗，知轻识重；不待京官回复，又对着路旁的磨盘一指答：磨大眼小齿峦峦，出细吞粗；接着，更不假思索地向场中练剑的小姑娘一指答：膀长指短掌平平，能文善武。不过一袋烟功夫，熊廷弼即给京官回以工整精妙的一联三答。至此，熊廷弼也鼻中一哼，并脸朝天扬着头说："不就是对联吗，不说一副，就是十副百副，你也难不倒在下。"京官虽是见过世面的人，却没见过如此精灵的小童，瞬间对出的三联不仅工整且精妙异常，心知今天果真遇到对手了，暗中自有几分喜欢。更不必说小孩旁边还有一群师友在伴，看来今天是遇到硬茬了，不如见好就收，免得到时候弄得下不来台倒有失风雅。于是，聪明的京官自圆其说："看你如此少年，真还颇有几分学识，甚得本官赏识。看在你身旁师尊面上，大人不与小孩计较，就算你们惟楚有才吧。"像这样的故事，难书熊廷弼才智于万一，江夏人几乎都能讲出一大堆来。

　　沿着纸坊大街直行，在实验高中路口处转向南行，原建有熊廷弼牌楼一座。该牌楼于 1986 年建成，高 12 米、宽 16 米，底座采用大理石筑基，上盖绿色琉璃瓦，牌楼上书前国防部长张爱萍亲笔题写的"熊廷弼公园"几个大字。因修纸坊南环大道，该牌楼拆毁于 2016 年。熊廷弼公园，位于江夏区纸坊城南青龙水库旁（青龙山国家森林公园内），公园内林木葱茏、碧水涟涟、曲径通幽，可谓山清水秀、风景如画。园区里建有曲廊八角亭、儿童乐园、停机坪、熊廷弼塑像、项英塑像、飞白亭、熊公祠、熊公墓等。熊公祠建于1987年，占地面积120平方米，黑色布瓦的屋面，古朴而典雅，屋中建有老式天井一口，两边设有回廊。正厅内供奉熊廷弼座像，整个建筑庄严肃穆。熊公墓位于熊公祠后面。墓道两侧苍松翠柏林立，墓前竖有石碑一座，碑文为清代所刻，上书"明兵部尚书辽东经略谥襄愍熊廷弼之墓"。飞白亭位于熊公祠右前方，1989年建成，面积26平方米，石碑上刻清乾隆皇帝论熊廷弼和熊廷弼传略碑文。今天的熊廷弼公园，迎来了新一轮的修缮扩建，一座规模宏大气宇轩昂的新公园，即将呈现在世人面前。

项 英

项英（1898—1941），杰出的无产阶级革命家，工人运动的著名领导者，中国共产党和红军早期领导人之一，新四军创建人和主要领导人之一，抗日名将。

项英原名德隆，化名江俊、江钧，湖北江夏（今武汉市江夏区舒安街）人。项英从小家境贫寒，在武昌涵三宫日新预备学堂读完初中后，15岁即进入武昌模范大工厂当工人。他白天做工，晚上坚持阅读《劳动周刊》等进步书籍，接受新思想，逐步树立为工人阶级事业奋斗的信念。由于工作磨砺和社会淬炼，塑造出项英求识自强的不屈性格。俄国十月革命与五四运动相继爆发，坚定了他追求真理的执着信念，踏着烽火投身革命。在和包惠僧会面时项英说，我自从读了《劳动周刊》以后，懂得了中国工人阶级要寻找自己的出路，必须组织起来，在斗争中求得解放，我愿为此努力奋斗，其决心溢于言表。

1920 年，项英曾在武汉组织纺织工人大罢工，影响很大。从1921 年 12 月起，他奉组织之命，在武汉江岸筹建铁路工人俱乐部，全心组织工人运动。1922 年加入中国共产党，在中共三大和六大上，分别当选为中央委员和中央政治局委员。1926—1930 年，曾任湖北省总工会党团书记、全国总工会执行委员兼上海总工会党团书记。1931 年后，任中共苏区中央局代理书记、中华苏维埃共和国临时中央政府副主席等职。红军主力长征之后，项英出任中共苏区中央分局书记、中央军区司令员兼政治委员，长期在赣粤边境坚持游击战争。

项英长期在武汉、上海等地从事工人运动和党的工作，曾任平汉铁路总工会总干事、湖北省工团联合会组织主任、中共中央职工运动委员会书记。为反对资本家剥削和压迫、改善工人政治地位和生活，与封建官僚进行了坚决斗争。他分别参与和领导1923 年平汉铁路"二七"大罢工，1925 年沪西日商纱厂工人二月罢工运动，推动了全国工人运动的蓬勃发展。秋收起义后，项英在武汉组织工人纠察队，任总队长，配合北伐军作战，维持社会秩序，参与收回汉口英租界和反夏斗寅叛变的斗争。在中共第三、四、五次全国代表大会上，当选为中央委员。

　　1934年10月，中央红军主力长征。根据中共中央决定，项英出任中共苏区中央分局书记、中央军区司令员兼政治委员、中央军委分会主席，与中华苏维埃共和国中央政府办事处主任陈毅等一起，率留在苏区的红24师和地方武装1.6万余人，掩护红军主力进行战略转移。11月底，鉴于形势恶化，逐步作出独立自主坚持斗争的部署。1937年，抗日战争爆发后，和陈毅一起，按照中共中央关于国共合作团结抗日的精神，先后在赣州、南昌与国民党地方当局进行停止冲突、合作抗日的谈判。同年12月起，任新四军副军长、中共中央东南分局（后改为东南局）书记、中央军委新四军分会书记。依据中共中央指示，代表中国共产党到武汉同国民党当局谈判，就新四军的具体编组达成协议。

　　1940年4月，项英在皖南指挥春季反"扫荡"，10月参与指挥秋季反"扫荡"，共歼日伪军3000余人。由于对抗日民族统一战线中的独立自主原则认识不足，对向敌后发展的措施执行不力，对付国民党顽固派的反共阴谋准备不充分，对新四军军部和皖南部队的转移未能抓住有利时机，在1941年1月转移途中犹豫动摇，处置失当，致使新四军在皖南事变中遭受严重损失。皖南事变后，项英、周子昆等率军部10余人，隐蔽于附近山区。1941年3月14日，在安徽泾县蜜蜂洞，不幸被叛徒刘厚总杀害。

　　1955年6月19日，项英遗骸移葬于南京雨花台烈士陵园。1990年，在江夏熊廷弼公园里，为项英树立铜像，上面镌刻中华人民共和国国家主席杨尚昆题词："项英同志浩气长存。"江夏儿女和诸多国人，常来项英铜像前祭拜。每逢清明时节，家乡人民或组织或自行前往，为这位杰出的无产阶级革命家扫墓。尤其在项英的故乡舒安、保福、湖泗革命苏区，人们永远忘不了这位从当地走出来的革命英雄。曾经被人喻为"鄂南小延安"的江夏苏区，"梁湖大队"和诸多先贤英勇斗争的革命故事，依然是下一代心中不朽的传奇，教育和启迪后辈在建设家园和祖国的事业中，奉献自己的智慧和力量，以告慰先贤！

松柏常青，英灵长存！文化不朽，光照千秋！

湖泗古窑址群

　　武汉市江夏区湖泗古窑址群，位于梁子湖东南岸，那里蕴藏着丰富的"高岭土"资源，是烧制瓷器的上佳原料。那里不仅土地肥沃，且有山有水，为瓷器烧制提供了充足的原料。梁子湖为武汉地区最大的湖泊，在古时即与斧头湖相通，是一条畅达的瓷器水运通道，它既可经斧头湖走金口，又可经鄂州走樊口进入长江水道，运抵各地。据考古专家介绍，湖泗的瓷器销售市场很广，生意特别红火。

　　从唐朝开始，直至南宋前期，湖泗的瓷器一直延续不断。湖泗镇夏祠村，是湖泗窑址群最早的发现地点，湖泗窑址群的发掘，改写了中国宋代"江南无瓷"的历史。远望一个个蔓草荒烟中类似小山包的窑堆，走近一看，在没膝缠绕的低矮灌木中，时不时地露出一些风雨难蚀的残损瓷器，壶、罐、碗、盘、碟等日常生活用器，可说一应俱全。170多座窑址，形成一片星罗棋布的窑址群。这些平日不为人看重的残片遗物，经考古专家考证，认定烧制于晚唐和宋代，至今有一千多年历史。

旧时，这里便叫夏家码头，生活出行全靠水路，所有瓷器和农产品都得靠水路运输，很多年老的村民依稀还记得老人讲述当年夏家码头的繁荣。如今，水运码头早已淡出村民的生活，乡村公路直接修到各村门口，具有数百年历史的夏家码头只剩下些许残迹，码头旁废弃的手摇水井早已锈迹斑斑。更为痛心的是，夏祠村附近，同为窑址群落内的几个村庄，如今已相继消失，惟有尘土中残留些许裸露的瓷片，在无声地在向世人诉说与证实：这里曾是兴旺的湖泗窑址群。而被人传说"此地曾为景德镇前身"的记忆也一并消失。

夏祠村、浮山村，两个临近梁子湖的村落。如今，这两座小山村之所以荣膺文化名村的称号，与湖泗窑址群密不可分。据老人们回忆，小时候，村民常常在窑堆里挖出一些瓷碗，当时也无人知道这是宝贵的文物，即拿回家去盛物，在附近的农家里，几乎家家都有几件在窑堆里扒出来的古老瓷器碗碟。早在2001年6月，国务院已将"湖泗瓷窑址群"公布为全国重点文物保护单位，当地村民因此逐渐有了保护古董的意识，再不会将偶尔挖出的瓷碗拿去当作盛鸡饲料的容器。沿着弯曲的乡村小路，穿行在树木花丛之中，仿佛看到那些古老的窑工们，正在挥汗如雨地烧窑制器，而马路上络绎不绝的车队，正将一车车成品运至码头，通江达海地流向各地。湖泗窑址群无疑为中国瓷器史上不可疏漏的一页。

　　走进湖北省博物馆，在浏览历史陈列时，你会欣然发现一座闪烁火焰的古窑模型，特别吸人眼球，这是被列入第五批全国重点文物保护单位的江夏湖泗瓷窑。湖泗窑址的发现，填补了长期以来宋瓷史中说"白云黄鹤无瓷窑"的空白。湖泗古窑址主要分布在江夏南部的梁子湖和斧头湖地域，在这一区域内，东为梁子湖水系，由梁子湖、保安湖和鸭儿湖等湖泊组成，分别由宁港大汉和富鲁进入鲁湖古航道与斧头湖连通。西为斧头湖水系，由斧头湖、白泥湖、团墩湖、上涉湖、鲁湖和后湖等湖泊组成，直接与金水河连通，由金口进入长江水道。江夏区中部地区，为一条南北向低岗丘陵特征的陆地走廊，海拔多在 30—80 米之间。该地地势蜿蜒起伏，港汉曲折交错，蕴藏丰富的高岭土制瓷原料。为了便于运输与交流，古代窑址，多选址于水运畅通的濒湖岗地。湖泗窑地处梁子湖水域，符合早期水运的要求，是窑址选择的优越之地。

　　位于江夏东部梁子湖和西部斧头湖沿岸的丘陵上，分布着大大小小数以百计的古代制瓷遗址堆积。自 20 世纪 70 年代，在湖泗夏祠村首次发现窑址以来，经省、市、区文物考古工作者的不懈努力，这一规模庞大的古代制瓷窑址群，古朴的风貌和遗存，逐渐展现在世人面前。在南北长约 40 公里、东西宽约 30 公里的范围内，共发现窑址堆积 145 处，窑膛 170 余座。这一惊人的数据，早已超越碎片式的历史研究价值。鉴于首先在湖泗夏祠村发现了窑址，根据考古学惯例，即命名为"湖泗窑址群"。其实，今天被命名的湖泗窑址群，广泛包括梁子湖沿岸的湖泗、舒安、保福、土地堂、贺站所发现的青白瓷系窑址，还有斧头湖沿岸的安山、法泗、范湖所发现的青瓷系窑址。两个瓷系的年代起源，上起于唐末五代，兴盛于宋代，后衰落于元明时期。

梁子湖沿岸的瓷器产品，多以青白瓷为主要特色，种类较为丰富。目前所发现的产品种类有：碗、盏、盘、碟、壶、罐、瓶、粉盒、瓷枕、高足杯等。其中王麻窑出土的一件弈棋瓷枕，具有非常鲜明的特色，碗盏类器物多以大、中、小系列配套生产。瓜棱执壶，为湖泗窑的代表产品。青山窑出土的青白瓷碗、瓜棱执壶等被评为国家一级文物。梁子湖沿岸的青白瓷产品采用浸釉法施釉，呈青白色且白中闪青，润泽透明，堆峰叠翠如美玉一般，足可与景德镇青白瓷媲美。瓷器装饰手法分别有刻画法和画线法，浅刻双线弦纹装饰，多用于执壶肩部外壁。题材具有菊花、菊瓣、婴戏、蝴蝶、梳篦、卷草纹、水草纹、波浪纹，还有折枝荷花等装饰。瓷器尤显轻灵精巧，富于美感，大大提高了产品质量和审美价值，深为民众喜爱。

斧头湖沿岸的产品，则以青瓷为主，主要烧制民间实用器皿，所用瓷土质量较差，产品相比梁子湖沿岸的产品略逊一筹。器物多为褐红胎，胎壁较厚，主要烧制青瓷或釉陶中的碗、盏、碟、擂钵、平底钵和带流罐，兼带烧制炉、熏、壶、瓶、坛、缸、烛台和烘笼等器物。其中擂盆、炭炉、花钵、方形缸等为别处窑口所少见。斧头湖青瓷产品纹饰比较简单，多数为素面无纹饰，仅在罐类器物的肩部，略施一周凹弦纹，在熏、炉等工艺要求较高的陈设器品上，使用镂孔透雕技法，有的使用粗线条装饰简单的花卉纹。在安山新窑的发掘中，获得了重要发现。一件轴帽工具上阴刻有"至元二年"字样，其他产品均发现有戳印的数字和符号，这对研究窑口的烧制年代和工艺具有较高的价值，为"新窑"的得名提供了实物证据。由此推算，新窑的烧制年代，比梁子湖和安山西边蔡的窑址烧造年代略晚一些。梁子湖窑址的烧造年代应在北宋，最晚也在南宋初期。斧头湖青瓷窑址烧造年代大致可分为四段：晚唐五代时期，以法泗石岭村竿山黄瓷窑为代表；北宋时期，以安山西边蔡瓷窑为代表；南宋时期，以范湖白衣庵瓷窑为代表；元明时期，则以安山新窑村的新窑为代表。新窑村以新建的瓷窑而得名，这也印证了地方史志的记载。

在梁子湖和斧头湖沿岸的河港湖汊处，蕴藏着丰富的高岭土制瓷原料，丘陵地区又有丰富的林木燃料，更有位于长江中游优越便利的水运条件。所以，湖泗瓷窑的瓷器产品，在国内销售的范围非常广泛。古时候的梁子湖、斧头湖与金水河相通，通过水运航道直接联通长江水道。武汉位居黄金水道长江与汉江的汇合处，形成以长江为主干的河湖密布水运网。早在唐代，武汉便成为川、鄂、湘等地的漕粮转运地。宋代时期，武昌即设置了漕司，专门掌管漕运。唐代李白《江夏赠韦太守》诗云："万舸此中来，连帆过扬州。"发达的商业，便利的交通，为湖泗窑瓷器外销提供了广阔的市场。在黄冈、英山、黄陂、老河口、东西湖以及江夏的几十座宋墓中，均发现有湖泗窑的瓷器产品。在江西德安以及长江三峡地区的巴东，也发现有湖泗窑的瓷器产品，最远可抵达长江下游的扬州地区。由此充分证明，湖泗窑的瓷器产品那时已远销湖北及外省各地。

湖泗窑址群目前已经发现的窑址多达 170 余座，龙窑长度一般在 20—50 米之间，可见其烧造数量非常庞大。湖泗大型古代瓷窑址群的发现，再现了湖北地区一千多年以前陶瓷生产营销的盛况，改写了中国"白云黄鹤无瓷窑"的历史说。中国历史博物馆古陶瓷专家李知晏先生认为，湖泗窑址的发现，是长江中游古陶瓷生产的一个重要链接，对今后的陶瓷考古和开发梁子湖、斧头湖陶瓷生产资源，具有十分重要的意义。还有专家认为，在目前发现的这些产品中，既有属于南方特征的青白瓷，也有北方特征的白瓷，同时还有类似黄河流域耀州和临汝的青瓷特征的产品。湖泗瓷窑发掘的产品，使南方和北方、黄河流域和长江流域陶瓷生产的历史得到有效衔接，使中国陶瓷生产的历史成为一条完整的链条。

景德镇窑为江南烧制青白瓷最成功的窑场，产品最具市场竞争力，成为许多瓷窑模仿的对象。湖泗窑瓷器的产品，与景德镇同类瓷器存在诸多相似之处。尤其在装饰上，篦形划纹在两窑中都很突出，还有分层装饰莲瓣纹的炉也极为相似。再如瓷枕和景德镇常见的卧女式枕、孩儿式枕，亦与湖泗窑中的造型、装饰都很相似。这样的瓷器工艺的相似度，在宋代瓷器中极为少见，但时到元代以后就比较普遍了。从这种艺术相似性的现象来看，究竟是湖泗窑工移植了景德镇的技术，还是景德镇的窑工原本来自湖泗窑的迁移呢？至今，专家们均无可靠定论。

湖泗窑（青白瓷）大多在南宋初期废弃，据分析原因有三：一为两宋之际受靖康之难的影响。当时金人大举南侵，曾一度打到襄阳、黄州等地（据史料记载，新窑地区就有抗金的故事流传），由于宋朝溃兵和流民组成的起义暴动频繁，动乱局势造成了"田野半空，上下困竭"，人口锐减，窑业生产无法继续进行，遭到毁灭性打击。二为市场激烈竞争。由于北宋时期"江、湖、川、广"瓷器崇尚青白，大江南北纷纷建窑烧造青白瓷，比较有名的窑场有景德镇窑、繁昌窑、白舍窑、衡阳窑、吉州窑、德化窑、潮州窑、西村窑及河南诸窑等，在激烈的市场竞争中，湖泗窑的发展受到很大限制。三为制瓷工匠入湘的原因。目前在湖南益阳羊舞岭窑，发现了景德镇窑业工匠入湘的证据。湖泗窑在南宋初期突然停烧，也可能与窑业工匠大批入湘有关。

人类总在不断的追求中寻找，在创新中谋求发展，尤其是产业，于智慧之外，的确离不开优质资源的支撑。有一天，湖泗的瓷器艺人，终于在江西的景德镇找到了更为理想的泥土，几经试验烧出的新品，被他们当作宝贝一样捧在手上把玩欣赏。于是，窑工们便慢慢地外迁，直至最后一座窑门关闭。自此，湖泗窑便完成了它的神圣使命，进入被今人追忆考古发掘的历史评述中。此说，在江夏老人们的口述中占有重要地位。

湖泗古窑曾经的辉煌，早已没落成蔓草荒烟中的残渣瓦砾，好在顽强的艺术基因得以传承。在景德镇的瓷器作品中，专家们不难找出形似湖泗窑艺术的胎记。

中华第一枪

一、造枪

2017年，一个暖春的日子，几位文友相约，徒步行走江夏纸坊环山绿道。从大花山东头开始，至八分山北端止步，共计30余公里。全程清风徐来，花香盈袖。当走到白云洞石洞兵工厂专列轨道尽头处，赫然入目"中华第一枪"的高大标志，长长的枪杆挺直向苍天告白，简洁古朴中展示华夏儿女的智慧与英姿。我静静地肃立雕塑前，默默地向"汉阳造"致敬，向张之洞致敬。

晚清洋务运动的代表人物张之洞兴办汉阳兵工厂，实现了中国军火制造的突破。随着第一支汉阳造正式下线，中国人庄严地向世界宣布，中国人也会握着自己制造的枪支，在保卫民族和国家的战斗中，向一切敢于来犯之敌开火。

张之洞来湖北主政之后，极力主张开办钢铁厂和军工制造厂，于是，汉阳铁厂应运而生（当时的汉阳兵工厂，为汉阳铁厂系列之一）。汉阳兵工厂原名湖北枪炮厂，张之洞不惜耗用巨资从德国购进最先进的成套军火制造设备，生产的汉阳式 79 步枪（汉阳造）、陆路快炮、过山快炮，皆属当时较为先进的军事装备。汉阳兵工厂也成为晚清时期规模最大、设备最先进的军工企业。

1890 年 3 月 16 日，张之洞电告海军衙门，于鄂省城之外选址建造兵工厂。因大冶县产铁（大治铁矿、马鞍山煤矿、萍乡煤矿、汉阳铁厂联合成立了汉冶萍公司），就地取材炼铁造枪较为合理。3 月 19 日奉旨批准，张之洞将枪炮厂设于汉阳，并建立了一条由铁山到江边石灰窑的铁路运输线，全长 18 公里，为湖北省内兴建的第一条铁路线。历经艰难曲折，枪炮厂于 1896 年正式投产，第一支由中国人自主制造的汉阳造宣告诞生，当年即出厂 1300 支成品步枪。

1900 年，光绪和慈禧出逃西安，张之洞即调拨湖北枪炮厂生产的小口径毛瑟步枪三千枝，无烟子弹五十万发，黑药子弹五十万发，运抵陕西交付岑春煊以抗外夷。1911 年，武昌红楼点燃了起义的火种，用枪炮推翻了清王朝的封建统治，中华民国宣告成立。民国初期，由于军阀混战割据一方，湖北枪炮厂先后归属于鄂督军政府和北洋政府陆军部。民国三年（1914 年）6 月左右，湖北枪炮厂始称汉阳兵工厂，简称汉厂或鄂厂。1916 年，又从上海兵工厂运了 170 多部制造机器至汉厂，以提高枪炮产量。

1917 年，汉阳兵工厂新增炮弹机生产线。袁世凯为维系政权统治，主张实行炮与炮弹分隔两地制造，以便分而治之，特将炮弹机移至河南巩县设立分厂，单一生产炮弹。当时的汉阳兵工厂，开始仿造一些新型军械：由刘庆恩领头试制成功，每分钟能发射 60 发子弹的中国第一支自动步枪；射程 800 米，每分钟发射 600 发子弹的伯格曼式手提机关枪（冲锋枪）；路易士轻机关枪、攻城炮、迫击炮、马克沁机枪。他们还仿造了美国的勃朗宁 1917 式机关枪，射程达 2000 米，性能良好。还有三十节机关枪，毛瑟式自来得手枪（即赫赫有名的 7.63 毫米口径驳壳枪），改造了日本大正六年式的七五山炮，将圆头平底枪弹改造成尖头凸底新式枪弹。除上述诸多枪炮之外，还生产了黄色高级炸药和 TNT 等。

1926 年下半年，国民革命军北伐占领武昌。9 月 5 日，汉厂的工人们获悉北伐军将于 6 日进攻汉阳，当晚拉响汽笛，打开仓库取出武器。他们迅速武装起来，把机枪架在屋顶上，向北洋兵猛烈扫射。终于协助北伐军击溃北洋兵夺取龟山，北洋兵败狼狈逃窜，被沿途阻击死伤无数，而后北伐军占领汉阳。1929 年，汉阳兵工厂和火药厂划归以蒋介石为首的国民政府军政部兵工署管辖，下设国民党汉厂区党部，后来管理权竟直属中央。1931 年，武汉遭受罕见大水，兵工厂和火药厂被淹，不得已停产半年，1932 年恢复生产。

七七事变后，中共湖北省委负责人直接帮助汉阳兵工厂发动职工开展抗日救亡运动。1938 年，日军大举进攻，步步进逼武汉。汉厂一面在抗战中加紧生产，一面派人到湘西辰溪勘定新厂址。5 月，兵工署通知，兵工和火药两厂全部西迁。时到 6 月，全厂两万多名职工和家属，全部设备、材料、成品、半成品、厂房钢架、钢窗、铁地板等全部拆卸装船，于 6 月底迁移完毕，原厂址被夷为平地。两厂西迁后，汉阳兵工厂改为兵工署第一兵工厂，汉阳火药厂改称兵工署第二兵工厂。西迁后的汉阳兵工两厂，又奉令继续迁至重庆，将未能迁走的枪弹、机枪、手榴弹、机器等分厂并入第十一兵工厂。抗战胜利后，1946 年，第十一兵工厂才奉令回迁武汉。

汉阳兵工厂自建立以后，从清朝到民国，从抗日战争到解放战争，历经战火洗礼，无论西迁还是南迁，几乎没有停止过生产，源源不断地为前线战斗输送枪炮火药。在中华人民共和国成立之后，汉阳兵工厂回到国家和人民手中。昨天的汉阳兵工厂早已进入历史，却将其后续的制造与发展，落根于江夏八分山下的石洞，现在已成为中国人民解放军总装备部领导下的生产新型武器及雷达的现代化兵工厂。"中华第一枪"的标志卓然屹立在风景秀丽的八分山下，提醒人们毋忘汉阳兵工厂、汉阳造这段辉煌的历史。

二、开枪

2019 年 1 月 8 日，我应邀参加"辛亥首义研究会"成立五周年纪念活动，活动在辛亥革命博物馆礼堂举行。每当走近武昌阅马场红楼，面对庄严的雕塑不由得肃然起敬，虽然时光远去百年，但英雄气节与颂歌，将与日月同在。第一次与熊永铸（熊秉坤长孙，辛亥首义研究会秘书长）相识，一脉同源的江夏人话题自然引到了武昌首义打响第一枪的江夏人熊秉坤。

熊秉坤（1885—1969），字载乾，原名祥元，又名忠炳，江夏修元乡熊家湾人，后迁石嘴袁家河楠木庙村。因父亲早逝，家道中落，他少年辍学，乃入商店当学徒，曾在武昌平湖门一带码头上做搬运工。后来弃商从戎，投奔当时鄂军第八镇第八营当兵，并加入"共进会"组织，担任该营总代表，秘密发展会员 200 余人。在武昌起义前夕，任工程营革命军大队长。1911 年 9 月 24 日，共进会和文学社召开联合大会，制定起义方案，采纳熊秉坤的建议，决定由工程营负责占领该营防地楚望台军械库。1911 年（旧历辛亥年）10 月 10 日，高大的武昌城门紧紧地关闭着，只有被秋风卷起的落叶在布满军警的街上无力地翻飞。一队队全副武装的巡防营守卫队兵士，在各条大街小巷盘查过往行人，身着宪兵制服的清军到处搜捕抓人，连湖北新军各营士兵的子弹也被上司收缴，还对工程兵第八营实行特别戒严措施。

面对孙武受伤，彭楚藩、刘复基、杨洪胜三烈士就义，起义计划不幸暴露的严峻局面，惟有突破原计划率先发动起义别无他途，根本来不及商议或修改计划。熊秉坤深感形势严峻，若不当机立断，起义就会夭折。于是，他利用早餐的机会，联络各队（连）党代表，悄声对他们说："我们参加起义的名册，已经落入敌方之手，被捕杀头只是早晚的事。与其坐以待毙，不如提前下手。再说我营本是防守军械库的，应该率先起义，为其他各营起义兵士供应武器弹药才是。"一席话获得在场代表的一致赞成。如是，大家决定晚间在第一次点名后第二次点名前，即7—9点之间起义，以三声枪响为号，先杀掉敢于抵抗的反动长官，再攻占楚望台军械库。

晚上7点钟以后，熊秉坤想查看一下起义弟兄们各自准备情况，利用当班顺着营房前后左右四处巡视。忽然，楼上二排传来吆喝之声，熊秉坤知道有事，赶紧握枪在手朝二楼疾奔而去。当时与熊秉坤当面遭遇的却是反动军官，如不抢先下手，自己一人倒在对方枪下且不在乎，但整个起义谋划势必遭受重大挫折。于是他掏枪开火，将对方击毙。这一声突然枪响，率先点燃了辛亥首义的烈火，唤起了全营革命党人。听见突然传来的枪响，顿时营中人声鼎沸枪声大作，大家立即行动起来。程正瀛首先开枪打死值班排长陶启胜，后击毙前来弹压的黄坤荣和张文涛，导致全营振动枪声四起。熊秉坤当机立断，以该营代表和革命军大队长的身份，率部首先发难。在熊秉坤的指挥下，他们与前来镇压的敌人展开激烈的枪战。经过殊死对战，革命党人终于击毙阮荣发和黄声荣等大小反动军官。他们全队冲出营房，熊秉坤在操场上吹响集合警笛，随即对空连放 3 枪，带着满腔怒火的起义队伍直奔楚望台而去。

当时的楚望台设有军械库，里面藏有从德国、日本购买和汉阳兵工厂制造的大量军火，一向由工程兵第八营派兵守卫。那里的革命党，早已作好起义准备，听到工程兵第八营营房枪响，知道已经起义，于是他们赶跑这里的反动军官，迅速占领军械库，与随后赶来的熊秉坤等起义同志会合。接着许多邻近兵营的革命党人也率部奔赴楚望台，楚望台顿时成为起义部队的大本营。为了加强指挥，起义军公推工程兵第八营队官（连长）吴兆麟为临时总指挥，熊秉坤为副总指挥。他们命令金兆龙带领一队士兵打开中和门（今起义门）迎接南湖炮队，熊秉坤等兵分三路进攻湖广总督署。

三路起义军进攻湖广总督署的战斗打得十分惨烈。10 月 10 日夜晚，雨雾茫茫，一片漆黑，炮弹的命中率较低，而总督署衙门墙高壁厚，又拥有最为先进的机关枪组成的强大火力网，总督瑞澂和第八镇统制（师长）张彪，派出 5000 清军，布防在通往湖广总督署的各条要道上，使三路起义军沿途受阻。为了改变被动局面，吴兆麟、熊秉坤一面组织各路起义军发起猛攻，一面决定以火势助攻。在进攻总督署衙门时，附近的居民纷纷前来参加战斗。由于他们熟悉地形，又甘愿献出自己的住房，同起义军一起纵火。一时间，只见王府口、小都司巷、望山门附近一片火光冲天，连总督署衙门前的旗杆都被照得清晰可见，也为炮队指明了炮击目标。大炮在怒吼中齐发，连连击中总督署签押房,使负隅顽抗的清军胆战心惊。早已吓得魂不附体的瑞澂知道大势已去,即从后墙挖洞出逃,被迫躲到长江中的"楚豫"舰上。

辛亥首义经过一夜鏖战,革命军终于攻克清政府在湖广的最高统治机关——湖广总督署,占领武昌城。10月11日清晨,革命军的旗帜高高飘扬在白云黄鹤之地的上空,一群群起义官兵,兴高采烈地相互祝贺,相互拥抱,起义成功了!第二天,起义军连连收复汉口和汉阳,至此,武汉三镇全在革命军的掌握之中。武昌起义后,熊秉坤任第五协统领,积极参加武汉保卫战。1913年"二次革命"时,熊秉坤在南京参加讨袁后流亡日本,加入中华革命党。在"护法运动"中,任广州大元帅府参军,曾任国民党政府军事委员会委员。由于熊秉坤率先打响武昌起义的枪声,获得了"打响首义第一枪"的崇高荣誉,深受国人爱戴。新中国成立后,熊秉坤历任湖北省人民委员会委员、省政协常委、全国政协委员等职。

熊秉坤逝世于1969年5月31日。听闻噩耗的省长张体学指示,因熊老生前深受周总理尊重和关心,丧事必须上报周总理。第二天一大早,安平等几位同志来到熊家,代表张体学及组织慰问家属,并传达周总理关于骨灰安放、操办丧事、媒体发布和慰问家属的四点指示。熊秉坤遗体告别仪式后来由湖北省革命委员会副主任、湖北省军区司令员、老红军韩宁夫主持。

名舰风流

中山舰博物馆，一处国家 AAAA 级旅游景区，为万千华夏儿女争相参观之地。该馆地处武汉市江夏区金口槐山长江边。

中山舰为我国目前最大的可移动文物。1997 年 1 月 28 日，历时 78 天，中山舰在长江金口段水域整体打捞出水，随舰出土的各种文物，多达 3400 余件，其数量之多、范围之广，在中国近现代文物发掘（发现）史上极为罕见。这些文物主要分为舰载设施、武器装备、生活用品及铭牌标志四大类。其内容涉及历史、政治、军事、经济和社会生活各方面，不仅特色鲜明，且文物价值独具魅力。经专家鉴定，被定为国家一级文物的多达 51 件（套）。中山舰出水文物以其丰富的内容和深刻的内涵，全面而真实地反映了中山舰的历史风貌，对研究我国近现代史特别是国民革命史具有不同寻常的地位。中山舰修复工程，经过多层级多方位研究决定，由湖北造船厂光荣承担。对中山舰的修复，专家们反复强调，必须本着"保持文物原状"，"恢复功能"，"修旧如旧"的基本原则。湖北造船厂的工匠们精益求精于整体修复过程，不知召开了多少次技术研讨会，也不知破解了多少技术难题，终于不负国人所望，如期复原了中山舰的原貌雄风。

2006 年 12 月 29 日，中山舰旅游区在武汉江夏金口的金鸡湖畔破土动工，一个举世瞩目的中山舰博物馆将矗立于长江之滨。中山舰沉没之地的环境非常壮阔，金鸡湖周围的地理形势得天独厚，三山环抱，江湖襟带，一览大江东去的壮丽景色。中山舰旅游区核心景区面积 3.3 平方公里，周围有槐山、明代驳岸、达摩亭、唐代古银杏、"黄金口岸"金口古镇，还有与之遥望的铁板洲，具有丰富的人文景观。中山舰旅游区整体布局为"一心、两环、两轴、五区"。

"一心"：博物馆核心区位于金鸡山，为整个景区的精华所在，是人文景观轴和空间轴的交汇点。

"两环"：内环以湖岸线为导向基础，统领滨湖主要景点历史文化环。外环则以"三山一湖一江"合成景观生态环。

"两轴"：空间轴——以博物馆为主体的视觉中心，以中山舰展示大厅为导向，与牛头山上的中山舰阵亡将士纪念碑遥相呼应，形成缅怀先烈的空间轴。人文景观轴——贯通基地东西轴线，由长江、主入口广场、护国运动广场、博物馆、金鸡山构成。

"五区"：

1. 中山舰纪念区。以中山舰博物馆为中心，与 25 根英雄柱形成贯穿中心的轴线，在恢宏的气势中，给人强烈的视觉冲击。一条跨越湖区的木栈道将江岸湖岸与博物馆连接一体，静谧的水湾设计，随水上下浮动的涌泉，使中山舰颇具蓄势待航气势。

2. 英雄缅怀纪念区。25 位阵亡将士纪念碑、中山舰抗日阵亡将士墓，与中山舰博物馆遥相呼应。牛头山腰上的观江平台，可登高远眺中山舰的沉江地点，营造瞻仰与缅怀英烈的开阔视野和回思气象。

3. 武汉会战纪念区。由武汉会战的陆战区、空战区、人民抗战区和胜利广场组成。景观墙艺术雕刻、滨水木栈道和纯净沙滩，通过彩虹长廊、蜿蜒小路、亲水平台等组成原野江流式空间，散发自然平和的气息。

4. 和平家园区。通过打造湿地，修建驳岸，以湖岸线自然风景为主，通过岩石、浅滩和水生动植物有机结合，构成风格鲜明的湖岸景色。

5. 商业服务配套休息区。虽说这是服务功能区，而该区的建设风格却与博物馆浑然一体。园区道路畅通，动静分离，绿树掩映，让游人如深入自然妙景之中。

中山舰原名永丰舰。在中日甲午战争中，清朝北洋水师惨遭全军覆没，海防溃于一旦。于是，清政府决意重建海军。1910 年（清宣统二年），清廷筹办海军事务大臣载洵和北洋军统制萨镇冰，周游西方各国和日本，参观考察造船厂和海车机构，订购了一批军舰。其中包括在日本三菱造船厂订造的一艘炮舰，即后来的永丰舰，定名取羽毛永远丰满之意。然而这艘为维护清王朝统治而建造的军舰，后来竟成了清朝覆灭的见证。待永丰舰竣工下水之日，时光已经进入推翻满清帝制之后的民国时期。几经周折，由袁世凯执掌的北京政府付清造舰的欠款而得已把军舰回运。中山舰长 62.1 米，宽 8.9 米，高 6 米，重 780 吨。配置舰炮 8 门，其中前炮 1 门，口径 105 毫米；后主炮 1 门，口径 76.2 毫米；边炮 4 门，口径 47 毫米；舰中部左右舷各有磅炮 1 门。中山舰的体量在当时算不上是最突出的，但在东西方同型的炮舰中，性能较为先进，火力较强。

中山舰从晚清重振海军的"遗腹"舰，到伟人孙中山蒙难时与之"同生死共患难"的座舰；从震惊中外的"中山舰事件"，到武汉保卫战的金口殉难，中山舰在 25 年服役期间，历经了五大历史事件：1916 年，反对袁世凯复辟的护国运动；1917 年，反对段祺瑞的护法运动；1922 年，孙中山广州蒙难时在该舰上指挥平叛事件；1926 年，国民党将中共党员中山舰舰长李之龙等抓捕的"中山舰事件"；1938 年，参加武汉保卫战。这些事件，均与中国革命的前途和民族命运紧密相连。

1925 年 3 月 12 日，孙中山在北京与世长辞。伟人顿失，万民悲痛。4 月 13 日，广州革命政府为纪念这位中国革命的先行者，表彰永丰舰追随孙中山的业绩，隆重举行改名典礼。铜板鎏金铸就的"中山"二字，取代了"永丰"的位置，被镶于舰尾之上。

中国人永远不会忘记，1937 年 7 月 7 日，那是一个耻辱与悲壮相交的日子。卢沟桥上的一声枪响，撕开了日本人的一切伪装，一场侵略与反侵略的战火开始在中国大地上蔓延。铁蹄践土刀头滴血，强盗所到之处，房屋化为一片火海，中华姐妹惨遭凌辱，国人恨不能生啖倭寇之肉。日本军自北向南一路进逼中原，京津沪已接连失守，日寇的战场重心直指中国腹地重镇武汉。为此，国民政府急调主力部队集结江城，一支由几十艘战舰组成的编队在中山舰的率领下快速驶进长江航道，与陆军结成强大的战斗堡垒，誓死坚守长江一线关口，一场敌我殊死较量的战斗即将打响。

美丽的江南古镇——金口，是长江防线的军事要塞。自从接到嘉鱼至金口段江防任务之后，中山舰迅速从岳阳出发，一路劈波斩浪，提前抵达指定水域。虽经国民政府海军浴血奋战，长江江阴防线依然不幸失陷，不仅海军官兵伤亡巨大，江防舰队均遭重创。为保存实力避其锋锐，海军指挥部特地制订以退为进的江防战略，并下令拆卸各受创战舰的炮火重组，以聚集新的火力，准备打一场对敌的拦腰截击之战。当时的中山舰，不仅拆下了 4 门边炮，还按命令将主副炮同时拆下。至此，中山舰只剩下两门 37 毫米（小口径）攻击炮火，官兵们不得已从别艘残舰上拆下两门 20 毫米高射炮补装，整队舰员不足 50 人，离舰队编员差距甚远。

　　10 月 24 日上午，一架日寇侦察机，飞临金口赤矶山，进入中山舰防线上空，攻击的炮火骤然响起，势单力孤的敌机迅即掉头，一时逃得无踪无影。依据战斗经验断定，敌机一定会卷土重来。舰长萨师俊借官兵们提前午餐的空隙，作了紧急战前动员，鼓舞大家以全新的士气迎接一场激烈战斗的到来。时近中午，中山舰奉命起锚，在前往汉口江段执行军令途中，突遇六架敌机组队飞来，激越的冲锋号在舰上响起。敌机在上空盘旋一圈之后，便朝着大军山方向返回，然后出人意料地急剧转身一字形排开，朝着中山舰猛扑而来，密集的炮弹炸得江面四处水花飞溅。慑于猛烈的还击炮火，敌机放弃了超低空轰炸，结队高空迂回，寻找有利攻击时机。

　　为减少金口镇居民伤亡，中山舰尽力避走江南航线；为避开敌军炮火打击，中山舰在江上驶出一条弯曲航线，但尽力靠近江北前进。由于炮身老化，经过长时间发射，舰首处一门 20 毫米的高射炮管被烧得通红，连连出现哑弹故障。这时，位于舰尾处的那门高射炮，恰被驾驶台遮挡射击视线，战舰上的炮火一时几近哑然，敌机更加肆无忌惮。"砰！砰！砰……"一阵阵巨响震耳欲聋，这时，一枚炮弹突然击中驾驶台，使舵机瞬间惨遭毁灭，舵手吴仙水当场被炸得血肉横飞。紧接着一连串的炮弹落在军舰上，指挥台已完全倒塌，萨舰长已被炸断右腿，几名炮手当场倒在血泊之中。此时的军舰几被浓烟吞没，锅炉舱里传来刺耳的爆炸声，舰体洞穿，江水猛进，炉膛熄火。吕叔奋副舰长毅然接过指挥棒，在组织部分官兵救火堵漏的同时继续顽强战斗。萨舰长不顾断腿血流紧抱铁柱，用尽余力振臂高呼："官兵们，保我中华！保我战舰！舰在人在！"萨舰长流着鲜血倒下了，但呼声还在中山舰上空回响。

舰长倒下了，战斗仍在继续，长江水域展开更为惨烈的海空军混战，中山舰已是遍体鳞伤，舱内水越积越多，舰体不堪重负终于失去平衡。航海官魏行健重伤不支而倒，多名官兵相继阵亡，舱面上都是倒下的战士，甲板上一片殷红。还有几名没倒下的舰员，与吕叔奋一道握着仅存的几管枪，拼死向俯身而下的敌机猛烈还击。摇摇欲坠的中山舰又遭一枚炮弹炸穿舰体，舱内积水逐渐漫出甲板，至此，军舰再无还击之力。勤务兵黄珠官艰难地背起舰长，与受伤官兵们一同登上救生艇。丧心病狂的日本强盗公然违反国际公约，用一连串的子弹朝着手无寸铁的伤员狂射，年轻的萨师俊舰长壮烈牺牲，救生艇也被击沉。

半沉半浮的中山舰顺水漂流，舰体逐渐靠近金口槐山江岸，码头上的工友早已目睹战舰与敌战斗的雄风与江战的惨烈，他们奋不顾身地抢着登舰，忙着搬运阵亡官兵遗体，一个个被烈士的血迹染透全身。这时已是千疮百孔的中山舰，却高高地昂着不屈的头颅，倾斜的舰身带着一分壮志未酬的不甘而慢慢沉入江底。1938年10月24日，下午3时50分，历经25年服役的一代名舰，沉入金口龙床矶江底。

在那场激烈的江防大战中，以萨师俊舰长为首的 25 名官兵，为保我华夏而捐躯，全舰官兵仅存 18 人。张爱萍将军亲笔题写的"海军抗日阵亡将士纪念碑"，刻上了这一个个不朽的英名。青山永在，英烈长存，祖国永远不会忘记，人民永远不会忘记！

身在中山舰陈列基地抬眼东望，顺着台阶一步步登上牛头山之峰，回顾中山舰出水的那一刻，久盼的高呼淌着泪水。循着 25 根石柱逐一抚摸，隐约听到英雄的呼声"我们誓与中山舰共存亡！夕阳投在石碑上，映出道道红光，似乎是烈士们未干的血迹。没有前人的牺牲，哪有后辈的幸福康宁。

中山舰，一艘与中国近代革命史不可分割的名舰。"滚滚长江东逝水，浪涛淘尽英雄……"它流走了一苇渡江的达摩，流走了中山舰折戟沉沙的痛，但它流不走人们缅怀英烈的记忆！

振兴戏码头

　　江城武汉，一座内陆江流大市，该城的兴起与发展均离不开码头，沿江数以百计的码头，见证与书写了大武汉古今的历史。

　　大武汉的码头文化，却与众多水流城市不一样，兼有一份戏曲码头得天独厚的青睐。文化是催生艺术的酵母，艺术则是文化的一种表现形式。在文化根须的孕育中，艺术之苗茁壮成长，在丰富文化内涵的反哺中，推动文化的发展与繁荣。戏剧属于艺术中的一个门类，与人们的精神生活紧密相连，尤其是在传播手段并不发达的慢节奏时代，成为人们教化和娱乐不可替代的重要渠道和形式。戏码头则多催生于较大的城市，比如武汉、天津、上海，均属于依水而兴的城市，但水流城市并非都享有戏码头的殊荣。如是说，武汉被誉为中国四大戏码头之一，即俗语所说的戏窝子，无疑是一种特有的文化现象。

武汉的源流，天津的观众，上海的票价，北京的舞台。无论是京剧起源于汉剧的论断，还是徽班汉调的评说，京剧剧种和演员都与武汉这块沃土有密切关系，京剧的历史渊源不可与武汉剥离。天津属公认的观众戏剧欣赏水平最高的一座城市，无论捧角和贬角，任何一个城市都难以企及天津人的淋漓尽致与不留情面，行中人常说，如不在天津唱红就别想成角。十里洋场的上海，沉醉着一大群挥金如土的戏迷，大把的金钱，使艺术在高额票价中得到认定和回报。无论是以生活还是事业计，戏剧人可以不必为金钱卖艺，却又离不开金钱支撑。所以，上海便成了戏剧中人追求利益最大化的市场。相对武汉、天津和上海而言，北京却并非水流城市，为什么被列为四大戏码头之一，甚至高居榜首？北京为旧时皇城，新时期国都，是政治、文化和经济中心，艺术离不开文化，文化更离不开政治，北京便自然成为各大戏剧汇聚的中心，成为戏剧的最大码头。

京剧之名诞生于上海，为"来自北京的戏剧"的简称，京剧催生于谭鑫培时代，其皮黄腔源于汉剧。早在乾隆时期，一次皇帝的大寿，使平日蓄养戏班的安徽盐商带着戏班蜂拥进京，十里长街几乎五十步一亭，争相登台演绎各自的戏剧。那时的京剧还远未萌芽，各个班社均倾轧于花雅对垒的竞争。以昆曲为代表的戏剧艺术无疑占据雅部的正宗地位，而众多地方剧种和各种弹唱只能屈居花部之列。所谓花雅之别，即如阳春白雪和下里巴人的表述。虽说下里巴人难被高台上的人奉入雅室，但民众喜闻乐见的掌声和热爱，却给予它充足的生存空间而得以传承与沿袭。时至谭鑫培戏剧艺术臻于成熟之际，则随着他对传统戏剧脱胎换骨的改革和引领，一门新的戏剧艺术得以成型和完善，这便是京剧的由来。京剧虽然晚于昆曲，却在吸收与包涵中国多个剧种（其中也包括昆曲）的发展中走向超越，使之成为当之无愧的国粹。今天的京剧，已成为中华文化的符号之一。弘扬京剧艺术，振兴戏剧码头，作为中国皮黄腔戏剧（汉剧、京剧等剧种）发祥地的武汉，义不容辞地应承担其应有的责任。

清末时期，湖北的米应先、余三胜、王洪贵和李六，一众汉调艺人纷纷进京，相继加入徽班，活跃于京都舞台。"班曰徽班，调曰汉调"，由此开创"徽汉合流"的新纪元，为京剧的形成奠定了基础。因受汉剧影响，徽班的声腔和剧目得到了极大的丰富，由原来的诸腔杂陈，逐渐演变为后来以皮黄腔为主，唱词、念白，均以湖广音、中州韵为新的语言标准。时至今日，京剧中的念白和唱腔，依然有许多湖北方言声调的词汇，湖北武汉的观众常常在京剧中听到熟悉的"乡音"。

汉剧前辈余洪元，在汉剧界享誉极高，被公认为似如后来京剧里的谭鑫培。余洪元为票友出身，后来搭班天一园（京汉混合戏班），《乔府求计》是他的拿手好戏。他常演《李陵碑》《白帝城》《盗宗卷》《状元谱》《七星灯》《六部审》《洪羊洞》《龙凤配》《四进士》《南天门》等戏。余洪元能戏百出以上，唱念做表均有独到的创造与精彩。由他率领的剧团，在外省影响极大。汉剧名伶月月红和余洪元演出的《四进士》，沈云阶演出的《贵妃醉酒》，后来均成了京剧大师梅兰芳、周信芳的代表剧目。余洪元、"牡丹花"董瑶阶等汉剧名角，前往上海演出时引起轰动，著名戏剧理论家、剧作家洪深先生曾于《民国日报》撰文深情表白："中国旧戏里的汉剧，是各地方戏剧的策源之地，汉剧诸多名家来沪表演，要算中国旧剧的一桩盛事，我也怀着景仰之心前往聆听，汉剧给我一个极美满的影像。"汉剧艺术大师陈伯华，15 岁一举成名，她的演出所到之处人山人海，使汉口成为不眠之夜。还有汉剧名演员吴天保和刘艺舟，亦为唱红几省的角色。

历史悠久的汉剧，为地方戏剧翘楚，由于戏剧之风盛行，"大汉口"成为大师和名家辈出的沃土。京剧一代宗师谭鑫培虽说幼时离汉，由于父亲谭志道的亲授和影响，汉剧之苗一直在心中生长。他那独特的韵味派唱腔，除了倒嗓后的个性化选择之外，更与桃花春雨柳岸烟波的江南风情孕育不无关系。还有将母语之音融入戏曲唱念的抉择，绝非一时兴起。

大武汉得江湖滋润，引五方杂居，自古物华天宝，民风多元荟萃，花鼓楚腔，"二黄"汉调，杂技百戏等曲艺之风盛行。20 世纪

30 年代，"大汉口"往来贸易繁华，流动人口数量庞大，不仅成为近代中国重要的通商口岸，更催生了像民众乐园、人民剧院等一批"戏窝子"。这些剧场不仅上演本土观众最熟悉的京剧、汉剧和楚剧，还上演豫剧、越剧、评剧等多个剧种，可谓天下戏剧无一不汇聚于此。那时的京剧在全国有四大集散地，除了京津沪之外就是武汉。那时武汉的街头巷尾，汉剧如现在的流行歌曲一样被人传唱。到长乐茶园听汉剧、到满春茶园看楚剧、到汉口新市场大舞台品京剧，曾经是老武汉人日常生活的一部分，承载了他们太多的欢声笑语，也成为他们永藏心底的温暖记忆。

作为中华优秀传统文化的传统戏剧为何能在武汉这一方水土发扬光大，焕发别样光彩？用了大半辈子时间研究汉口工商业发展史的何祚欢，更愿从社会、经济发展的角度来分析大汉口成为"戏码头"的原因。他认为，只有了解"大汉口"的经济社会状况，才能理解传统戏剧为何在武汉枝繁叶茂，才能理解武汉人对传统戏剧的关注和热爱究竟达到何种程度。当年在武汉看戏，得分好几个梯级，在法租界大舞台、新市场大舞台演出的，那得是梅尚程荀、南麒北马、四大名旦、麒麟童、高百岁、陈鹤峰这些名家。比他们稍低一梯级的演员，即到如美成、长乐剧场演出。然后再矮一梯级的演员，只能到如天声、天仙剧场演出。第四梯级的演员，只能屈居茶园。最后一梯级的，就只能在街头演出。无论什么梯级的演员，只要演得精彩，都不愁市场与观众，这就是武汉戏码头一直得以繁荣的原因。

　　中华人民共和国成立初期，武汉拥有京剧、汉剧、楚剧、豫剧、越剧、评剧等众多戏剧演出团体，规模在中国省会城市中极为少见。20世纪50年代初，应中南军政委员会特邀来汉演出之后，著名京剧表演艺术家高盛麟选择留在了武汉，曾经有人许以三倍薪水请其再回上海，他却不为所动。在汉期间，他和高百岁、陈鹤峰、杨菊萍、郭玉昆、高维廉、关正明、贺玉钦、陈瑶华、李蔷华等众多京剧艺术家合作，并称为"十大头牌"，他们常演的经典剧目《追韩信》《走麦城》《徐策跑城》《闹天宫》等蜚声四海。

　　最好的戏剧，最好的角儿，最热闹的剧院和最热情的票友、戏迷，武汉不仅吸引了"四大名旦"等纷纷来汉演出，又如粤剧名家红线女、越剧名家袁雪芬、评剧名家新凤霞等传统戏剧界"大咖"都曾经来武汉"拜码头"，无不受到热烈欢迎。多次来汉演出的梅兰芳大师被热情的武汉戏迷感染，亲口赞誉武汉是和北京、上海齐名的"戏码头"。数百年来，大武汉这座"戏码头"不仅对中国传统戏剧的形成、发展贡献巨大而作用独特，也塑造了汉派文化开放包容和创新求变的品格。在新时代的今天，武汉"戏码头"也呈现出全新气象。以"汉口女人三部曲"为代表的武汉现代京剧，在全国戏剧界叫响了品牌。湖北省京剧院的朱世慧，一出《徐九经升官记》，使他摘取了中国京剧"第一丑"的名头。刘薇、王荔、夏青玲等京汉楚剧青年演员，纷纷夺得中国戏剧最高奖项"梅花奖"。武汉连续六年举办"中华优秀戏曲文化艺术节"，不仅遍邀全国戏曲名家名团来汉亮相，举办"戏曲进校园""戏曲进地铁""百姓大戏台"等互动活动，将戏曲送到市民身边，在全国戏曲界赢得良好反响。在武汉市中小学校广泛开展的"戏曲进校园"活动，邀请戏曲演员走进校园教戏，为孩子们编写戏曲读本，丰硕成果引来《新闻联播》等央媒几度聚焦……

　　近年来，随着社会对传统文化的关注度与日俱增，大武汉振兴戏码头的热情势如长江的波涛，一浪高过一浪。自2013年首次举办"中华优秀戏曲文化艺术节"以来，每年3—5月，来自全国各地的优秀剧目在武汉集中上演，不仅剧种繁多，演出阵容强大，且名家云集。2017年4月，第五届"中华优秀戏曲文化艺术节"，邀请了北京京剧院、安徽省黄梅戏剧院、上海昆剧团、苏州昆剧院、宁波小百花越剧团、湖北省地方戏曲艺术剧院、武汉京剧院、武汉楚剧院、武汉汉剧院等名团名家积极参与，上演了京剧《党的女儿》、昆曲《临川四梦》、黄梅戏《女驸马》《天仙配》、越剧《仁医寸心》《烟雨青瓷》《梁祝》、汉剧《状元媒》《红色娘子军》、楚剧《哑女告状》等20多台大戏，共计演出29场。其中由上海昆剧团带来的《临川四梦》，为明代剧作家汤显祖《牡丹亭》《紫钗记》《邯郸记》《南柯梦记》四剧的合称，一口气在武汉剧院连演4天。沈昳丽、黎安等众多名角亮相，让戏迷们过足了戏瘾。来汉的艺术家们都深情地感叹说，每次到武汉演出，就是回到京剧的"娘家"啊！

　　武汉对中国传统戏剧的形成、发展贡献巨大而作用独特，振兴武汉戏码头，不仅是传承中华传统文化的内在要求，更是彰显汉派文化的必要举措。近年来，武汉市推出《振兴武汉戏码头实施方案》，在精品生产、人才培养、戏曲展演、品牌交流、普及推广等领域全面发力，大武汉振兴戏码头的步伐愈加坚定。武汉戏码头的复兴指日可待。

武汉人民剧院

　　武汉人民剧院，初名"汉口大舞台"，悠久的建院史可回溯至二十世纪初，由汉口资本家韩惠安等人出资，兴建于 1914 年。韩惠安，一个十足的京剧迷，他善于经营管理，且与戏剧界交情颇深，经常邀请京津沪等地京剧名角登台献唱，颇受观众青睐。该院常年演出地方戏，是一座享誉华夏，深受武汉民众垂青的剧院。1917 年，韩惠安聘请汉口戏剧界知名人士傅心一出任经理，因业精路广，经营有方，广为戏剧界人士推崇。傅心一在任期间，曾与汉剧名家刘艺舟合作，首创京剧、汉剧、新剧（今为话剧）同台演出先例，为丰富剧种展演，促进艺术交流，满足观众需求，做出了重要贡献。

有着九省通衢之称的武汉，人们素有看戏的传统，早在清道光年间，叶调元曾在《汉口竹枝词》中有"各帮台戏早飘红，探戏闲人信息通。路上更逢烟桌子，但随他去不愁空"，"芦棚试演梁山调，纱幔轻遮木偶场；听罢道情看戏法，百钱容易剩空囊"的精彩描述。由此也可窥见当时汉口戏剧的演出盛况于一斑。时至上世纪三十年代，武汉戏剧文化进入鼎盛期，民间具有"货到汉口活，戏到汉口红"的传说。

武汉人民剧院位于汉口友益街 105 号，地处武汉文化商业密集的黄金地段，紧临汉口老火车站，与武汉港码头仅咫尺之遥，交通极为便利，是武汉城区演出戏剧的"老字号"，素有"戏窝子"美称。该院除上演湖北本地剧种外，全国各地方剧种的名家名团常常被邀或慕名来此登台献艺，在武汉人民心中，实为戏剧的朝圣地。只要是老武汉人，没有人不知道人民剧院。

1920 年，花鼓戏名角江秋屏、朱福全、严少卿等率众前来，在汉口大舞台演唱花鼓戏，并将"汉口大舞台"更名为"共和升平楼"。正如此名一样，不仅达到了戏剧的和谐共融，更谱写了乐舞升平的盛世华章。

1927 年大革命胜利后，国民政府迁都武汉，给武汉戏剧界带来了空前繁荣，大舞台特邀京剧名角梅兰芳、杨小楼、余叔岩、谭富英等前来献艺演唱，产生了万人空巷的轰动效应。于是，韩惠安即将剧场装饰一新，并更名为"共舞台"，掀起一波更为火热劲爆的浪潮。

1933 年，随着演出市场的日渐繁荣，韩惠安决心斥巨资将剧场重建，观众座位扩充至 1800 个，在以上演京剧为主（兼演各剧种）的前提下，更名为"明记大舞台"，取铭记历史、壮大舞台之意。全国京剧名角梅兰芳、程砚秋、荀慧生、尚小云、周信芳、马连良、谭富英、李万春、金少山、盖叫天、姜妙香等纷纷来登台演出，给武汉民众带来了戏剧的极品享受。

1938 年，抗日战争爆发，大舞台在一年内竟举行了 38 次劳军公演，积极开展抗日宣传，激发中国人的抗战斗志，充分发挥戏剧陶冶与鼓舞人民精神的作用。同年 11 月，武汉沦陷。虽说市面荒凉，有心情看戏者寥寥无几，大舞台仍然矢志不渝尽力组织京剧名流演出，并将剧场改名为"和记大舞台"。人民厌恶战争，更仇恨侵略者，在炮火硝烟的岁月里，坚持演出也表达了人民对和平的守望。

1949 年 7 月 17 日，解放军四野政宣部评剧工作团以租赁形式接管大舞台，将其更名为"人民剧院"，该名被一直沿用至今。

1950 年，在新中国成立后的百废待兴中，武汉人民剧院移交中南文化部管理，仍然不改以上演京剧为主兼演地方戏的主格调。

1951 年，中南文化部派人赴香港，邀请著名京剧演员马连良、张君秋等来汉，与中南京剧团的部分人员及当时在汉演出的"明来京剧团"联合组成"中南实验京剧团"，在人民剧院演出长达一月之余。剧目丰富多彩，剧场座无虚席，演出盛况空前，真正给武汉民众奉献了一台文化盛宴。

1954 年，随着中南行政区撤销，武汉人民剧院即移交武汉市文化局领导，不仅继续演出迷人动听的京剧，且朝着将其办成"全国戏剧艺术交流演出中心"的方向迈进。当时全国具有代表性剧种的著名演员，如：粤剧名演员红线女、马师曾，桂剧名演员尹羲，川剧名演员杨发鹤、陈书访，湘剧名演员徐绍清、彭莉农，黄梅戏名演员王少舫、严凤英，越剧名演员袁雪芬、徐玉兰、王文娟、戚雅仙，评剧名演员小白玉霜、新凤霞，他们都带着自己的团队，不断线地来武汉人民剧院交流演出。多个剧种，诸多名家，精彩的演出令武汉人目不暇接。每天剧院门没开，锣没响，观众却早早聚集在门前。有时一场剧终，依然沉浸在精彩演出中的观众迟迟不愿离场，面对如此热情的观众，演员们不得不临时加唱几段，以数次谢幕来回报观众热烈的掌声与呐喊。

1954 年，大武汉遭逢百年一遇的洪灾，江漫了，堤倒了，家破了，一场空前的灾难肆虐，使民众的生命财产安全受到严重威胁。平静的生活被打破，在物质之外，亟须精神安抚。著名汉剧艺术大师陈伯华、京剧表演艺术家关正明、楚剧表演艺术家钟惠然、越剧名家金雅楼，他们联袂在武汉人民剧院登台义演，将所获票房收入悉数捐赠给抗洪救灾之用。

1957 年，武汉市文化局投资，对人民剧院进行了一次大规模修整，将门面扩大装饰并与内部连接，从一楼到三楼全部贯通，前后形成一个整体。经过此次改建装修，剧院更显气派，且充满时代气息，让进场的观众更加有进入艺术殿堂之感。

1973 年，岁月往前走，生活在提高，为了紧跟时代节奏。人民剧院内场又进行了一次整体大装修，将座位全部改为真皮沙发座，观众厅顶棚整体下降 3 米，让人坐得更舒适，观众听得更舒心。为了追求全方位视听效果，特增设一个放映室，改为电影放映和戏剧演出两用的剧场，场内还增设了冷气设备。

20 世纪 90 年代以后，随着市场经济发展，人民的物质生活水平不断提高，不可抑止地对精神文化需求更高。人民剧院在保留传统特色的基础上，对以演出戏剧和放映电影为主的经营模式进行全面扩展，先后增设"太空城歌舞厅""皇城卡拉 OK 厅""皇城酒店""台球室""电子游艺厅""茶坊"等诸多经营项目，以多层次地满足人民群众更加丰富多彩的精神文化需要，使人民剧院逐步成为集"戏剧""电影""饮食""娱乐"于一体的综合文化场所，成为一座名副其实的现代娱乐城。

当时光的脚步迈入 21 世纪之后，武汉市人大提出议案，建议加强武汉地区文化设施建设，武汉市委、市政府也提出文化强市的口号。在此背景下，由政府投资，对老字号人民剧院进行了一次与时代接轨的高精尖维修改造。2003 年底，维修改造后的武汉人民剧院以全新的面貌迎接观众，呈现一派欣欣向荣的气象。

2005 年，为满足"第八届中国艺术节"演出场馆建设需求，武汉市政府又投巨资对武汉人民剧院再次进行人性化改造，对原来的舞台演员化妆室一、二楼（自用房），剧院后区一至四楼（原为砖木结构）中的部分危房，实施安全改造。改造后的武汉人民剧院，在基础设施和演出功能上，更加接近国内和国际一流水平，更好地服务千万江城民众。

2009 年 5 月 26 日，武汉人民剧院正式并入武汉汉剧院。武汉汉剧院是全国具有较大影响的艺术团体，现为全国地方戏创作演出重点院团。汉剧为武汉人钟爱的地方剧种，母语方言，地方韵味，使武汉人听来格外亲切。2006 年，汉剧被国务院列入首批国家级非物质文化遗产名录。1962 年，在周恩来总理的关怀下，武汉汉剧院的前身武汉汉剧团正式成立，国家副主席董必武挥毫泼墨题写"京昆登大雅，秦越奏清平。尊重吴陈派，宏宣江汉声"，以示祝贺。汉剧历来被国家领导重视，深受武汉人喜爱，无论是剧种还是名家，在全国戏剧界都享有崇高地位。武汉汉剧院院长陈伯华为享誉艺坛的汉剧艺术大师，在她的带领下，剧院著名演员云集，"十大行当"齐全，对汉剧传统艺术的研究、整理和创新，在戏剧表演与推广上做出了卓越贡献。剧院打破陈规，不断进取，已经形成独特的高雅清新的艺术风格，得到了社会各界的高度赞誉，在新一代艺术人才的培养中也是硕果累累。

2009 年，武汉人民剧院投资 126 万元，在人民剧院二楼修建了武汉首家戏曲茶苑——面积 400 余平方米的"美成茶苑"，可同时容纳 100 多位观众。该茶苑来头不小，其前身可追溯至创建于 1913 年的"丹桂舞台"。近百年来，汉剧名伶余洪元、余洪奎、张花子、李彩云等曾在此设台打擂，汉剧表演艺术大师陈伯华、吴天保等曾在此品茶献唱，成为武汉戏剧界的茶苑佳话。走上人民剧院二楼，在朱漆大门、红色灯笼、半圈太师椅的雅致氛围中，汉剧大师陈伯华的题字赫然映入眼帘；沏壶茶倒入青花盖碗，声声汉腔便跟随袅袅升腾的水汽摇曳起来，叫好声随之响起……品茶赏戏，是中国的古老传统，"尊重吴陈派，宏宣江汉声"，董必武当年的题词正好点出开设"美成茶苑"的美好意境。

时光不断流逝，转眼已过百年。武汉人民剧院充分挖掘与享用汉口大舞台厚重的人文资源与无形资产，扎根于传统戏曲振兴，保持和提升在全国戏剧界所拥有的品牌荣誉，重振大武汉"戏窝子"，在传统演出形式基础上，拓宽经营理念，为传统戏曲的弘扬发展，为民众的品位提升不止前行。如今的武汉人民剧院，依然坚持每周五至周日下午上演京、汉、楚等剧种的传统剧目。每逢演出日，武汉各城区的戏剧爱好者云集人民剧院，饱享耳福与眼福。用心踩在铿锵的锣鼓点上，在或高亢或低沉的琴音声中，一览生、旦、净、丑们粉墨登场。

现在的武汉人民剧院，天天好戏连台，夜夜歌舞升平，一片繁荣景象。今天的成就即将进入明天的历史，武汉人民剧院，武汉戏曲剧种，武汉戏迷观众，将以全新的姿态与谋划，为古老的黄鹤之乡，吟唱优雅动听之声，演绎美轮美奂之舞，营造愉悦欢欣氛围，呈现戏剧艺术的最大价值，这就是武汉人民剧院写入未来发展剧本的经典台词。

省市京剧院

　　大武汉唱戏的人多，爱戏的人更多。虽说根植于沃土的地方戏是武汉人的至爱，但喜欢京剧的人也不在少数，一为国粹的魅力所在，二为京剧与汉剧不可分割的艺术之源，三为伶界大王谭鑫培是武汉江夏人。武汉的京剧团、班社和票友联谊会众多，超过数百家，但最主要的还属省市两大京剧院。

　　武汉地处华夏腹地，自古多元文化汇聚，戏曲剧种繁多，特别是汉剧和楚剧，是民众喜闻乐见的两大地方剧种。但热情奔放的武汉人，对于京剧艺术的青睐，丝毫不亚于对地方剧种的热爱，且已呈后来居上之势。纵观武汉京剧历史的兴起与发展，大致可分为三个阶段：第一个阶段，伶界大王谭鑫培的艺术创造，催生了京剧剧种的诞生；第二个阶段，梅兰芳美轮美奂的旦角艺术，掀起了武汉人高涨的京剧热；第三个阶段，新中国成立以来，京剧样板戏在武汉地区影响很大，深度推动了京剧普及。时至今日，湖北省京剧院和武汉市京剧院的声名，已显现超越其他剧种院团之势。

一、湖北京剧院

湖北省京剧院，位于武汉市洪山区武珞路街道口南村，属武昌城区较为中心的地带，交通十分便利。该剧院成立于 1970 年 9 月，隶属湖北省文化厅，为湖北省内最大的京剧表演艺术团体，是 2005 年文化部命名的国家重点京剧院团，现任院长为著名京剧演员朱世慧。该院演职人员多数来自于全国和省内艺术院校的毕业生，经过著名京剧表演艺术家陈鹤峰、贺玉钦、杨玉华等先生指点，又幸得张君秋、袁世海、吴素秋、高盛麟、厉慧良、王金璐、李鸣盛、孙盛武、马长礼等名家悉心传授，技艺日益精进，影响越来越大，是一个具有很高艺术水准的文艺表演团体。

湖北省京剧院成立半个世纪以来，坚持继承和弘扬京剧艺术优秀传统，共计整编上演传统剧目 100 余出，其中《岳飞夫人》《杨门女将》《四郎探母》《秦香莲》《玉堂春》《群借华》等一大批剧目久演不衰，诸多传统剧目已被列为该院保留剧目。该院曾先后荣获文化部、中国剧协、广电总局颁发的文华大奖、程长庚银奖、飞天一等奖、优秀剧目奖、优秀演出奖、优秀创作奖、优秀导演奖、优秀表演奖、音乐设计奖、优秀保留剧目创新奖、梅花奖、中国戏曲学会奖和湖北省文艺最高奖项屈原奖等 80 多项。在文化部、广电总局举办的全国京剧中青年电视大奖赛、梅兰芳金奖大赛、中国京剧艺术节中先后取得骄人成绩。其中，朱世慧曾两度获得梅兰芳金奖，杨至芳和张慧芳双双获得戏剧梅花奖，程和平荣获梅兰芳金奖提名奖。《膏药章》被文化部命名为 2003—2004 年度国家舞台艺术精品工程十大精品剧目，剧院被戏剧界誉为"创作强力集团"。

湖北省京剧院，在继承和发展京剧艺术传统基础上不断推陈出新，前后创作演出了《一包蜜》《徐九经升官记》《药王庙传奇》《膏药章》《法门众生相》《曾侯乙》《建安轶事》《青藤狂士》《楚汉春秋》等众多优秀剧目，曾荣获中国戏曲学会奖，两次夺得文华大奖、五个一工程奖、中国京剧艺术节金奖和银奖，还荣获过全国优秀保留剧目创新奖，入选国家舞台艺术精品工程重点资助剧目。《建安轶事》荣膺第六届中国京剧艺术节一等奖第一名、第十四届文华大奖，入选 2011—2012 年国家舞台艺术精品工程重点资助剧目。该院创作排练的现代京剧《粗粗汉靓靓女》，在第二届中国京剧艺术节中喜获殊荣。近代传奇剧《沧海作证》，在全省新剧目展演中共斩获六项优秀奖。该院流派纷呈人才济济，能够高质量的演出优秀传统剧目共 260 余出。

　　湖北省京剧院连续五次被评为湖北省文明单位，省人民政府特为此颁发嘉奖令，给剧院记集体功一次。文化部表彰该院为"坚持编演现代戏成就显著"的剧院；文化部和人事部授予该院"全国文化工作先进集体"称号，中组部授予该剧院党委"全国先进基层党组织"称号。党和国家领导人李鹏、朱镕基、李瑞环、李先念、杨尚昆，著名专家张庚、马少波、郭汉城、赵寻、刘厚生、阿甲等多次现场观看该院演出，并合影留念。该剧院曾多次组团到奥地利、美国、俄罗斯、澳大利亚、加拿大、韩国、德国、日本、香港、台湾以及非洲和南美洲等国家和地区演出，足迹遍布全球几大洲，深受海外观众欢迎，被专家们誉为"唱做精彩、气氛热烈、雅俗共赏、疯魔了京剧戏迷"。

　　在跨入 21 世纪之后，湖北省京剧院依然坚持以创作艺术精品为宗旨，在加速剧院体制改革中不断培养新人，为弘扬民族优秀文化，振兴京剧艺术，不懈地探索和奋斗。该院培养造就了一批艺术造诣较高的艺术家，如著名导演余笑予、欧阳明，著名剧作家谢鲁、习志淦，著名表演艺术家朱世慧、杨至芳、李春芳，一级舞美设计田少鹏，一级编剧郭大宇，一级演员胡为之、罗会明、程和平、舒建础等。诸多演员被授予优秀中青年专家称号，享受国务院特殊津贴。该院拥有以梅花奖获得者麒派老生裴咏杰、奚派老生王小蝉、张派名家万晓慧为代表的一大批优秀中青年艺术人才，如江峰、尹章旭、易艳、李兰萍、吴长福、周琥、张忠明等国家一级演员，还有一级鼓师邓伟、一级琴师杨家勇和优秀舞美工作人员周伟忠等，全国青年京剧演员电视大赛金奖得主谈元、王铭、唐恺以及吕蒙、袁婷、郑雪莲、潘欣、陈晓霞、曹中华、李衍茂、于巧云、李奕平等。现在不仅涌现出李兰萍、张晓波、孙忠勇、吴长福、易艳、周琥、毕玉英等一批优秀青年艺术人才，第三梯队中的诸多优秀青年演员也在迅速崛起，影响逐日提升。

曾风靡全国的《徐九经升官记》，是我国京剧史上的一部经典之作。1980 年 9 月，《徐九经升官记》由湖北省京剧院创作，于 1981 年登台演出，由现代中国戏曲四大"怪杰"之一的余笑予执导，"京剧第一丑"朱世慧饰演徐九经，李春芳饰演李倩娘。《徐九经升官记》是一部揭露旧时代官场黑暗和权贵强抢民女的剧作，通过独特的视角，把一个因偶然机遇提拔为大理寺正卿的知识分子推进矛盾的漩涡之中。这位其貌不扬的丑相公，凭借正直的人格和超人的机智，维护正义、打击邪恶，使有情人终成眷属；但因开罪了权贵，最终拂袖挂冠而去。剧作深具喜剧风格，把清官判案、强权争势的激烈斗争，寓于幽默调侃之中，极富魅力，因此，该剧在众多京剧剧目中闪烁着独特的光彩。1981 年，《徐九经升官记》赴京汇报演出，连演 34 场，场场观众爆满，该剧被国人亲切地称之为"戏宝"。

二、武汉京剧院

武汉京剧院（原名武汉市京剧团）成立于 1950 年 1 月 18 日，位于武汉市北湖正街 16 号，为武汉最为繁华的汉口地段。该院前身为中南京剧工作团，首任团长为中国京剧艺术大师周信芳（麒麟童）先生，继任团长为著名的"麒门大弟子"高百岁先生，现任院长为国家一级演员刘子微（原名刘薇）。

早在 20 世纪五六十年代，武汉市京剧团就以阵营齐整，流派纷呈，剧目丰富著称，以演出"追（韩信）"、"跑（徐策跑城）"、"走（麦城）"、"闹（天宫）"著称。拥有高百岁、高盛麟、陈鹤峰、杨菊萍、郭玉昆、高维廉、关正明、贺玉钦、陈瑶华、李蔷华等著名艺术家，所演剧目精彩异常，蜚声海内外，是实力极为强劲的艺术团体。该团当时与北京、上海两地的京剧院，形成鼎足之势，被艺术大师梅兰芳博士赞誉为"三鼎甲"。

20 世纪六七十年代后期，剧团在新老交替之中保持繁荣，在前辈艺术家的悉心指导下，剧团迅速涌现出王婉华、陈鸿钧、李秀英、郑丹、舒长青、刘恒斌等一批优秀京剧表演人才。20 世纪 80 年以来，又相继涌现出陈幼玲（获湖北戏剧"牡丹花奖"、武汉艺术人才"江花奖"）、刘宝童（获全国青年京剧演员电视大赛"最佳表演奖"）、刘薇（获第三届中国京剧艺术节"优秀表演奖"，湖北戏剧"牡丹花奖"，武汉艺术人才"江花奖"）、林军（获第三届中国京剧艺术节"优秀表演奖"）、程志强（获第三届中国京剧艺术节"表演奖"）、刘世华（获第三届中国京剧艺术节"表演奖"）、熊林（获湖北戏剧"牡丹花奖"）、吴作萍（获武汉艺术人才"江花奖"）等优秀中青年演员。

武汉京剧院前后上演的大、小传统剧目多达近百出，历来深受广大观众青睐与热捧。剧院先后远赴瑞典、丹麦、冰岛、南斯拉夫、日本、韩国、台湾、澳门等几十个国家和地区进行文化交流，精彩的演出让华夏艺术大放光芒，为传播中华文化作出了巨大贡献。

同时，该院排演创作的新剧目多达数十出。其中，《洪荒大裂变》荣获 1988 年文化部主办的京剧新剧目汇演探索奖、1991 年荣获首届文华新剧目奖，《孙美人》荣获武汉市第四届新剧目展演优秀剧目奖。2001 年 12 月，该院创作演出了武侠京剧《射雕英雄传》，在第三届中国京剧艺术节荣获优秀剧目奖。还有新创作的《祁奚》和《岳飞夫人》两剧，每次演出场场观众爆满，深受专家及观众好评。2004 年 2 月，该院又创作演出大型近代京剧《三寸金莲》，一举夺得文化部第十一届文华新剧目奖；2004 年 9 月，参加第七届中国艺术节评奖演出，被选定为 2015 年国家艺术基金对外交流资助项目，参加美国第十六届中国京剧艺术节和旧金山演出，是该年度国家艺术基金对外交流资助项目中惟一的一台京剧。

武汉京剧院组织健全，阵容强大，艺术门类齐备。

自 20 世纪末至今，剧院坚持开拓进取，相继涌现出一批新生力量，演出一批精彩剧目。现在的武汉京剧院，在郭玉昆、杨菊萍、关正明、陈瑶华、王婉华等多名老艺术家的热情关怀和悉心培育下，一批优秀中青年演员脱颖而出，在崭露头角中茁壮成长。未来的武汉京剧院，一定会花团锦簇鹏程万里。

校园京剧

　　京剧是华夏的艺术瑰宝，被称为"国粹"。京剧已经与丝绸和瓷器一样，早已成为中华文化的符号之一，无论在世界哪一个角落，只要提到京剧，外国人都会竖起大拇指说一声"CHINA"。为了响应"弘扬中华民族优秀传统文化"的号召，在京剧一代宗师谭鑫培的故乡江夏，"京剧进校园"活动蓬勃兴起。其中明熙小学、大花岭小学以及机关幼儿园无愧于江夏京剧花园中绽开的最鲜艳的花朵。

明熙小学

一走进明熙小学校园，满园的春色与花香扑面而来，琅琅书声随风入耳。在校园右面的几间敞开式展厅中，醒目地悬挂着一张张京剧脸谱及京剧相关知识，将人带入京剧故乡的浓烈氛围中。

经江夏区教育局反复考察调研，明熙小学被列为"京剧进校园"重点试验学校。该校以此为契机，把优秀传统文化进校园工作列入学校总体发展规划，初步制定《京剧进校园工作三年规划》。成立以校长为主管，分管副校长为主抓，教导处、政教处、艺术组教师为主体的"京剧进校园工作小组"，聘请多名省市京剧院团专业演员现场授课。

明熙小学不仅把"京剧进校园"纳入学校教育工作规划，并印发了《京韵飘香》校本教材，使学生们更深入地了解中国优秀传统文化，学习基本戏曲知识。从 2016 年秋季开始，学校分别在三年级的 8 个班中进行京剧试点教学，每周每班利用一节音乐课时间，由武汉市京剧院专业老师现场授课。每周五晨读时间，在校园广播中播放京剧经典名段，让全校师生在戏曲欣赏中得到普及与提高。

明熙小学聘请湖北省京剧院国家一级演员吴长福和时景艳老师担任学校兼职艺术教师，为师生们讲解戏曲知识，教授表演技巧，现场辅导排演。他们一字一句地领唱，在举手投足间校正表演动作，特别注重学生在演出中的情绪表达，抓住对角色的理解，准确表现剧中人的喜怒哀乐。他们认真探讨在京剧教学中遇到的难题，逐个分析，逐题解答，共同提高。

　　明熙小学还积极利用京剧宗师谭鑫培故乡的地域资源，请来了正宗谭派传人江夏区纸坊京剧社谭川汉和夏海兰夫妇，每周两次进行演唱指导。明熙小学京剧社无论生角班和旦角班，均仿照京剧行业中以角挑班的做法，着重培养拔尖人才，收到以点带面的效果。他们组织学生走进剧场，多次去谭鑫培戏楼观摩舞台演出，在录像回放中，根据演员们的演与唱，找出精髓所在，模仿试排，在实践中对照学习，使学员们的表演水平迅速提高。

　　明熙小学每年都举办戏曲夏令营实践活动，让学生们在名家名曲赏析中体验角色与行当的精彩表演，激发学生对戏曲艺术的兴趣爱好。学员黄瑾钰在参加京剧夏令营的学习体会中说："我很荣幸参加了学校的京剧夏令营活动，让我更加认识和体验到京剧的美，越来越被这种艺术之美所吸引，我一定加倍努力，争取在学员班中成角。"特别是学校编排的"第一套戏曲广播操"，每当音乐响起，学生们便从"腕花小云手"开始起范，个个精神抖擞，满园花开的场景让人目不暇接。

　　花落花开，寒来暑往，明熙小学通过多种形式的京剧进校园活动的开展，让一门古老的戏曲艺术走进莘莘学子的心灵，播下京剧传承的种子。孩子们在京剧艺术学习中不断成长，表演技艺日趋成熟，在参加市、区组织的各级各类艺术展示活动中崭露头角。在江夏区体育馆、谭鑫培公园、省市多个剧场里，都留下了明熙小学京剧社孩子们唱、念、做、打的身影，赢得了民众的掌声，得到了专家们的认可和赞赏。

台上一分钟，台下十年功，明熙小学京剧社的孩子们深知艺术成绩来之不易。他们从眼神、手势、台步、圆场开始，旦角班的女生刻苦练小嗓，反复磨练京韵念白和唱段；生角班的男孩子们，克服基本功训练的枯燥，在舞台出彩中得到回报。明熙小学京剧社培养了不少京剧苗子，其中王致娴、张叶曦子先后考上中央戏剧学院附中，走上了专业发展的道路并小有名气。

2017年，明熙小学京剧联唱《菊坛新蕊绽国粹》，获江夏区第二十一届文艺创作百花奖一等奖、武汉市戏曲进校园展演金奖；同年，明熙小学被武汉市教育局授予第一批"戏曲进校园"工作示范学校。2019年明熙小学选送的京剧节目《杨门女将——探谷》，荣获武汉市第十二届学校艺术节优秀文艺节目一等奖。明熙小学京剧社的孩子们还代表武汉市在湖北省京剧艺术展演活动中登台献艺！

大花岭小学

江夏区大花岭小学，位于纸坊城区北部，为大桥街管辖范围。选择大花岭小学为"京剧进校园"试点之一，有利于提高街道地区学生学习京剧热情和更好普及京剧。在选择试点当初，教育局领导坚持认为，京剧普及和推广，不能仅仅集中于城区学校，必须选择一所街道学校作为试点。通过反复调研和层层筛选，大花岭小学因教学条件优越和要求强烈，且有多名老师和学生具有京剧演唱基础，成为首批"京剧进校园"试点学校之一。

一经确定为"京剧进校园"试点之后，学校校长亲自领头，迅速成立"京剧进校园"领导小组，将该项工作作为教学的重点来抓，要求一定要抓出成绩，经校委会反复商议，一致认为领导小组组长应由教学副校长陈慧娘担任。陈慧娘的父亲原为武昌县（现江夏区）文化馆领导，她从小在文化馆进出，深受文艺熏陶，爱唱爱跳嗓音条件又好，和善爱笑的她在学生中亲和力强，尤其自身爱戏又能唱戏，主持这项工作，她的确为不二人选。为了加强团队力量，学校还挑选几位艺术组的老师和具有戏剧特长的教师担任助教，共同营造在专业中愉快教学的氛围，确保提高传承国粹艺术效果。为了提高专业培训水平和速度，学校决定重金投入，特与武汉市京剧院签订专项培训和试点年级普及京剧课的授课协议。

那天当我们进入校园采访时，学校的培训班正在开展京剧课堂教学并且还是演出彩排，有一名武汉市京剧院的老师现场指导。教室里的墙壁上张贴着一幅幅京剧名家彩照，还有诸多京剧知识栏目。一个个穿着彩装的京剧娃娃生，有模有样地演，京腔京韵地唱，特别是传统经典中的乡音吐字，母语的亲切感油然而生。强烈的京剧氛围使人深受感染，不由自主地心中默默地跟着学生们哼唱起京剧唱段。

围绕京剧班的组成，学校面向全体学生公开招募，采取自愿报名的方式，学生们普遍情绪高涨，前来报名的学生，大大超越学校的预估。为了做到精挑细选和不伤害学生们的积极性，艺术组老师对报名的学生进行逐个面试，一个都不落下，即使没有被录取的学生，也鼓励他们继续努力，争取下批进入。根据学生的唱功和表演、综合才艺展示，最终录取了 60 名学生，成为京剧社团的首批成员。根据学生的自身条件和艺术特点，经过学校老师和市京剧院名家研判，分别成立生角和旦角两个班。

凡京剧班的学员，每周两节新授课和一节复习课。新授课由武汉市京剧院的老师亲自指导，重在"唱、念、做、打"四功和"手、眼、身、法（发）、步"五法教学。每逢京剧课，武汉市京剧院的老师便作现场示范教学，专业而精湛的演技，令学生们惊叹与崇拜。经过细致入微的指导，学生们普遍进步很快，专家们对此十分赞赏，打消了他们担心学生慢热与进步缓慢的顾虑，教学信心与热情高涨。有了老师的耐心教和学生的热心学，不到一个月，京剧班就能登台彩唱经典折子戏甚至是整出戏。

为了确保教学效果，学校特地选派一名具有艺术特长的老师与学生们一起跟班学习。通过师生们互教互学，京剧班的气氛十分活跃，既充分展现了学生的才华，又增进了师生和同学之间的友谊。学生们在愉快的氛围中学习，在学习中享受，使他们变得更加快乐和自信。特别是京剧班学员们精彩的表演和惊人的进步，使全校学生的学习积极性普遍增强，成绩整体性上升。学校京剧班的突出表现，极大地提高了全校师生对京剧的热爱，摒弃了原来学戏曲可能影响学生学习成绩的忧虑。特别是学生家长们，不仅要求现场观摩，而且诸多没有进入京剧班的学生家长，均替孩子向学校提出申请。

2019 年 10 月，大花岭小学派团代表江夏区参加武汉市第一届"戏剧艺术节"，参赛剧目《梅兰芳学艺》，学员们的演出受到了专家评委和上级领导的一致好评，捧回了他们应得的奖杯。学校京剧班的多名学员，均得到京剧指导老师的青睐，对他们将来考入专业戏曲院校寄予厚望，也使大家对京剧班的未来与发展信心倍增。

2019 年，该校组团参加武汉市艺术节演出，荣获京剧表演一等奖，同年被挂牌"武汉市京剧示范学校"。

机关幼儿园

"这一封（啊）书信来得巧，天助黄忠成功劳。站立在营门传令号，大小儿郎听根苗……"谭派京剧代表剧目《定军山》里黄忠的一段经典唱段，被一个幼儿园里的小小女老生唱得有板有眼，手势与移步有模有样，声腔圆润劲朗，让人在钦佩中又有点忍俊不禁。没有彩装在身，没有锣鼓音乐，就在园中的走廊里，被园长叫来现场试唱，她的节奏全在园长的击掌中跟进。面对一个突然出现在面前的陌生人，小女孩似乎有点胆怯，要不然，她还会唱得更好。应该说，这是京剧进校园的效果，如果现在的校园都像这样来培养，何愁京剧的传承与振兴呢？我有点不情愿地向她挥手作别，如果时间允许，真还想再听她唱几段，好让一个老京剧迷在童稚的唱腔中解馋。

江夏区直属机关幼儿园，是江夏区唯一的一所省级示范园，坐落在江夏政治文化中心纸坊城区，教学质量稳居全区行业前列。在园长的引领下，我们步入园中陈列室，其实这应该是一间较大的文化展示与体验室。里面不仅陈列学生们的图画和手工制作的诸多作品，还有浓缩的原生态非洲部落，特别是各种京剧元素的图像和知识，引人注目。

机关幼儿园京剧社团成立于 2018 年 3 月，目的是让幼儿们在全面发展的基础上兼学国粹艺术，丰富艺术知识，加强艺术培养，在传承与振兴京剧中彰显谭鑫培故乡的地域文化特色。

机关幼儿园京剧社团在 2018 年成立之初特举行了盛大的开班仪式。同年六一国际儿童节，该园的京剧娃娃们带着精彩的京剧节目参加了全区幼儿园艺术展示活动。在整场皮黄声腔表演中情韵悠长，娃娃们精湛的演技及稚嫩的唱腔，引来观众席上无数叫好声和掌声。孩子们凭借京剧《卖水》的经典选段，夺得了"最佳表演奖"荣誉。该园实行京剧大家唱的普及教学，无论大中小班的学生，都可报名参加京剧班。2019 年六一国际儿童节，由该园各班次轮番表演的《定军山》《刘海砍樵》《迎驸马》《看大戏》《说唱脸谱》《俏花旦》《好儿郎》《采莲船》等剧目，使台下的领导与观众惊叹不已，特别是家长们目不转睛，时而蹙眉凝思，时而开怀大笑。经过常年学习培训，机关幼儿园的小娃娃生们进步神速，不仅能演唱折子戏，还能承担经典剧目如《定军山》和《贵妃醉酒》的整场演出……大一班幼儿们表演的京剧《定军山》，还在武汉市经典诵读活动中荣获一等奖。

京剧在江夏

　　江夏，一块适宜戏剧生长的沃土。江夏人爱看戏更爱唱戏，无论在城镇的街头巷尾，还是在乡村的田间地头，不经意间常常会听到人们自发的戏剧哼唱。江夏戏剧的早期演唱与流行，是以楚剧为主的地方戏剧，至今还有多个楚剧团常年活跃在城区和乡村舞台上，深受民众喜爱。而京剧走进江夏，则是在"文化大革命"期间。由于样板戏兴起，一出《沙家浜》不仅唱响一个时代，且唱热了谭鑫培故乡江夏人民的情感。只要与戏剧沾边的人，都能随口唱上几句郭建光的唱段。自从谭鑫培文化品牌擦亮之后，今天的江夏成为京剧圣地，在全国各大专业院团演出及跨越海内外的大型戏剧活动和赛事之外，众多的地方社团活动频繁，演出质量日渐提升，演出阵容日益壮大，演出形式与剧目日渐丰富。

江夏区京剧团

从谭鑫培戏楼的后门进入，入眼即是"武汉市江夏区京剧团"的铜牌。走过一条漫长的岁月之路，该剧团几易名称，不变的是江夏戏剧之路的绵延与发展。聆听剧团里飘出来的戏剧排练演唱与谭鑫培戏楼里的锣鼓声，给人带来一丝温暖与喜悦。回顾历史，该剧团曾经的足迹，是江夏戏剧人心中一道重重的烙印。

在新中国成立之后，民众对戏剧的需求和呼唤日渐高涨，成立戏剧组织，为民众带来传统与丰富多彩的艺术享受，早已排上政府的议事日程。在武昌县人民政府的号召下，从原有众多业余楚剧团中精选部分精干人员，于1956年正式组建了武昌县楚剧队，直属武昌县文化局领导。经过两年多的发展壮大，1958年，武昌县楚剧队与原武汉市光明楚剧团合并，组成武昌县楚剧团。剧团组织健全与演员阵容扩大，使江夏楚剧迅速红火。该团常演的剧目有《乌金记》《荞麦馍赶寿》《葛麻》等。在当时的楚剧团里，拥有一批深受民众喜爱与拥戴的名演员，比如张凤楼（青衣）、李艳楼（小生）、殷先春（小生）、李金玉（青衣）等。"不吃盐，不吃油，也要存钱看看张凤楼"的俗语，在民间广为流传。

随着"文化大革命"时期样板戏兴起，1970年，武昌县楚剧团与原来武汉市青年京剧团部分下放人员联合，组建武昌县京剧团。那时的传统戏剧基本停演，几出样板戏成了民众观摩戏剧的唯一舞台展演。团长肖生祥，主要演员唐双喜（老生）、张遵桂（旦角）、谭川汉（老生兼花脸）、邱继红（老生）等，主要从事样板戏演出。由于谭鑫培故乡的地理文化根源，该团演得最多和演得较有影响的还是《沙家浜》和《奇袭白虎团》。

1975年，武昌县京剧团又一度更名为武昌县楚剧团，直至1986年解散。其间演出最为出名的为青衣演员张遵桂，她的演出曾得到武汉楚剧名家姜翠兰的赞赏。该团在传统楚剧的基础上也常演新剧《江姐》和《三世仇》，尤其是一出原创楚剧《不称心的女婿》获得巨大成功，在全国多地巡回演出数百场。

随着民众对精神文化的强烈需求和文艺市场的繁荣，1987年，武昌县楚剧团又一次更名为"武昌县江夏艺术团"，直至1996年撤县建区时即更名为"武汉市江夏区艺术团"。历任团长有曾凡荣、赵文高、余祖华、郭征胜等。由于该团演员众多，创作能力较强，特别是多部小品，曾先后斩获省市乃至国家级奖项。

在国家全面振兴京剧的号召下，谭鑫培京剧文化品牌被定为江夏区五张文化名片之一。随着谭鑫培公园尤其是谭鑫培戏楼建设落成，以及2009年"京剧谭门故乡武汉·江夏行"和2017年"纪念一代宗师谭鑫培诞辰 170 周年"两次大型活动产生的巨大影响，2017 年，"武汉市江夏区京剧团"应运而生。团长郭征胜为老职新任，建设与管理是行家而得心应手。副团长邓学军，人称艺术才子，在戏剧和歌曲的编排与指挥上造诣颇深。近年来，该团活跃在繁荣京剧的舞台上，影响与日俱增，未来不可限量。

江夏区京剧社

武汉市江夏区京剧社，前身为"江夏青龙京剧社"。初期由江夏南下老干部、资深京剧票友、年近九旬的郭成邦老先生倡导，在原武昌县京剧团退休京胡琴师宋庆生的指导下，将"青龙京剧社"和"江夏区老年大学京剧班"合二为一成立该社，现任社长方祥胜（主唱张派青衣兼谭派老生，为省市书法名人，多才多艺，极具活动组织能力）。

江夏区京剧社，为非营利公益性群团组织，是江夏区内规模较大、实力较强的一个戏剧社团，2005 年，经区民政局批准挂牌成立。

江夏区京剧社现有社员 35 人，平均年龄 55 岁，主要来自全区各个阶层的京剧戏迷或票友，文化素养及综合素质较高。其中，司鼓为武汉京剧院青年鼓师，京胡琴师为湖北省京剧院优秀琴师，文武场下手均为武汉资深票友，导演及指导、服装、化妆，均为原武昌县京剧团退休专业人员。剧社行当较全，流派纷呈，文武场齐备，常日以折子戏、彩唱、清唱和京歌伴舞、联唱为主，可承担现代戏和传统戏专场演出。

剧社自 2005 年创办以来，从小到大，由弱变强，逐步发展成为具有一定实力和影响，深受各级领导和民众喜爱的京剧社团组织，为江夏区一支内演和外派的主力队伍。该剧社经常组织社员走进军营、社区、乡镇、福利院、企业和高校开展公益性演出，长年活跃在舞台之上。在全区"三下乡"文艺演出等公共文化服务活动中，他们也积极领头，成效显著。

近年来，江夏区京剧社在打造谭鑫培京剧文化品牌活动中，积极参与各种赛事汇演，且不忘面向基层，开展丰富多彩的京剧系列演出活动。

2016 年，为唱响江夏文化宣传年，该社在系列活动中担当主角，主动承办来自全省各市和地区的 16 家京剧团体近 400 人为期四天的京剧交流活动。

2016 年，自创《音、画、像、诗朗诵、京剧谭门江夏情》和以江夏谭门京剧为题材的京剧小品《招聘》，在江夏区常演常新，好评如潮。

2017 年，全场参与武汉市暨江夏区纪念谭鑫培诞辰 170 周年大型庆典活动、谭鑫培艺术联展演出活动。

2017 年，参加中南五省旅游推介江夏谭门京剧展演活动。

2018 年，以多个节目参与武汉市专业院团大学生千场免费文艺演出进社区（村）活动。

2019 年，在深入乡村基层文艺活动中，组织京剧演出 16 场，高校演出 4 场，九九重阳节演出 3 场，参加全国社区网络春晚演出。

江夏区京剧社积极参与"文明乡风、良好家风、淳朴民风"三风活动、以"家风与中国梦"为题，掀起乡村文化振兴演出风潮。该社重特色，抓质量，出精品，展形象，肩负繁荣和发展京剧的重任，以精湛的演出不断提升人民群众的文化获得感和幸福感。

"2009 年京剧谭门故乡武汉·江夏行""2011 年江夏谭鑫培戏楼落成""2017 年纪念一代宗师谭鑫培诞辰 170 周年"，这三次具有重大意义的京剧活动，给江夏区的京剧振兴和群众性京剧票友活动带来前所未有的发展机遇，使京剧大师谭鑫培故乡的京剧热蔚然成风。江夏京剧社踏着时代风火轮，在各种演出平台上一显身手，在不断历练中提高与精进。

2007 年，荣获省文化厅"全省先进票友社团"。

2011 年，被第六届京剧艺术节群众展演办公室授予"群众展演优胜单位"。

2012 年，社员王丽娟荣获中国武汉第二届中华（海内外）京剧票友艺术节表演奖。

2013 年，社员钟晓梅荣获"谭鑫培杯"戏曲达人秀三等奖。

2013 年，社员方祥胜参赛剧目《秋瑾》，荣获"雪玛杯"全省戏曲大赛三等奖。

2013 年，剧社荣获"雪玛杯"全省戏曲大赛优秀组织奖。

2013 年，剧社荣获武汉市基层公共文化优质服务奖。

2018 年，荣获"武汉市优秀农村社会文艺团队"称号。

2019 年，参加全区文化惠民演出 86 场。

2019 年，组织创排京剧节目《多情的戏码头》，参加第七届世界军人运动会京剧专场演出。同年 10 月，该节目参加全区第 22 届文艺创作百花奖大赛演出。

在江夏区历届文艺创作百花奖大赛中，连续获得大赛表演一等奖、优秀演员奖和组织奖。

江夏区谭鑫培少儿京剧培训中心

江夏区谭鑫培少儿京剧培训中心，又称"纸坊街京剧社"，创办于 2009 年，是江夏区唯一一家专业少儿京剧教学单位。该中心设在江夏区纸坊街文化站内，配备有舞台、布景、戏服、道具等，设施齐全。为了艺术培训专业化，他们常年邀请专业演员授课。一群热爱京剧的小朋友，在这个平台上奋力展开腾飞的翅膀，向着自己的京剧梦飞翔。

创办人谭川汉（退休京剧专业演员）、夏海兰（京剧票友）夫妇，怀抱对京剧事业的满腔热忱，克服创办初期的种种困难，终于如愿以偿地让中心挂牌成立。他们坚持从娃娃抓起，使青少年们在欣赏和学唱中接受艺术熏陶，在逐渐走向舞台中崭露头角，一个个小大人精彩的表演，广受社会认可和民众喜爱。

该中心长期邀请前来授课的老师有：武汉市京剧院国家一级演员、少儿京剧教育资深人士郑丹先生；武汉市京剧院著名演员及编导陈宝华先生；湖北省京剧二团国家一级演员、著名京剧表演艺术家刘兰秋老师。

中心的娃娃生在老师们的悉心教导下，系统地学习京剧片段和基本功表演，如《红线盗盒——探营》《小放牛》《扈家庄——起霸》《霸王别姬——舞剑》《红色娘子军——大刀舞》及《沙家浜——奔袭》等。特别是少儿京剧《沙家浜——奔袭》，连续获奖和荣誉演出多场：

2011年，获武汉市农村调演决赛"金秋歌扬"三等奖；武汉市江夏区第十八届"百花奖"一等奖。

2012年，荣登武汉国际票友大赛谭鑫培戏楼分场演出。

2013年，参加武汉市江夏区首届京剧联欢大会演出。

该中心培养的多名同学先后被武汉市艺术学校、中国戏曲学院附属中等戏曲学校、中国戏曲学院、上海戏剧学院录取。

2011年，著名戏曲评论家、武汉晚报编辑主任吴大堂先生在观摩该中心的京剧演出后大加赞赏，他鼓励孩子们走出去，不能局限于江夏一方土地。在他的大力倡导下，江夏区谭鑫培少儿京剧培训中心先后参加武汉市农村调演决赛、会同北京著名京剧演员唐禾香和天津著名演员康万生等前往武汉市江汉区老年公寓慰问演出，多次被《长江日报》《楚天金报》《楚天都市报》《武汉晚报》以及湖北电视台、江夏电视台等媒体宣传报道。著名京剧表演艺术家阎桂祥、孙毓敏、朱世慧、杨振钢、刘雪清、唐禾香等欣然题词题字鼓励江夏少儿京剧艺术进步。

谭川汉夫妇不图一分钱报酬（对学员收取少许费用，只为支付排练场的水电费和必要的戏剧服装道具费），经常还贴钱为贫困家庭的孩子们掏报名费。每周六和周日，定时无偿地给孩子们传授京剧知识和指导表演练习，以"教育渗透、文化熏陶"为主导，以传承民族文化、普及京剧艺术为内容，把少儿京剧艺术培训中心打造成学习京剧艺术的"快乐戏园"。

谭川汉夫妇回想起创办当初，由于没有场地和经费，他们带着十多个小娃娃，甚至穿着素服，以木棍替代刀枪，在世纪公园排练，被人笑称为"马路天使"，而围观的观众却给予热烈的掌声和喝彩声，让他们倍受鼓舞！面对一个个学员成为专业院校的学生，面对学员们参与的一台台盛大的京剧演出，谭川汉夫妇的付出是值得的。他们既不图名，更不图利，只想通过艰苦的努力，为娃娃们谋得学习表演的一席之地，为京剧的传承与振兴做出自己的贡献，做一个民族艺术传承的实践者！

中心的学员熊紫嫣、赵紫萱分别在 2017 年第六届、2019 年第七届"和平杯"京剧小票友邀请赛决赛中荣获二等奖，同时获得"优秀小票友"称号；马一格在 2017 年中国戏曲全球京剧票友大赛决赛中荣获优秀奖；周萍为湖北省"十佳票友"；艾时想为"和平杯"湖北赛区"优秀票友"。

　　谭川汉 2012 年被武汉市文化局授予全市基层文化"优质服务奖"；夏海兰 2014 年被武汉市文学艺术界联合会、中共武汉市江夏区委员会、武汉市江夏区人民政府颁发"江夏杯"第三届中华（海内外）京剧票友艺术节活动铜奖；谭川汉、夏海兰夫妇 2016 年被武汉市文明建设指导委员会授予"武汉市文明市民"，2016 年被江夏文明建设指导委员会授予"江夏好人"，2016 年被武汉市委宣传部、武汉市文明办授予"时代楷模——武汉精神践行者"；夏海兰 2017 年在第六届"和平杯"京剧小票友邀请赛被授予"杰出贡献奖"。

　　每当走进江夏区谭鑫培少儿京剧培训中心的荣誉室，那满墙满柜的奖状、奖牌和奖章，放射出一道道金色的光芒，照亮了观者的心灵。大家由衷地感叹：中国京剧有望啊！

责任编辑：陈　登

封面设计：林芝玉

封面图片：谭鑫培戏楼（摄影：夏影）

图书在版编目（CIP）数据

京剧谭门. 卷四，谭门千秋　古郡风流 / 陈本豪　著 . — 北京：人民出版社，

　2021.12

ISBN 978 - 7 - 01 - 024310 - 8

I.①京…　II.①陈…　III.①谭鑫培（1847—1917）- 生平事迹　IV.① K825.78

中国版本图书馆 CIP 数据核字（2021）第 243223 号

京剧谭门（卷四）：谭门千秋　古郡风流

JINGJU TANMEN JUANSI TANMEN QIANQIU GUJUN FENGLIU

陈本豪　著

人民出版社 出版发行

（100706　北京市东城区隆福寺街 99 号）

北京中科印刷有限公司印刷　新华书店经销

2021 年 12 月第 1 版　2021 年 12 月北京第 1 次印刷

开本：710 毫米 × 1000 毫米 1/16　印张：21.75

字数：218 千字

ISBN 978 - 7 - 01 - 024310 - 8　定价：120.00 元

邮购地址 100706　北京市东城区隆福寺街 99 号

人民东方图书销售中心　电话（010）65250042　65289539